まえがき

　簿記は、財産に関する記録・計算の技術です。また、企業の経営実態を把握するために最低限必要な知識です。社会のあらゆる経済活動は、簿記の技術によって記録・計算されます。規模の大小や業種を問わず、また会社や個人であるかにかかわらず、簿記の知識・能力は必要とされます。

　経営者であれ、サラリーマンであれ、どのような職業に就いたとしても、簿記の知識があるかどうかで、商売のなりゆき、収益の行方は大きく左右されます。例えば、営業の仕事に携わる方などであっても、コストを意識した仕事ができるほか、取引先の経営状態を知ることができ、まさに"鬼に金棒"です。

　最近の急速なAI技術の発展により、簿記の知識がなくてもコンピュータ・ソフトを利用すれば記帳できるし、決算書は読めるという人もおられますが、それは正しくありません。簿記の基本を知らずして、決算書を正しく読みとることなどできません。

　本書は、簿記を勉強する方々が、無駄なく、確実に簿記を身に着けることができるよう、また、同時に、実務に役立つように作成したものです。具体的に記せば、最初に記帳から決算書の作成までの実務知識や、財務諸表の読み方・見方に至るまでの基本的な簿記一巡の手続を分かりやすく説明し、続いて、その詳細について項目別に体系的に説明しており、日商簿記検定試験の許容勘定科目改定後の出題区分表および許容勘定科目変更後の商業簿記3級および2級の出題範囲をおおむね網羅したうえ、さらに1級の範囲にも踏み込んで解説しています。

　簿記を学ぶには、例題や問題を自分で繰り返し解いてみることが最も大切です。そのため、本書では、解説とそれに対応した演習問題を組み合わせて作成し、その場で知識の確認ができる構成としたほか、自らのレベルに合わせて、段階的に学習できる工夫もしています。

　最後に、本書が簿記の学習を志す方々や実務に携わる方々にとってはもちろん、企業経営に携わる方々にも、大いに役立てていただけることを心より願っております。

　令和3年5月

　　　　　　　　　　　　　　　　　　　　　　　　　　　　　　　著者

━ーロメモ

　本書では、これから日本商工会議所の主催する『簿記検定試験』の『商業簿記・会計学（1〜3級)』の受験を考えておられる方々の《参考資料》として、巻末に2021年度試験および2022年度適用予定の暫定版『商工会議所簿記検定試験出題区分表』を掲載しています。

　また、受験されるレベル（1〜3級）に対応した効果的な勉強をしていただくための補助資料として、「1級」および「2級」の出題範囲に含まれる部分については、本書の目次および本文解説頁の見出しの後ろに、それぞれ「◁日商**1**級」または「◁日商**2**級」の表示を付しています。

　ただし、「3級」の出題範囲については、特に、上記の表記は行っていません。上記表示のない部分が出題範囲とご理解ください。

◆本書での表記例

（「もくじ」10頁より）

（2）　精算表の構造………………
3　財務諸表…………………………
（1）　財務3表 ◁日商**1**級
（2）　財務諸表の作成 ◁日商**2**級
（3）　貸借対照表の作成……………
（4）　損益計算書の作成……………
（5）　株主資本等変動計算書 ◁日商**2**
（6）　キャッシュ・フロー計算書 ◁

（「本文」245〜246頁より）

❸　財務諸表

(1)　財務3表 ◁日商**1**級

　財務諸表は複数の書類から構成さ

「キャッシュ・フロー計算書」を加え

(2)　財務諸表の作成 ◁日商**2**級

　貸借対照表は英米式決算法におい

勘定を基に作成します。したがって、

的には同じものとなりますが、貸借対

（著者注）

Step1 『簿記』の基本を学ぶ

Step2 『貸借対照表』科目とその仕訳を学ぶ

Step3 『損益計算書』科目とその仕訳を学ぶ

Step4 帳簿の整理と『財務諸表』の作成の仕方を学ぶ

Step5 本支店会計・連結会計を学ぶ

Step6 『財務三表』の見方・読み方を学ぶ

Step 1

『簿記』の基本を学ぶ

～「簿記」の基本原理と株式会社の会計処理～

「簿記」とは、会社の商品の販売や購入、給料や家賃の支払など、日々の事業活動によって生じる物やお金の動きを一定のルールに従って帳簿に記録して整理する会計処理の技術のことです。

《ステップ1》では、この「簿記」の基本原理である日々の取引の記帳から決算に至るまでの一連の流れと、株式会社の設立・増資に関係する取引など、実務簿記（ビジネス簿記）における会計処理の基本的な事項を学びます。

I

簿記の基本

~ ここでは、簿記の基本である取引の記帳から決算までの流れを学びます ~

❶ 利益（もうけ）の計算

　企業の経営者がまず知りたいことは、もうけ（利益）がいくらでているかです。たとえば、この1か月間のもうけ（利益）、また、この1年間、○年1月1日から12月31日までのもうけはいくらか（経営成績）、さらに○年12月31日の財産はいくらあるのか（財政状態）など、事業活動の結果を定期的に知ることが必要です。

　※経営者は、これに基づき経営計画をたてます。また、取引先や投資家等は企業の経営実態を読み取り、信用状況を判断します。

　会計期間は、通常1年間です。会計期間のはじめを**期首**、終わりを**期末**といいます。また、期末のことを決算日ともいいます。

　今現在進行中の会計期間のことを**当期**といいます。当期の直前の会計期間のことを**前期**、当期の次の会計期間のことを**次期**（または**翌期**）といいます。

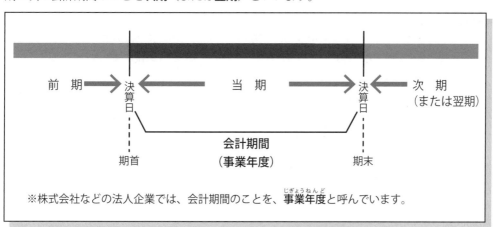

　簿記とは、一定期間の事業活動によって生じるお金やものの出入りを一定のルールに基づき帳簿に記録し、計算、整理して**損益計算書**（経営成績）や**貸借対照表**（財政状態）などを作成する会計処理の技術です。

　簿記では、事業活動によって生じるお金の出入りや商品の仕入れ、販売など、財産が増加し

たり減少したり変化することを**取引**といいます。

　簿記では、ひとつひとつの取引を次のようにデータ化して勘定という計算の場（帳簿）に記録します。

---

① 商品を仕入れた ──────→ 仕入　　　④ 電話代を支払った ──────→ 通信費

② 商品を販売した ──────→ 売上　　　⑤ 店舗の家賃を支払った ──────→ 支払家賃

③ 従業員に給与を支払った ──→ 給料　　　⑥ 銀行に預金した ──────→ 預金

　このデータ化した**仕入**、**売上**などの単語のことを**勘定科目**または単に**科目**といいます。そして、仕入は**仕入勘定**、売上は**売上勘定**といいます。

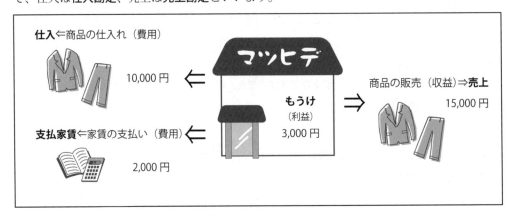

仕入⇐商品の仕入れ（費用）

10,000 円

支払家賃⇐家賃の支払い（費用）

2,000 円

マッヒデ

もうけ

（利益）

3,000 円

商品の販売（収益）⇒**売上**

15,000 円

―口メモ

※１　会計処理は、コンピュータ処理により簡単にできますが、簿記の原理がわからないと損益計算書や貸借対照表などが正しく理解できず、事業の経営状態を的確に読み取ることができません。

※２　簿記は、英語でBook Keeping（ブック・キーピング）といいます。

※３　個人経営、会社組織を問わず、商店や会社（企業）と家庭（家計）を区別して、商店や会社では帳簿を、家庭では家計簿をつけます。

　　　こづかい帳や家計簿はお金（現金）の出入りを中心に記録するものですが、これも簿記の一つです。家庭簿記ともいいます。

※４　簿記（複式簿記）の原理は、1494年ルカ・パチオリが考案したと伝えられています。

❷ 貸借対照表

　貸借対照表（Balance Sheet、略称B/S）は、企業の一定時点（会計年度末）における資産・負債および純資産の状況を記載して、企業の財政状態を示す報告書です。

(1) 資産

　企業は経営活動を行うために、現金、預金、商品、土地、建物などの財貨のほか売掛金や貸付金などの債権を有しています。

　簿記では、これらの財貨や債券を総称して**資産**といい、**積極財産**ともいいます。

(2) 負債

　企業は経営活動を営む過程で、買掛金や未払金、借入金等後日の支払いや返済義務が生じる債務を有することが通常です。

　簿記では、これらの債務を総称して**負債**といい、**消極財産**ともいいます。

(3) 純資産（資本）

　純資産とは、企業が経営活動を行うために株主（個人企業では店主）によって拠出された元手および経営活動の結果としての元手の増加額のことをいいます。

　純資産は、資産（積極財産）から負債（消極財産）を控除した残高として求めることができます。これを**資本等式**といいます。

> 　　　　資産　－　負債　＝　資本（純資産）・・・・・　資本等式

コメント

　厳密には、純資産は資本を含むより広い概念であり、それぞれの金額が異なる場合が想定されますが、本書では資本と純資産は同じ意味で用いています。

　貸借対照表は、中央から二分し、左側（借方）に資産、右側（貸方）に負債および純資産を記載します。

賃　借　対　照　表	
資産	負債
	純資産

左（**借方**）　　　　右（**貸方**）

コメント

※簿記では、左のことを**借方**、右のことを**貸方**といいます。損益計算書などの書類を見るときや帳簿をつけるときに、向かって左側を借方、右側を貸方といい単なる記号として使用されています。

　また、簿記では、貸借対照表や損益計算書などの財務諸表や勘定科目の増減計算もすべて左右対置形式がとられています。

　左側（借方）に記入される資産は、調達した資金をどのような状態で保有しているのか、つまり、資金運用の状態を示しています。一方、右側に記入される負債および純資産は、企業の資金調達の方法を示しています。

　貸借対照表の左側の資産の合計額と右側の負債と純資産の合計額は、複式簿記の原理によって常に一致するので次の等式が成り立ちます。これを**貸借対照表等式**といいます。

　厳密には、純資産は資本を含むより広い概念であり、それぞれの金額が異なる場合が想定されますが、本書では資本と純資産は同じ意味で用いています。

$$資産 ＝ 負債 ＋ 純資産 ・・・・・ 貸借対照表等式$$

貸 借 対 照 表

○年 12 月 31 日

（資産の部）		（負債の部）	
現　　　　　金	××××	支 払 手 形	××××
預　　　　　金	×××	買 　掛　 金	×××
受 取 手 形	・	借 　入　 金	・
売 　掛　 金	・	未 　払　 金	・
有 価 証 券	・		・
商　　　　　品	・		・
貸 　付　 金	・	（純資産の部）	
未 収 入 金	・		
建　　　　　物	・	資 　本　 金	×××
機　　　　　械	・	繰越利益剰余金	×××
車 両 運 搬 費	・		
備　　　　　品	・		
土　　　　　地	・		

流動資産 ↕　固定資産 ↕　（資産の部：流動資産／固定資産）

（借方）　　　　　　　　　　（貸方）

コメント

　資産の部の勘定科目を表示する順番は、現金に早く換えることのできる順番で表示します。現金から未収入金までを**流動資産**、建物以下を**固定資産**といいます。

❸ 損益計算書

　損益計算書（Profit and Loss Statement、略称P/L）とは、企業の一定期間の収益および費用の状況を一つの表にした、企業の経営成績を示す報告書です。

　貸借対照表が一定時点の財政状態、つまり結果を示しているのに対して、損益計算書は、一定期間における純資産に変動をもたらした原因を示すものであり、経営活動の内容を明らかにするものです。

(1) 収益
　収益とは、経営活動の結果として純資産を増加させる事柄（原因）をいい、売上、受取手数料、受取家賃などがその例です。

(2) 費用
　費用とは、経営活動の結果として純資産を減少させる事柄をいい、仕入、支払運賃、給料などがその例です。

　損益計算書は、中央から二分し、左側に費用、右側に収益を記載します。

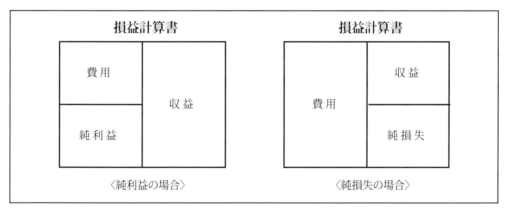

　収益から費用を差し引いた額がプラスであれば純利益といい、マイナスのときは純損失といいます。

　これらを計算式で示すと次のようになり、これを**損益計算書等式**といいます。

$$\langle 純利益の場合 \rangle \quad 費用 \ + \ 純利益 \ = \ 収益$$
$$\langle 純損失の場合 \rangle \quad 費用 \ = \ 収益 \ + \ 純損失$$

（損益計算書等式）

　費用の科目の順番は、まず売上に対応する仕入、次に給料、支払家賃などの営業費用が続き、支払利息、雑損などの営業外費用は後ろにきます。

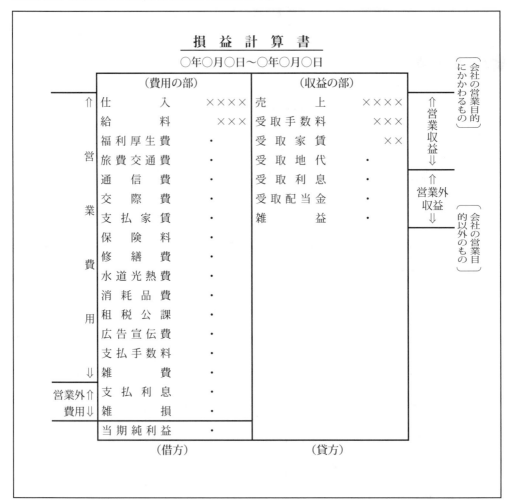

❹ 貸借対照表と損益計算書の関係

　期首から期末までの一会計期間に重要な表が三つできます。まず期首貸借対照表、次に期中の損益計算書、そして期末貸借対照表です。たとえば12月末決算の会社の場合を図にすると次のとおりです。

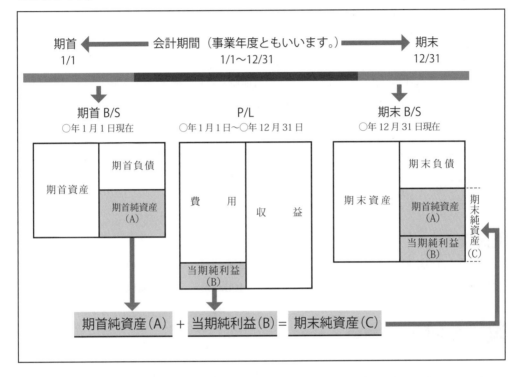

※企業は、会社・個人経営を問わず、すべての日々の取引について、帳簿をつけて、損益計算書や貸借対照表などを作成しなければなりません。記帳方法の基本は同じですが、企業の形態や目的により、会計処理の方法について様々な規則が定められています。会社法に基づく会社計算規則、金融商品取引法に基づく財務諸表等規則のほか、中小企業に対する中小企業の会計に関する指針（中小指針）や中小企業の会計に関する基本要領（中小会計要領）などがあります。また、法人税法や所得税法、消費税法などの規定もあります。

※中小企業が金融機関から融資を受ける際には、法人税や所得税の確定申告書（控）、損益計算書、貸借対照表のほか、中小指針、中小会計要領のチェックリストの提出が求められる場合があります。

一口メモ

　会社法では財務諸表を**計算書類**といいます。貸借対照表、損益計算書、**株主資本等変動計算書**<ruby>株主資本等変動計算書<rt>かぶぬししほんとうへんどうけいさんしょ</rt></ruby>および**個別注記表**<ruby>個別注記表<rt>こべつちゅうきひょう</rt></ruby>が含まれます。

　金融商品取引法では、貸借対照表、損益計算書、株主資本等変動計算書、キャッシュ・フロー計算書および**附属明細表**<ruby>附属明細表<rt>ふぞくめいさいひょう</rt></ruby>を財務諸表といいます。

Q 問題

次の□に適当な言葉または金額を入れなさい。

(1) 期首純資産が1,000,000円、期末純資産が1,300,000円であるとき、当期純□□□□は
□□□□円である。この期間の費用総額が900,000円であれば、収益総額は□□□□
円である。

(2) 期首純資産が2,000,000円、期末純資産が1,800,000円であるとき、当期純□□□□は
□□□□円である。この期間の収益総額が3,000,000円であれば、費用総額は□□□□
円である。

(3) 収益総額が3,000,000円、費用総額が2,500,000円であるとき、当期純□□□□は
□□□□円である。このときの期首純資産が1,000,000円であるとき、期末純資産は
□□□□円である。

(4) 収益総額が4,000,000円、費用総額が4,400,000円であるとき、当期純□□□□は
□□□□円である。このときの期末純資産が1,200,000円であるとき、期首純資産は
□□□□円である。

A 解答

(1) 利益、300,000、 1,200,000 (2) 損失、200,000、 3,200,000

(3) 利益、500,000、 1,500,000 (4) 損失、400,000、 1,600,000

5 勘定の意義・分類

　簿記では、取引が発生すると、資産、負債、純資産、収益及び費用の5つに分解して認識し、それぞれ合理的に記録計算するための単位を勘定（Account Code、略称a/c）といい、この勘定につけられた「現金」、「普通預金」などの具体的名称を勘定科目といいます。そして、この勘定科目の「現金」は「現金勘定」、「普通預金」は「普通預金勘定」といいます。

　なお、勘定には貸借対照表に属するものと損益計算書に属するものに分類することができますが、その主なものを示すと次のとおりとなります。

《貸借対照表関係》

◆資産勘定の主なもの

現金（げんきん）	お金、通貨(硬貨や紙幣)
預金（よきん）	普通預金、定期預金、当座預金など
受取手形（うけとりてがた）	手形をもらった場合の手形代金を満期日に受け取る権利
電子記録債権（でんしきろくさいけん）	手形などの債権を電子化したもの
売掛金（うりかけきん）	商品を掛で売ったときの未回収代金
クレジット売掛金（くれじっとうりかけきん）	クレジット払いの条件で商品を売ったときの未回収代金
有価証券（ゆうかしょうけん）	株式、社債、国債、公債、投資信託など
商品（しょうひん）	販売を目的として所有している商品（品物）
貸付金（かしつけきん）	お金を貸した側の返済してもらう権利
未収入金（みしゅうにゅうきん）	商品以外のものを売った場合などの未回収の代金
建物（たてもの）	事務所、店舗、工場、倉庫など
機械（きかい）	製造業などで製品の製造などに使用する機器
車両運搬具（しゃりょううんぱんぐ）	自動車、トラック、オートバイなど
備品（びひん）	パソコン、コピー機、机、いす、ショーケースなど
土地（とち）	事務所や店舗、工場、倉庫などの敷地、駐車場用地など

◆負債勘定の主なもの

支払手形（しはらいてがた）	手形を振り出した場合などの満期日に手形代金を支払う義務
電子記録債務（でんしきろくさいむ）	手形などの債務を電子化したもの
買掛金（かいかけきん）	商品を掛（つけ）で仕入れたときのまだ支払っていない代金
借入金（かりいれきん）	借金
未払金（みはらいきん）	商品以外のものを購入した場合のまだ支払っていない代金

◆資本勘定の主なもの

資本金（しほんきん）	企業主の出資金、元手資金

《損益計算書関係》

◆収益勘定の主なもの

売上（うりあげ）	商品販売により生じた収益、販売代金
受取手数料（うけとりてすうりょう）	売買の際の仲介手数料や事務処理などの報酬
受取家賃（うけとりやちん）	貸事務者や貸店舗などの賃貸収入
受取地代（うけとりちだい）	貸地や駐車場などの賃貸収入
受取利息（うけとりりそく）	金融機関への預金や貸付金に伴い受け取った利息
受取配当金（うけとりはいとうきん）	他企業への出資に対して受け取った利益の分配金
雑益（ざつえき）	独立の科目を設けて処理する必要のない収益

◆費用勘定の主なもの

仕入 しいれ	販売のための商品仕入
支払運賃 しはらいうんちん	商品を発送するときに支払う運賃
給料 きゅうりょう	従業員に支給した給与、賞与、報酬
福利厚生費 ふくりこうせいひ	企業負担の社会保険料、従業員の慰安旅行など
旅費交通費 りょひこうつうひ	電車、バス、タクシーの料金、通行料など
通信費 つうしんひ	電話料、郵送費、切手・ハガキ代など
接待交際費 せったいこうさいひ	取引先に対する接待や慶弔見舞金など
支払家賃 しはらいやちん	店舗や事務所などの建物の賃借料
支払地代 しはらいちだい	土地の賃借料
保険料 ほけんりょう	火災保険料、自動車保険料など
修繕費 しゅうぜんひ	建物、機械などの修繕費用
水道光熱費 すいどうこうねつひ	電機、ガス、水道料など
消耗品費 しょうもうひんひ	事務用品、雑貨品などの購入代金
租税公課 そぜいこうか	収入印紙、固定資産税、自動車税、事業税など
広告宣伝費 こうこくせんでんひ	新聞やチラシなどの広告料、カタログ代金などの広告費用
支払手数料 しはらいてすうりょう	税理士、弁護士などに支払った手数料や不動産仲介手数料など
雑費 ざっぴ	特定の費用科目に該当しない諸費用
支払利息 しはらいりそく	金融機関などに支払った借入金の利息
雑損 ざっそん	期末までに原因が分からないまま残った現金過不足など

※勘定科目の名称には、特に法的な規制がなく、必要に応じて的確な名称を付して決めることができます。ただし、株主総会に提出する計算書類は会社計算規則、有価証券報告書の財務諸表は財務諸表等規則により、表示区分、表示科目等が定められています。

Q 問 題 1　損益計算書・貸借対照表の作成

　千葉株式会社は、X1年4月1日に現金1,000,000円を出資して開業した。X2年3月31日現在の資産・負債ならびに4月1日から3月31日までの収益・費用は次のとおりであった。この資料によって下記の表を完成しなさい。なお、借入金の金額は各自計算すること。

受取手数料	200,000	受 取 手 形	400,000	仕　　　入	2,340,000
現　　　金	200,000	保 険 料	35,000	備　　　品	300,000
給　　　料	600,000	買 掛 金	500,000	売　　　上	3,400,000
通 信 費	85,000	借 入 金	（　　　）	支 払 利 息	20,000
売 掛 金	800,000	広告宣伝費	120,000	商　　　品	500,000

損 益 計 算 書

（　　　）株式会社　　　〇年（　）月（　）日〜〇年（　）月（　）日

費　　用	金　　額	収　　益	金　　額

貸 借 対 照 表

（　　　）株式会社　　　〇年（　）月（　）日

資　　産	金　　額	負債および純資産	金　　額
		資 本 金	

A 解答

損 益 計 算 書

（ 千葉 ）株式会社　　X1年（4）月（1）日～X2年（3）月（31）日

費　　用	金　　額	収　　益	金　　額
仕　　入	2,340,000	売　　上	3,400,000
給　　料	600,000	受取手数料	200,000
通　信　費	85,000		
保　険　料	35,000		
広告宣伝費	120,000		
支　払　利　息	20,000		
当期純利益	**400,000**		
	3,600,000		3,600,000

貸 借 対 照 表

（ 千葉 ）株式会社　　X2年（3）月（31）日

資　　産	金　　額	負債および純資産	金　　額
現　　金	200,000	買　掛　金	500,000
受　取　手　形	400,000	借　入　金	300,000
売　掛　金	800,000	資　本　金	1,000,000
商　　品	500,000	繰越利益剰余金	400,000
備　　品	300,000		
	2,200,000		2,200,000

解説

① 与えられた勘定科目を損益計算書の科目と貸借対照表の科目に分類し、それぞれの勘定科目と金額を損益計算書と貸借対照表に記入します。

② 損益計算書で計算した当期純利益の金額を、貸借対照表の資本金の下の行に「繰越利益剰余金」として移記します。

③ 借入金の金額は、負債および純資産の合計2,200,000円（＝資産合計）から借入金以外の負債および純資産の合計金額を差し引いて計算します。

④ 科目、金額の記入を終えたら、借方、貸方とちらか科目数の多い方の金額の下に単線を引き、これとそろえるようにもう一方の金額欄にも単線を引きます。

⑤ 借方、貸方の合計多い方の金額を④の単線の下に書き、その下に複線を引きます。複線は計算が完了したことを意味します。

⑥ 受取手数料および繰越利益剰余金の下の斜線は、空白に何もないことを示しています。

Q 問題 2

次の空欄にあてはまる金額を記入しなさい。

ただし、期中には追加元入れ（追加出資）も出資金の引出しもなかった。なお、当期純損失は数字の前に△印を付しなさい。

	期　　首			当　期　中			期　　末		
	資　産	負　債	純資産	総費用	総収益	当期純損益	資　産	負　債	純資産
(1)		400,000	700,000	9,100,000			1,000,000		800,000
(2)	500,000	300,000		1,400,000			600,000	350,000	
(3)	1,300,000			5,700,000	5,670,000		1,200,000	800,000	

A 解答

	期　　首			当　期　中			期　　末		
	資　産	負　債	純資産	総費用	総収益	当期純損益	資　産	負　債	純資産
(1)	1,100,000	400,000	700,000	9,100,000	9,200,000	100,000	1,000,000	200,000	800,000
(2)	500,000	300,000	200,000	1,400,000	1,450,000	50,000	600,000	350,000	250,000
(3)	1,300,000	870,000	430,000	5,700,000	5,670,000	△30,000	1,200,000	800,000	400,000

解説

（2）の例で説明します。

期首・期末貸借対照表およびその期間の損益計算書の関係は「期首純資産＋当期純損益＝期末純資産」という一つの式で表されます。

貸借対照表は資産・負債・純資産、損益計算書は収益・費用・（純損益）で構成されますから、そのうちどれか二つがわかれば残りの一つが計算できます。後は上記の式にあてはめて考えます。

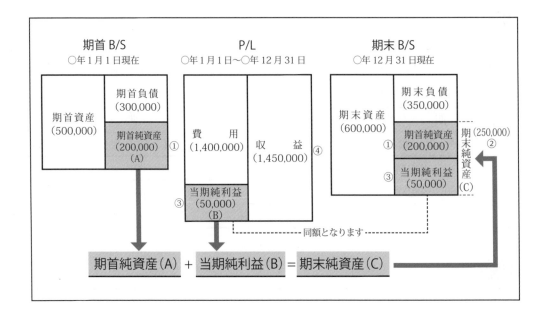

当期純利益 (B) ③は、次により求められます。

期末純資産 (C) －期首純資産 (A) ＝当期純利益 (B)

② (250,000) －① (200,000) ＝③ (50,000)

❻ 仕訳と転記

(1) 仕訳

　仕訳とは、一つ一つの取引を、簿記上の勘定科目で借方、貸方に分解することです。例えば、商品を仕入れた→「仕入」、代金を現金で支払った→「現金」というように、勘定科目というデータ項目にして帳簿に記録していきます。

　仕訳の法則は簡単です。現金取引を理解すれば、後はその応用に過ぎません。下記の図の場合、空いているかっこの部分に、その原因となった勘定科目を入れるだけです。

　なお、一つの取引で、借方が二つ以上または貸方が二つ以上の取引要素の場合もあります。

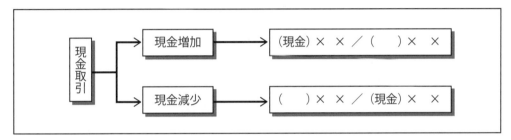

Q 問題

　次の取引は、基礎的な仕訳の問題です。仕訳をしなさい。（仕訳の借方と貸方の合計金額は必ず一致します。）

① 株式会社松秀は、松村秀芳から1,000,000円の出資を得てブティックを開業した。

借方科目	（金　額）	貸方科目	（金　額）
	(　　　　)		(　　　　)

② 店舗を賃借し、家賃100,000円と仲介手数料50,000円を現金で支払った。

	(　　　　)		(　　　　)
	(　　　　)		

③ 陳列ケース200,000円およびいすを100,000円で購入し、現金で支払った。

	(　　　　)		(　　　　)

④ 現金1,000,000円を、銀行から借り入れた。

	(　　　　)		(　　　　)

⑤ 商品300,000円を掛けで仕入れた。

	(　　　　)		(　　　　)

⑥ 商品500,000円を仕入れ、代金のうち200,000円は現金で支払い、残りは掛けとした。

	(　　　　)		(　　　　)
			(　　　　)

⑦　商品500,000円を売り上げ、代金のうち100,000円は現金で受け取り、残りは掛けとした。

　　　[　　　　　　　] (　　　　　　) [　　　　　　　] (　　　　　　)
　　　[　　　　　　　] (　　　　　　)

⑧　商品1,000,000円を売り上げ、代金は掛けとした。

　　　[　　　　　　　] (　　　　　　) [　　　　　　　] (　　　　　　)

⑨　売掛金300,000円を現金で回収した。

　　　[　　　　　　　] (　　　　　　) [　　　　　　　] (　　　　　　)

⑩　得意先に、現金100,000円を貸し付けた。

　　　[　　　　　　　] (　　　　　　) [　　　　　　　] (　　　　　　)

⑪　収入印紙1,000円を購入し、現金で支払った。

　　　[　　　　　　　] (　　　　　　) [　　　　　　　] (　　　　　　)

⑫　広告用チラシ代50,000円を現金で支払った。

　　　[　　　　　　　] (　　　　　　) [　　　　　　　] (　　　　　　)

⑬　買掛金500,000円を現金で支払った。

　　　[　　　　　　　] (　　　　　　) [　　　　　　　] (　　　　　　)

⑭　コピー用紙5,000円を購入し、現金で支払った。

　　　[　　　　　　　] (　　　　　　) [　　　　　　　] (　　　　　　)

⑮　借入金300,000円を、利息12,000円とともに現金で返済した。

　　　[　　　　　　　] (　　　　　　) [　　　　　　　] (　　　　　　)
　　　[　　　　　　　] (　　　　　　)

⑯　貸付金500,000円を、利息3,000円とともに返済を受けた。

　　　[　　　　　　　] (　　　　　　) [　　　　　　　] (　　　　　　)
　　　　　　　　　　　　　　　　　　　[　　　　　　　] (　　　　　　)

⑰　電話料金13,800円を現金で支払った。

　　　[　　　　　　　] (　　　　　　) [　　　　　　　] (　　　　　　)

⑱　給料200,000円を現金で支払った。

　　　[　　　　　　　] (　　　　　　) [　　　　　　　] (　　　　　　)

⑲　タクシー代1,800円を現金で支払った。

　　　[　　　　　　　] (　　　　　　) [　　　　　　　] (　　　　　　)

⑳　電気代10,000円を現金で支払った。

　　　[　　　　　　　] (　　　　　　) [　　　　　　　] (　　　　　　)

A 解答

	借方科目	金　額	貸方科目	金　額
①	現　　　　金	1,000,000	資　本　金	1,000,000
②	支　払　家　賃 支　払　手　数　料	100,000 50,000	現　　　　金	150,000
③	備　　　　品	300,000	現　　　　金	300,000
④	現　　　　金	1,000,000	借　入　金	1,000,000
⑤	仕　　　　入	300,000	買　掛　金	300,000
⑥	仕　　　　入	500,000	現　　　　金 買　掛　金	200,000 300,000
⑦	現　　　　金 売　掛　金	100,000 400,000	売　　　　上	500,000
⑧	売　掛　金	1,000,000	売　　　　上	1,000,000
⑨	現　　　　金	300,000	売　掛　金	300,000
⑩	貸　付　金	100,000	現　　　　金	100,000
⑪	租　税　公　課	1,000	現　　　　金	1,000
⑫	広　告　宣　伝　費	50,000	現　　　　金	50,000
⑬	買　掛　金	500,000	現　　　　金	500,000
⑭	消　耗　品　費	5,000	現　　　　金	5,000
⑮	借　入　金 支　払　利　息	300,000 12,000	現　　　　金	312,000
⑯	現　　　　金	503,000	貸　付　金 受　取　利　息	500,000 3,000
⑰	通　信　費	13,800	現　　　　金	13,800
⑱	給　　　　料	200,000	現　　　　金	200,000
⑲	旅　費　交　通　費	1,800	現　　　　金	1,800
⑳	水　道　光　熱　費	10,000	現　　　　金	10,000

(2) 仕訳帳

仕訳を記入する帳簿を仕訳帳といいます。記入の仕方は以下のとおりです。

【取引】

1月1日　株式会社マツヒデは松村秀夫から現金1,000,000円の出資を得て会社を設立し、洋品店を開業した。

3日　大阪商店より、商品500,000円を仕入れ、代金のうち100,000円は現金で支払い、残りは掛けとした。

5日　東京商店へ商品600,000円を売り上げ、代金のうち200,000円は現金で受け取り、残りは掛けとした。

解説

① 借方、貸方1科目ずつの仕訳の場合

摘要欄を半分に仕切るとイメージし、左側に借方科目を、その行の借方欄に借方金額を記入します。行を変えて摘要欄の右側に貸方科目を、同じく貸方欄に貸方金額を記入します。そして取引の内容を簡単にメモ書きします。これを小書きといいます。

仕訳帳では、小書きと区別するため摘要欄の勘定科目をカッコでくくります。

一つの取引に関する仕訳が済むと、次の仕訳と区別するため、その下に赤で単線を引きます。

② 借方、貸方のいずれかが2科目以上の仕訳の場合

仕訳の内容に応じて、摘要欄の1行目の左側または右側に「諸口」と記入します。

③ 借方、貸方とも2科目以上の仕訳の場合

1行目の摘要欄に「諸口」を2つ並べて記入します。

（仕訳帳記載例）

仕　訳　帳

日付		摘　　要	元丁	借　方	貸　方
1	1	（現　　金）		1,000,000	
		（資　本　金）			1,000,000
		会社設立			
	3	（仕　入）　　諸　　　口		500,000	
		（現　　金）			100,000
		（買　掛　金）			400,000
		大阪商店より仕入			
	5	諸　　口　（売　　上）			600,000
		（現　　金）		200,000	
		（売　掛　金）		400,000	
		東京商店へ売上			

Q 問題　次の取引を仕訳帳に仕訳しなさい。

5月6日　パソコン1台200,000円を現金で購入した。

　　9日　横浜商店より商品400,000円を仕入れ、代金のうち100,000円は現金で支払い、残額は掛けとした。

　　12日　千葉商店より掛代金300,000円の入金があった。

　　16日　上野商店に商品600,000円を売り上げ、代金のうち200,000円を現金で受け取り、残額を掛けとした。

仕 訳 帳

日付	摘　要	元丁	借方	貸方

A 解答

日付		摘　要	元丁	借方	貸方
5	6	（備　品）		200,000	
		（現　金）			200,000
		パソコン1台			
	9	（仕　入）　諸　口		400,000	
		（現　金）			100,000
		（買掛金）			300,000
		横浜商店より仕入			
	12	（現　金）		300,000	
		（売掛金）			300,000
		千葉商店より掛代金回収			
	16	諸　口　（売　上）			600,000
		（現　金）		200,000	
		（売掛金）		400,000	
		上野商店へ売上			

(3) 伝票

簿記では、取引を仕訳帳に記帳した上で、総勘定元帳に転記します。ところが実務では、この仕訳帳の代わりに伝票を帳簿として用いることが多くみられます。そして、伝票に記入することを起票といいます。

仕訳帳の代わりに伝票を帳簿として取引を記録する方法にはいくつかの方法がありますが、ここでは①1伝票制と②3伝票制について説明します。

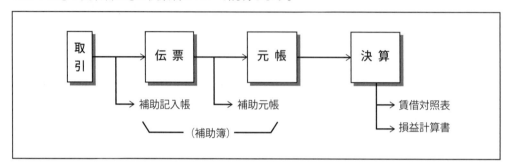

① 1伝票制

取引を仕訳の形式で記入する伝票を仕訳伝票といいます。仕訳伝票には、すべての取引を取引ごとに1枚起票し、この伝票から総勘定元帳や補助簿に記入します。

仕 訳 伝 票					No.
年 月 日					
勘 定 科 目	元丁	借 方	勘 定 科 目	元丁	貸 方
合　　計			合　　計		
摘　要					

② 3伝票制

取引を、入金、出金、それ以外のものの三つに分け、入金に関する取引は入金伝票、出金に関する取引は出金伝票、それ以外の現金の出入りを伴わない取引は振替伝票に記入します。

※3伝票制に加えて仕入伝票と売上伝票の5種類の伝票を用いる方法を5伝票制といいます。

【入金伝票】

入 金 伝 票		No.
年　　月　　日		

科　目		入金先		殿
摘　　　　要		金　　　額		
合　　　　計				

　入金伝票では、借方科目はすべて「現金」となることから「現金」の科目は省略され、科目欄には貸方科目だけを記入します。

　なお、入金伝票は、他の伝票と区別しやすいように、通常は赤色で印刷されています。

　また、貸方科目が二つ以上になる場合は、その科目ごとに入金伝票を起票します。

【出金伝票】

出 金 伝 票		No.
年　　月　　日		

科　目		支払先		殿
摘　　　　要		金　　　額		
合　　　　計				

　出金伝票では、貸方科目はすべて「現金」となることから「現金」の科目は省略され、科目欄には借方科目だけを記入します。

　なお、出金伝票は、通常は青色で印刷されています。

　また、借方科目が二つ以上になる場合は、その科目ごとに出金伝票を起票します。

【振替伝票】

　振替伝票は、現金の入出金を伴わない取引について、一つの取引ごとに1枚通常の仕訳の形式で記入します。

　なお、振替伝票は、通常は青色または黒色で印刷されています。

振 替 伝 票				No.
年　　月　　日				
金　　額	借方科目	摘　　　　要	貸方科目	金　　額
		合　　　計		

③ **伝票への記入**

伝票への記入とは、伝票上で仕訳するということです。

各伝票と仕訳との関係を示すと、次のとおりです。

	伝票の種類	仕　　　　訳	
		借方科目	貸方科目
①	入　金　伝　票	現　　　金	伝票記載の科目
②	出　金　伝　票	伝票記載の科目	現　　　金
③	振　替　伝　票	振替伝票記載の科目	

例題　商品500,000円を仕入れ、代金のうち100,000円は現金で支払い、残額を掛けとした。次の①、②の方法によって、出金伝票と振替伝票を作成しなさい。

① 出金伝票と振替伝票に取引を分けて起票する方法

② 取引総額を振替伝票で起票する方法

①

出　金　伝　票	
科　　　目	金　　　額
仕　　　入	100,000

振　替　伝　票			
借方科目	金　　　額	貸方科目	金　　　額
仕　　　入	400,000	買　掛　金	400,000

②

出　金　伝　票	
科　　　目	金　　　額
買　掛　金	100,000

振　替　伝　票			
借方科目	金　　　額	貸方科目	金　　　額
仕　　　入	500,000	買　掛　金	500,000

解説

まず取引を仕訳します。

（仕訳）

　　　　（借方）仕　入　500,000　　　　（貸方）現　金　100,000

　　　　　　　　　　　　　　　　　　　　　　　　買掛金　400,000

　①の場合は、現金の取引と現金以外の取引に分けて、それぞれ出金伝票、振替伝票に記入する方法です。仕入を100,000円と400,000円に分けて記入します。

　　　　（借方）仕　入　100,000　　　　（貸方）現　金　100,000　**→出金伝票**

　　　　（借方）仕　入　400,000　　　　（貸方）買掛金　400,000　**→振替伝票**

　②の場合は、総額を振替伝票に記入する方法です。振替伝票の仕訳は全額を掛けで仕入れたと認識して次のようにします。

（振替伝票）

　　　　（借方）仕　入　500,000　　　　（貸方）買掛金　500,000

　ここで出金伝票に「仕入」と記載すると、仕入れが100,000円ダブります。そこで、上記買掛金500,000円のうち100,000円はただちに現金で支払ったと考えます。

　出金伝票を仕訳に直すと、次のようになります。

（出金伝票）

　　　　（借方）買掛金　100,000　　　　（貸方）現　金　100,000

　②の場合、振替伝票および出金伝票の仕訳と仕訳帳の仕訳の関係を示しますと、次のようになります。

（振替伝票）

　　　　（借方）仕　入　500,000　　　　（貸方）買掛金　500,000

（出金伝票）

　　　　（借方）買掛金　100,000　　　　（貸方）現　金　100,000

　　　　　　　合算すると ⇕ 買掛金100,000円を相殺消去

（仕訳）

　　　　（借方）仕　入　500,000　　　　（貸方）買掛金　400,000
　　　　　　　　　　　　　　　　　　　　　　　現　金　100,000

〈参考〉上記仕訳の「仕訳伝票」を用いた記入例

仕　訳　伝　票			
科　目	金　額	科　目	金　額
仕　入	500,000	買 掛 金	400,000
		現　金	100,000

(4) 転記

　取引の仕訳ができると、勘定科目ごとの集計をしやすくするために、それぞれの勘定科目ごとに口座を設け、そこに仕訳を書き移します。この手続を転記といいます。

　なお、すべての勘定口座の記録を綴った帳簿を総勘定元帳といいます。

〔5〕 総勘定元帳の形式

　総勘定元帳の各勘定口座の形式は、Ｔ字型に左右２つに仕切って、左側を借方、右側を貸方とし、どちらか一方が増加、その反対側が減少を表します。総勘定元帳の形式には**標準式**と**残高式**の２つがありますが、実務では残高式のものが多く使われています。

① 標準式元帳

年	摘　要	仕丁	借　方	年	摘　要	仕丁	貸　方

② 残高式元帳

年	摘　要	仕丁	借　方	貸　方	借/貸	残　高

```
─────── Ｔ字型勘定 ───────

（借方）        現　金        （貸方）
```

　簿記の学習あるいは、検定試験ではＴ字型勘定あるいはＴ勘定と呼ばれる略式のものが用いられます。

〔6〕転記の仕方

　仕訳の借方は、その該当する勘定科目の借方に、仕訳の貸方は、その該当する勘定科目の貸方にそれぞれ転記します。

　　　〔取引〕　4月10日　　郵便切手5,000円を購入し、現金で支払った。

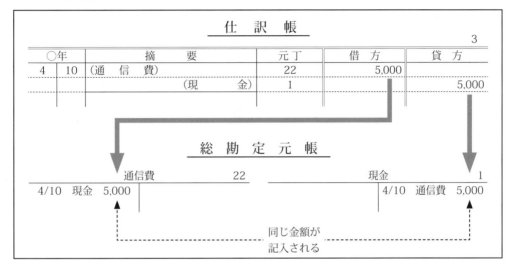

○年		摘　　要	元丁	借　方	貸　方
4	10	（通　信　費）	22	5,000	
		（現　　金）	1		5,000

総　勘　定　元　帳

通信費　　　　　　　22
4/10　現金　5,000

現金　　　　　　　　1
　　　　　　　　　　4/10　通信費　5,000

同じ金額が記入される

〔7〕転記の具体例

　転記は、具体的には次のように行います。

例題1　電話代5,000円を現金で支払った。

　　　4/10　（借方）通　信　費　　5,000　　　　　（貸方）現　　金　　5,000

① 仕訳の「（借方）通信費5,000」の転記は、まず総勘定元帳の通信費勘定の借方に日付、金額を記入します。

② 次に仕訳の貸方科目である「現金」と記入します。

③ 仕訳の「（貸方）現金5,000」の転記は、現金勘定の貸方に日付、金額を記入します。

④ 次に仕訳の借方科目である「通信費」と記入します。

通信費		25
4/10	5,000	

↓

通信費		25
4/10　現金	5,000	

現　金		1
4/1　前期繰越　543,000	4/10	5,000

↓

現　金		1
4/1　前期繰越　543,000	4/10　通信費	5,000

例題2 A商品300,000円を仕入れ、代金は現金で100,000円を支払い、残りは掛けとした。

4/11　（借方）仕　入　300,000　　　　　（貸方）現　金　100,000

　　　　　　　　　　　　　　　　　　　　　　　　買 掛 金　200,000

① 仕訳の「（借方）仕 入 300,000」の転記は、まず仕入勘定の借方に日付、金額を記入します。

仕　入		21
4/11	300,000	

② 次に仕訳の貸方科目を記入します。相手科目が2つ以上のときは、「諸口」と記入します。

仕　入			21
4/11	諸口	300,000	

③ 仕訳の「（貸方）現 金 100,000」の転記は、現金勘定の貸方に日付、金額を記入します。

現　金					1
4/1	前期繰越	543,000	4/10	通信費	5,000
			11		100,000

④ 次に仕訳の借方科目の「仕入」と記入します。

現　金					1
4/1	前期繰越	543,000	4/10	通信費	5,000
			11	仕　入	100,000

⑤ さらに、もう1つの「（貸方）買掛金 200,000」は、買掛金勘定の貸方に日付、金額を記入します。

買掛金			
	4/1	前期繰越	300,000
	11		200,000

⑥ 次に借方科目の「仕入」と記入します。

買掛金			
	4/1	前期繰越	300,000
	11	仕入	200,000

Q 問題 次の仕訳を解答欄の各勘定口座に転記しなさい。

日付	借方	金額	貸方	金額
1/4	現　金	1,000,000	資本金	1,000,000
1/5	備　品	100,000	現　金	100,000
1/8	支払家賃	50,000	現　金	50,000
1/11	現　金	150,000	受取手数料	150,000
1/12	仕　入	600,000	現　金	600,000
1/13	現　金	500,000	借入金	500,000
1/14	水道光熱費	3,000	現　金	3,000
1/16	現　金	200,000	売　上	400,000
	売掛金	200,000		
1/18	貸付金	300,000	現　金	295,000
			受取利息	5,000
1/19	仕　入	700,000	買掛金	700,000

［解答欄］

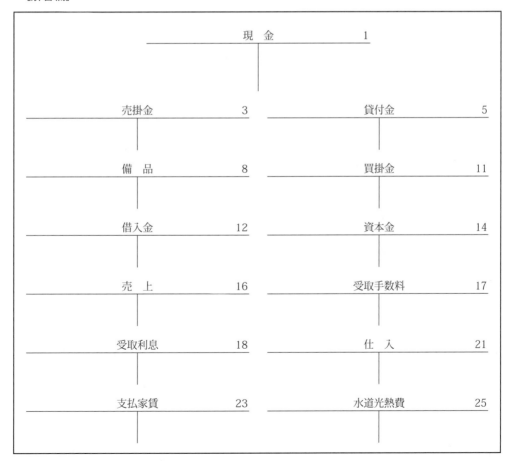

A 解答

	現　金	1
1/4 資　本　金 1,000,000	1/5 備　　　品 100,000	
11 受取手数料 150,000	8 支 払 家 賃 50,000	
13 借　入　金 500,000	12 仕　　　入 600,000	
16 売　　　上 200,000	4 水道光熱費 3,000	
	18 貸　付　金 295,000	

	売掛金	3
1/16 売　　　上 200,000		

	貸付金	5
1/18 諸　　　口 300,000		

	備　品	8
1/5 現　　　金 100,000		

	買掛金	11
	1/19 仕　　　入 700,000	

	借入金	12
	1/13 現　　　金 500,000	

	資本金	14
	1/4 現　　　金 1,000,000	

	売　上	16
	1/16 諸　　　口 400,000	

	受取手数料	17
	1/11 現　　　金 150,000	

	受取利息	18
	1/18 貸　付　金 5,000	

	仕　入	21
1/12 現　　　金 600,000		
19 買　掛　金 700,000		

	支払家賃	23
1/8 現　　　金 50,000		

	水道光熱費	25
1/14 現　　　金 3,000		

❼　勘定記入の法則

　勘定ごとにその増減を記録・計算するために設けた帳簿上の場所を勘定口座といいます。勘定口座には、標準式と残高式があります。

　なお、標準式を最も簡単に示すとＴ字型になります。このＴ字型の左側を借方、右側を貸方といい、それぞれの勘定の性質に合わせてその記入の法則が決まっています。

《勘定記入の法則》

①　資産勘定………増加したときは借方、減少したときは貸方に記入します。

②　負債勘定………増加したときは貸方、減少したときは借方に記入します。

③　純資産勘定……増加したときは貸方、減少したときは借方に記入します。

④　収益勘定………発生したときは貸方、消滅したときは借方に記入します。

⑤　費用勘定………発生したときは借方、消滅したときは貸方に記入します。

(1)　貸借対照表に属する勘定

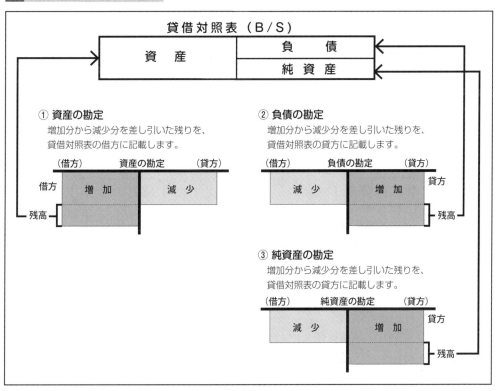

(2) 損益計算書に属する勘定

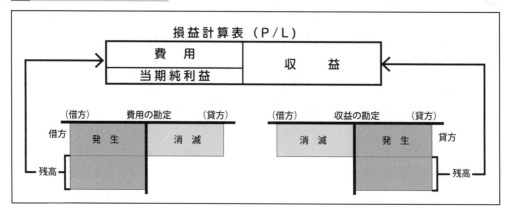

❽ 取引の8要素

　取引が発生すると、勘定記入の法則にしたがい各勘定口座に記入します。取引は必ず借方と貸方の取引要素に分解されます。すべての取引は、資産、負債、純資産、収益および費用の5つの取引要素から成り立っており、この結合関係をまとめると次のようになります。

　この図の左側を勘定記入の法則にしたがって、借方要素といい、右側を貸方要素といいます。

　なお、取引はすべて左右に分類されますが、左側と左側または右側と右側という組み合わせは絶対に存在しないということに留意してください。

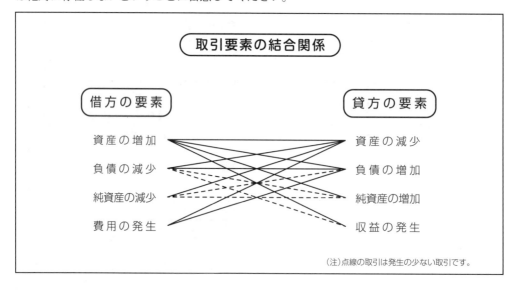

❾ 貸借平均の原理

取引は分解し借方要素と貸方要素の対比として示されます。すべての取引について、ある勘定の借方に金額が記入されると、それと同額の金額が、他のいずれかの勘定の記入され、借方と貸方の金額は必ず等しくなります。

これを**貸借平均の原理**といい、複式簿記の基本原理の一つです。

したがって、すべての勘定の借方金額の合計額と貸方金額の合計額もまた一致します。

❿ 簿記一巡の手続

取引があると、仕訳帳に仕訳し、総勘定元帳に転記します。すべての取引が、仕訳帳、総勘定元帳に網羅的に記録されます。この仕訳帳、総勘定元帳のことを**主要簿**といいます。

この主要簿のほかに、特定の取引や特定の勘定科目の内訳明細を記入するために、現金出納帳・当座預金出納帳や仕入帳・売上帳、あるいは売掛金元帳・買掛金元帳などに記帳します。これらの帳簿を、主要簿に対して**補助簿**といいます。

補助簿は、**補助記入帳**と**補助元帳**に分けられます。

帳簿とその相互の関係をまとめると、次のようになります。

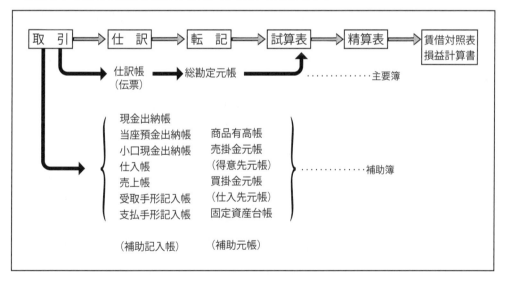

上の図の補助簿の中で、仕訳帳の下に並んでいる現金出納帳から支払手形記入帳までが補助記入帳です。また、総勘定元帳の下の商品有高帳、売掛金元帳、買掛元帳、固定資産台帳は、総勘定元帳の商品勘定、売掛金勘定、買掛金勘定などの内訳明細を記入する帳簿で、これらを補助元帳といいます。

補助記入帳と補助元帳という分類は簿記論上の分類であり、実務的にはこのような分類は特

に必要とされません。また、売上明細は納品書控があり、仕入明細は相手先が発行した納品書や請求書がありますので、実務上では簿記論上の売上帳および仕入帳はほとんどなく、売上先元帳を売上帳、仕入先元帳を仕入帳と呼んでいる場合が多いようです。

　※実務上では、仕訳帳を用いないで、現金入金は「入金伝票」、現金出金は「出金伝票」、その他の取引は「振替伝票」を用い、それを毎月綴り込むことで仕訳帳としているケースも多く見られます。

　　　また、入金伝票、出金伝票を用いないで、すべての取引を「仕訳伝票」に記入する場合もあります。

⓫　取引と補助簿との関係

　取引があると、仕訳帳に仕訳し、総勘定元帳に転記します。さらに、特定の取引や特定の勘定科目については、取引の内容明細を補助記入帳や補助元帳などの補助簿に記入します。

　取引例を見ながら、どのような補助簿に記入するかを考えてみましょう。

例題1　次の取引を仕訳し、記帳する補助簿をあげなさい。

① 　商品1,000,000円を仕入れ、代金のうち100,000円は現金で、300,000円は小切手を、600,000円は約束手形をそれぞれ振り出して支払った。

② 　商品500,000円を仕入れ、代金のうち300,000円は手持ちの約束手形を裏書譲渡して支払い、残額は掛けとした。

解答

(1) まず、これらの取引を仕訳してみます。すると、次のようになります。

①

（借方）（イ）仕　入　1,000,000　　（貸方）（ロ）現　　金　100,000
　　　　　　　　　　　　　　　　　　　　（ハ）当座預金　300,000
　　　　　　　　　　　　　　　　　　　　（ニ）支払手形　600,000

②

（借方）（イ）仕　入　500,000　　（貸方）（ホ）受取手形　300,000
　　　　　　　　　　　　　　　　　　　　（ヘ）買　掛　金　200,000

(2) 次に、どの補助簿に記入するかですが、その仕訳科目に関する補助簿に記入すると考えます。①は（イ）商品を仕入れると…仕入帳、それに商品が増えるので…商品有高帳、貸方の（ロ）現金での支払い…現金出納帳、（ハ）小切手を振り出した…当座預金出納帳、（ニ）約束手形の振出し…支払手形記入帳、と取引ごとにひとつひとつ順番に考えます。

　　　②は、仕入は①と同じですが、貸方の（ホ）手形の裏書…受取手形記入帳、（ヘ）仕入の掛け…買掛金元帳となります。

(3) まとめると、以下のようになります。

	《取引》	《仕訳科目》	《記入する補助簿》
（イ）	商品仕入	仕　入	仕入帳・商品有高帳
（ロ）	現金支払い	現　金	現金出納帳
（ハ）	小切手振出し	当座預金	当座預金出納帳
（ニ）	約束手形振出し	支払手形	支払手形記入帳
（ホ）	約束手形の裏書	受取手形	受取手形記入帳
（ヘ）	掛仕入	買掛金	買掛金（仕入先）元帳

例題2　次の取引を仕訳し、記帳する補助簿をあげなさい。

① 　商品1,000,000円を売り上げ、代金のうち300,000円は現金で、700,000円は小切手で受け取り、ただちに当座預金とした。

② 　商品500,000円を売り上げ、代金のうち200,000円は約束手形で受け取り、残額は掛けとした。

解答

(1) 取引の仕訳

①

（借方）（ロ）現　　金　300,000　　　　　（貸方）（イ）売　　上　1,000,000
　　　　　（ハ）当座預金　700,000

②

（借方）（ニ）受取手形　200,000　　　　　（貸方）（イ）売　　上　　500,000
　　　　　（ホ）売 掛 金　300,000

(2) 上記の取引と補助簿の関係

	《取引》	《仕訳科目》	《記入する補助簿》
（イ）	商品売上	売　上	売上帳・商品有高帳
（ロ）	現金収受	現　金	現金出納帳
（ハ）	当座預金預入れ	当座預金	当座預金出納帳
（ニ）	手形の受取り	受取手形	受取手形記入帳
（ホ）	掛売上	売 掛 金	売掛金（得意先）元帳

■勘定科目と補助簿の関係のまとめ ▶

　どの補助簿に記入するかは、取引について仕訳をし、仕訳の勘定科目から推定するとわかりやすいといえます。勘定科目と補助簿の関係をまとめると次のとおりです。

① 　現　　　　　金　▶　現金出納帳
② 　当　座　預　金　▶　当座預金出納帳
③ 　仕　　　　　入　▶　仕入帳・商品有高帳
④ 　売　　　　　上　▶　売上帳・商品有高帳（売上値引は売上帳のみ記帳）
⑤ 　売　　掛　　金　▶　売掛金元帳
⑥ 　買　　掛　　金　▶　買掛金元帳
⑦ 　受　取　手　形　▶　受取手形記入帳
⑧ 　支　払　手　形　▶　支払手形記入帳
⑨ 　土地・建物、備品　▶　固定資産台帳

Q 問題　北陸商店では、下掲の補助簿を用いている。次の取引の仕訳を行い、記帳される補助簿の関係欄に○印をつけなさい。

（1）富山商店から商品500,000円を仕入れ、代金のうち200,000円は京都商店から受け取った約束手形を裏書譲渡し、残額は掛けとした。

（2）京都商店へ商品600,000円を売り渡し、代金のうち100,000円は小切手を受け取り、残額は掛けとした。

（3）京都商店へ売り上げた商品のうち30,000円分が返品された。この金額は同店に対する売掛金から差し引くこととした。

（4）所有する約束手形300,000円を銀行で割り引き、割引料4,500円を差し引かれ、手取金は当座預金とした。

（5）石川商店からの買掛金200,000円に対し、約束手形を振り出して支払った。

取引番号	現金出納帳	当座預金出納帳	仕入帳	売上帳	商品有高帳	売掛金元帳	買掛金元帳	受取手形記入帳	支払手形記入帳
（1）									
（2）									
（3）									
（4）									
（5）									

Ａ 解答

（仕訳）

(1)	（借方）	仕　　入	500,000	（貸方）	受 取 手 形	200,000
					買 掛 金	300,000
(2)	（借方）	現　　金	100,000	（貸方）	売　　上	600,000
		売 掛 金	500,000			
(3)	（借方）	売　　上	30,000	（貸方）	売 掛 金	30,000
(4)	（借方）	当 座 預 金	295,500	（貸方）	受 取 手 形	300,000
		手形売却損	4,500			
(5)	（借方）	買 掛 金	200,000	（貸方）	支 払 手 形	200,000

（補助簿）

取引番号	現金出納帳	当座預金出納帳	仕入帳	売上帳	商品有高帳	売掛金元帳	買掛金元帳	受取手形記入帳	支払手形記入帳
(1)			○		○		○	○	
(2)	○			○	○	○			
(3)				○	○	○			
(4)		○						○	
(5)							○		○

12 試算表

　試算表（Trial Balance　略称：T/B）は、仕訳帳から元帳への転記が正しく行われたかどうかを確認することを主な目的として作成される表です。試算表は少なくとも１年に１回決算のときに作成するほか、企業の規模などによっては、日、週、月などを単位として作成されます。

　試算表には、合計試算表、残高試算表、合計残高試算表の３種類があります。

(1) 合計試算表

　合計試算表は、総勘定元帳の各勘定口座の借方金額の合計額と貸方金額の合計を集計して作成します。

　合計試算表の借方合計額と貸方合計額は必ず一致します。なお、仕訳帳を期末に締め切ったときの合計額とも一致します。

合　計　試　算　表
○○年○○月○○日

借　　方	元丁	勘　定　科　目	貸　　方

(2) 残高試算表

　残高試算表は、総勘定元帳の各勘定口座の残高（借方合計額と貸方合計額の差額を集計して作成します。

　合計試算表と同様に借方合計額と貸方合計額は必ず一致します。

残　高　試　算　表
○○年○○月○○日

借　　方	元丁	勘　定　科　目	貸　　方

(3) 合計残高試算表

合計残高試算表は合計試算表と残高試算表を一つにまとめて作成します。

合　計　残　高　試　算　表
○○年○○月○○日

借　　方		元丁	勘　定　科　目	借　　方	
残　　高	合　　計			合　　計	残　　高

(4) 試算表の作成手順（合計残高試算表）

①　総勘定元帳の各勘定口座の借方金額と貸方金額を集計し、合計残高試算表のそれぞれに該当する勘定科目の借方合計欄と貸方合計欄の各欄に移記します。

②　すべての勘定科目の合計額が移記できたことを確認します。

③　総勘定元帳の各勘定口座の残高を合計残高試算表の各勘定口座の残高欄に移記します。「借方合計＞貸方合計」ならば、残高は借方で、「借方合計＜貸方合計」ならば、残高は貸方です。そして、資産と費用に属する勘定科目の残高は借方に、負債と純資産、収益に属する勘定科目の残高は貸方にきています。

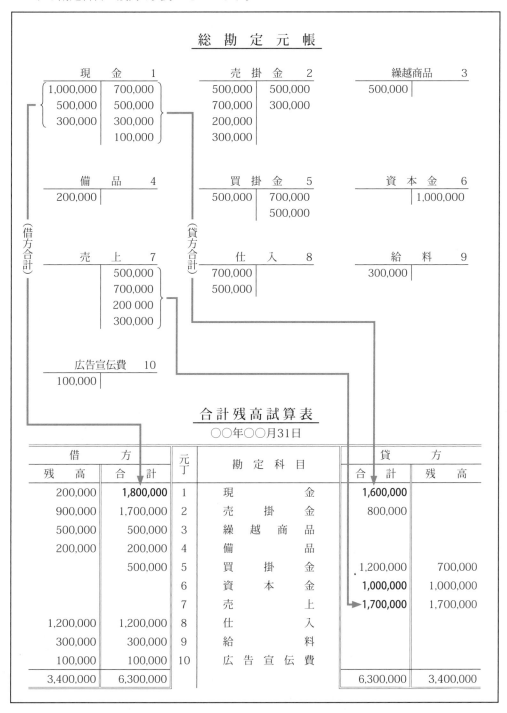

Q 問題 1　次の総勘定元帳から合計残高試算表を作成しなさい（各勘定口座の金額はすべて合計額です。）。

現　金		売　掛　金		繰越商品	
655,000	398,750	432,500	280,000	137,500	

買　掛　金		資　本　金		売　上	
220,000	387,500		378,750		487,750

仕　入		旅費交通費		給　料	
337,500		10,250		140,000	

合 計 残 高 試 算 表
○○年○○月31日

借　　方		勘 定 科 目	貸　　方	
残　高	合　計		合　計	貸　高
		現　　　　金		
		売　掛　金		
		繰　越　商　品		
		買　掛　金		
		資　本　金		
		売　　　　上		
		仕　　　　入		
		旅　費　交　通　費		
		給　　　　料		

A 解答

合 計 残 高 試 算 表
○○年○○月31日

借　方		勘 定 科 目	貸　方	
残　高	合　計		合　計	残　高
256,250	655,000	現　　　　　金	398,750	
152,500	432,500	売　　掛　　金	280,000	
137,500	137,500	繰　越　商　品		
	220,000	買　　掛　　金	387,500	167,500
		資　　本　　金	378,750	378,750
		売　　　　　上	487,750	487,750
337,500	337,500	仕　　　　　入		
10,250	10,250	旅　費　交　通　費		
140,000	140,000	給　　　　料		
1,034,000	1,932,750		1,932,750	1,034,000

Q 問題 2　仕訳・転記・試算表の総合問題

次の取引を（1）仕訳し、（2）各勘定口座に転記の上、（3）月末の合計残高試算表を作成しなさい。

7月20日　商品600,000円を売り上げ、代金のうち半額は約束手形を受け取り、残額は掛けとした。なお、先方負担の発送運賃5,000円は現金で立て替えた。

22日　商品400,000円を注文し、内金40,000円を小切手を振り出して支払った。

24日　給料100,000円から所得税の源泉徴収分2,000円を控除し、現金で支払った。

27日　取立てを依頼していた当店あての約束手形300,000円が決済され、当座預金口座に振り込まれた。

28日　7月22日に注文した商品が到着し、代金は内金を差し引き、300,000円は手持ちの約束手形を裏書譲渡し、残額は掛けとした。

30日　得意先に対する掛代金500,000円を半額は約束手形で、半額は小切手で受け取った。

31日　前日受け取った小切手を当座預金に預け入れた。

〃　さきに振り出した約束手形200,000円の期日が到来し、当座預金口座より引き落とされた旨、銀行より通知を受けた。

(1) 仕 訳

	借方科目	金　額	貸方科目	金　額
7/20				
22				
24				
27				
28				
30				
31				
31				

(2) 転記

現　　　金		
7/1 前期繰越　185,000	7/10 支払家賃　60,000

当 座 預 金	
7/1 前期繰越　220,000	7/2 仕　　入　5,000

受 取 手 形	
7/1 前期繰越　300,000	

売 掛 金	
7/1 前期繰越　705,000	7/13 買 掛 金　300,000
7 売　　上　650,000	

繰 越 商 品	
7/1 前期繰越　190,000	

前 払 金	

備　　品	
7/1 前期繰越　100,000	

車両運搬具	
7/1 前期繰越　400,000	

支 払 手 形	
	7/1 前期繰越　200,000
	2 仕　　入　300,000
	17 買 掛 金　200,000

買 掛 金	
7/3 仕　　入　30,000	7/1 前期繰越　500,000
13 売 掛 金　300,000	2 仕　　入　400,000
17 支払手形　200,000	

所得税預り金	

資 本 金	
	7/1 前期繰越 1,400,000

売　　上	
	7/7 諸　　口　650,000

仕　　入	
7/2 諸　　口　705,000	7/3 買 掛 金　30,000

給　　料	

支 払 家 賃	
7/10 現　　金　60,000	

(3) 合計残高試算表

合計残高試算表
○○年7月31日

残　高	合　計	勘定科目	合　計	残　高
		現　　　　金		
		当 座 預 金		
		受 取 手 形		
		売 　掛 　金		
		繰 越 商 品		
		前 　払 　金		
		備　　　　品		
		車 両 運 搬 具		
		支 払 手 形		
		買 　掛 　金		
		所 得 税 預 り 金		
		資 　本 　金		
		売　　　　上		
		仕　　　　入		
		給　　　　料		
		支 払 家 賃		

A 解答

(1) 仕　訳

	借方科目	金　額	貸方科目	金　額
7/20	受 取 手 形	300,000	売　　　　上	600,000
	売 　掛 　金	305,000	現　　　　金	5,000
22	前 　払 　金	40,000	当 座 預 金	40,000
24	給　　　　料	100,000	所 得 税 預 り 金	2,000
			現　　　　金	98,000
27	当 座 預 金	300,000	受 取 手 形	300,000
28	仕　　　　入	400,000	前 　払 　金	40,000
			受 取 手 形	300,000
			買 　掛 　金	60,000
30	受 取 手 形	250,000	売 　掛 　金	500,000
	現　　　　金	250,000		
31	当 座 預 金	250,000	現　　　　金	250,000
31	支 払 手 形	200,000	当 座 預 金	200,000

(注) 7/20の借方の売掛金305,000円は、売掛金300,000円と立替金5,000円とすることもできる。

（2）　転　記

```
             現        金                              当 座 預 金
7/1 前期繰越 185,000 7/10 支払家賃  60,000    7/1 前期繰越 220,000 7/2 仕    入   5,000
7/30 売 掛 金 250,000  20 諸    口   5,000     27 受取手形 300,000  22 前 払 金  40,000
                    24 給    料  98,000     31 現    金 250,000  31 支払手形 200,000
                    31 当座預金 250,000


             受 取 手 形                              売  掛  金
7/1 前期繰越 300,000 7/27 当座預金 300,000    7/1 前期繰越 705,000 7/13 買 掛 金 300,000
 20 諸    口 300,000  28 仕    入 300,000      7 売    上 650,000  30 諸    口 500,000
 30 売 掛 金 250,000                          20 諸    口 305,000


             繰 越 商 品                              前  払  金
7/1 前期繰越 190,000                          7/22 当座預金  40,000 7/28 仕    入  40,000


             備        品                              車両運搬具
7/1 前期繰越 100,000                          7/1 前期繰越 400,000


             支 払 手 形                              買  掛  金
7/31 当座預金 200,000 7/1 前期繰越 200,000    7/3 仕    入  30,000 7/1 前期繰越 500,000
                     2 仕    入 300,000     13 売 掛 金 300,000   2 仕    入 400,000
                    17 買 掛 金 200,000     17 支払手形 200,000  28 仕    入  60,000


            所得税預り金                              資  本  金
                    7/24 給    料   2,000                      7/1 前期繰越 1,400,000


             売        上                              仕        入
                    7/7 諸    口 650,000    7/2 諸    口 705,000 7/3 買 掛 金  30,000
                     20 諸    口 600,000     28 諸    口 400,000


             給        料                              支 払 家 賃
7/24 諸    口 100,000                         7/10 現    金  60,000
```

（3）　合計残高試算表

合 計 残 高 試 算 表
○○年7月31日

残　　　高	合　　　計	勘　定　科　目	合　　　計	残　　　高
22,000	435,000	現　　　　　金	413,000	
525,000	770,000	当　座　預　金	245,000	
250,000	850,000	受　取　手　形	600,000	
860,000	1,660,000	売　　掛　　金	800,000	
190,000	190,000	繰　越　商　品		
	40,000	前　払　　金	40,000	
100,000	100,000	備　　　　品		
400,000	400,000	車　両　運　搬　具		
	200,000	支　払　手　形	700,000	500,000
	530,000	買　　掛　　金	960,000	430,000
		所　得　税　預　り　金	2,000	2,000
		資　　本　　金	1,400,000	1,400,000
		売　　　　上	1,250,000	1,250,000
1,075,000	1,105,000	仕　　　　入	30,000	
100,000	100,000	給　　　　料		
60,000	60,000	支　払　家　賃		
3,582,000	6,440,000		6,440,000	3,582,000

⓲ 精算表

　精算表（Work Sheet　略称：W/S）は、残高試算表を基に損益計算書および貸借対照表を作成する一連の過程を一覧表にしたもので、決算を簡単にかつ迅速に行う手続として重要な表です。

　なお、精算表の代表的なものとして6桁精算表と8桁精算表があります。6桁精算表に、決算を行うための修正記入欄を加えたものが8桁精算表になります。

　8桁精算表の一番左の欄が各勘定の残高が記入された残高試算表です。残高試算表を図にすると図の左はしのようになります。上側に貸借対照表項目、下側に損益計算書項目が記載されます。

　次に、修正記入欄は、決算整理（修正）事項に基づき修正する欄です。各勘定残高に修正を加え、その結果を勘定科目に応じて損益計算書か貸借対照表欄のいずれかに記入します。

　損益計算書欄および貸借対照表欄の貸借差額は当期純損益を示し、勘定科目欄に当期純利益または当期純損失と記載することにより完成します。

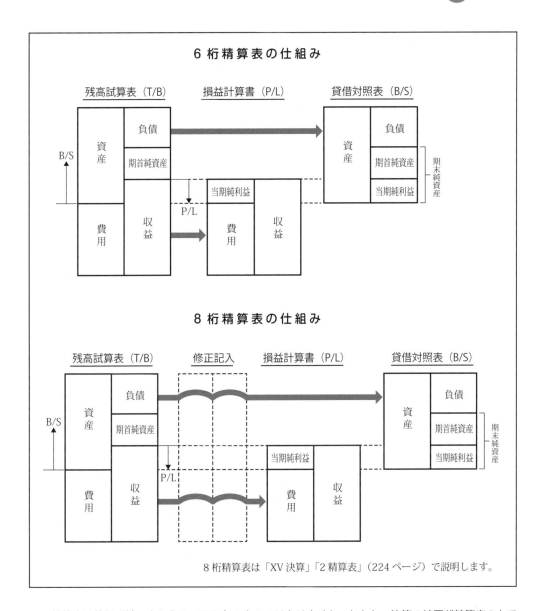

8桁精算表は「XV決算」「2精算表」（224ページ）で説明します。

※精算表は簿記手続の上からみて不可欠のものではありません。しかし、決算の縮図が精算表の上で描かれるものであることから、簿記の学習上、重視されています。

Q 問題 次の期末の総勘定の諸勘定の残高によって精算表を作成しなさい。

現　　　金	50,000	当座預金	200,000	売　掛　金	300,000
繰越商品	400,000	備　　品	200,000	建　　物	1,000,000
土　　　地	2,000,000	支払手形	740,000	買　掛　金	350,000
借　入　金	1,200,000	資　本　金	(x)	売　　上	9,300,000
仕　　　入	7,000,000	給　　料	800,000	支払家賃	120,000
雑　　　費	20,000				

精　算　表
○○年3月31日

勘定科目	残高試算表 借方	残高試算表 貸方	損益計算書 借方	損益計算書 貸方	貸借対照表 借方	貸借対照表 貸方
現　　　金						
当座預金						
売　掛　金						
繰越商品						
備　　品						
建　　物						
土　　　地						
支払手形						
買　掛　金						
借　入　金						
資　本　金						
売　　上						
仕　　　入						
給　　料						
支払家賃						
雑　　　費						
当期純（　）						

解答

精　算　表
○○年3月31日

勘定科目	残 高 試 算 表 借　方	残 高 試 算 表 貸　方	損 益 計 算 書 借　方	損 益 計 算 書 貸　方	貸 借 対 照 表 借　方	貸 借 対 照 表 貸　方
現　　　　　金	50,000				50,000	
当 座 預 金	200,000				200,000	
売　掛　　金	300,000				300,000	
繰 越 商 品	400,000				400,000	
備　　　　品	200,000				200,000	
建　　　　物	1,000,000				1,000,000	
土　　　　地	2,000,000				2,000,000	
支 払 手 形		740,000				740,000
買　掛　　金		350,000				350,000
借　入　　金		1,200,000				1,200,000
資　本　　金		500,000				500,000
売　　　　上		9,300,000		9,300,000		
仕　　　　入	7,000,000		7,000,000			
給　　　　料	800,000		800,000			
支 払 家 賃	120,000		120,000			
雑　　　　費	20,000		20,000			
当期純（利益）			**1,360,000**			1,360,000
	12,090,000	12,090,000	9,300,000	9,300,000	4,150,000	4,150,000

解説

　資本金（x）は次により求めます。

　期末の総勘定元帳の諸勘定の残高を残高試算表の各欄に記入します。記入が終わったら、残高試算表の借方欄と貸方欄のそれぞれの合計を計算します。すると、借方欄の合計は12,090,000、貸方欄の合計は11,590,000ですので、その差額12,090,000−11,590,000＝500,000が資本金となります。

Step1

II 株式会社

~ ここでは、株式の出資や増資に関係する会計処理などを学びます ~

❶ 株式会社の設立

(1) 資本金

　株式会社とは、株式を発行して出資者から資金を調達し、その資金で事業活動を行う会社のことをいいます。

　株式会社を設立するためには、会社法の規定により定款を作成し、会社の目的や商号などのほか会社が発行する株式の総数（発行可能株式総数）を定めなければなりません。そして、会社の設立にあたっては、公開会社の場合、この発行可能株式総数4分の1以上の株式を発行しなければなりません。

　また、会社法では、株式の払込金額の全額を資本金とするのが原則です。ただし、株式の払込金額の2分の1以上を資本金とし、残額を資本準備金として処理することも認められています。

　例題　株式会社の設立に際し、発行可能株式総数2,000株のうち会社法で定める最低限の発行株式数を1株5,000円で発行し、全部の払い込みを受け、これを当座預金とした。なお、資本金には、会社法で定める最低限を組み入れることにした。

（借方）	当座預金	2,500,000	（貸方）	資本金	1,250,000
				資本準備金	1,250,000

※会社法の規定により、最低限発行しなければならない株数は500株（2,000株×1/4）になり、資本金には1,250,000円（500株×5,000円×1/2）を組み入れます。

　〈参考〉個人企業の場合

　Aは、現金1,000,000円を元入れして、営業を開始した。

（借方）	現金	1,000,000	（貸方）	資本金	1,000,000

(2) 創立費　日商2級

会社の設立までに支出した定款の作成費用、株式の発行費用、設立登記のための費用などを創立費といいます。

例題　会社の設立手続きを完了し、会社設立までの諸費用1,000,000円を現金で支払った。

（借方）　創立費　　　　　1,000,000　　　　（貸方）　現 金　　　　　1,000,000

(3) 開業費　日商2級

開業準備のために、会社設立後、営業開始（開業）までに支出した、広告宣伝費、通信費、水道光熱費などの費用を開業費といいます。

例題　開業準備のための諸費用300,000円を現金で支払った。

（借方）　開業費　　　　　300,000　　　　（貸方）　現 金　　　　　300,000

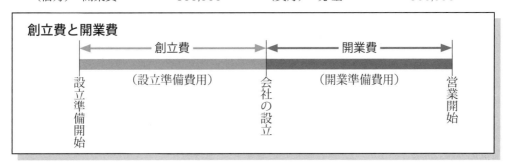

❷　増資

(1) 増資の意義

会社の設立後、新たに株式を発行して資本金を増加させることを増資といいます。増資には、通常の新株発行の場合のように、資本金の増加に伴い実質的に純資産が増加する実質的増資（有償増資）や、資本準備金や利益準備金の資本組み入れなどのように、資本金が増加しても純資産は増加しない名目的増資（無償増資）があります。

(2) 新株発行による増資（通常の場合）　日商2級

増資をする場合、会社は申込期日までに株式の申込人から払込金額の全額を受けとりますが、公募による増資では、全員に株式を割り当てることができない場合が想定されるため、払い込まれた金額は株式申込証拠金として処理しておき、払込期日において株主申込証拠金から資本

金に振り替えます。

　※株式の申込人から払い込まれた金額は、当座預金などの預金科目とは区別し一時的な資金を処理するための預金科目である別段預金として処理します。

例題

1　増資を行うにあたり、新株式500株を1株当たり10,000円で募集したところ申込期日において、すべての申し込みが完了し、申込証拠金が別段預金に払い込まれた。

（借方）　別段預金　　　　5,000,000　　　（貸方）　株式申込証拠金　5,000,000

2　増資手続が完了し、上記1の申込証拠金を資本金に振り替えるとともに、別段預金を当座預金に振り替えた。

（借方）　株式申込証拠金　5,000,000　　　（貸方）　資本金　　　　　5,000,000
　　　　　当座預金　　　　5,000,000　　　　　　　　別段預金　　　　5,000,000

(3)　株式交付費 ◀日商**2**級

　会社設立後、新たに株式を発行（増資）するために要した証券会社への手数料等の諸費用は株主交付費といいます。

例題　増資を行うに当たり、新株式を発行するための諸費用300,000円を小切手を振り出して支払った。

（借方）　株式交付費　　　300,000　　　（貸方）　当座預金　　　　　300,000

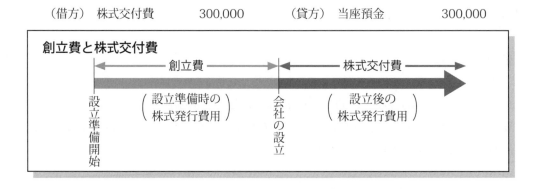

創立費と株式交付費

❸ 利益の処分

(1) 剰余金の配当および処分

　株式会社の当期純利益（または当期純損失）は、損益勘定で計算されます。そして、計算された当期純利益は、損益勘定から繰越利益剰余金勘定の貸方に振り替えます。

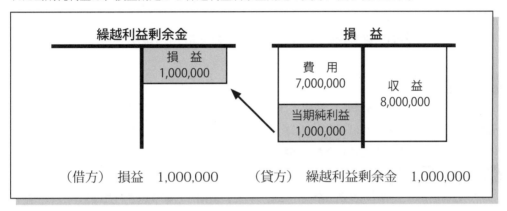

　一方、当期純損失の場合は、損益勘定から繰越利益剰余金勘定の借方に振り替えます。

　　（借方）　繰越利益剰余金　　　×××　　　　（貸方）　損益　　　　　　　　×××

　繰越利益剰余金勘定で繰り越された利益は株主総会の決議によって、株主には配当金として分配をしたり、利益準備金や任意積立金として会社の内部に留保（社内留保）したりします。

(2) 資本剰余金　◁日商**2**級▷

　資本剰余金は、株主が払い込んだ（出資した）金額のうち、資本金に計上されなかった部分であり、会社法により積み立てが強制されている資本準備金と、その他資本剰余金に区分されます。なお、資本準備金は株主総会の決議により取り崩すことができ、取り崩された金額は、その他資本剰余金に振り替えます。

　会社法では、その他資本剰余金を原資として配当した場合、その配当金の10分の1を資本金の4分の1に達するまで資本準備金として積み立てることを規定しています。

> 　準備金の積立額は、次の①と②のいずれか低い方の金額です。なお、次の利益準備金においても同様です。
> 　①　配当金　×　1/10
> 　②　資本金　×　1/4　－　（資本準備金＋利益準備金）

(3) 利益剰余金

① 利益準備金

利益準備金は、剰余金の配当に当たって会社法で積み立てが強制されている準備金です。会社法では、その他利益剰余金（繰越利益剰余金と任意積立金）を原資として配当する場合、その配当金の10分の1を資本金の4分の1に達するまで利益準備金として積み立てることを規定しています。

また、利益準備金は、資本準備金と同様に株主総会の決議により取り崩すことができますが、取り崩された金額は、その他利益剰余金に振り替えます。

② 任意積立金

任意積立金は、法律の強制によらず、株主総会などの決議によって利益の一部を積み立てたもので、特定の目的のために積み立てる配当平均積立金や新築積立金などのほか特定の目的を持たない積立金である別途積立金などがあります。

③ 繰越利益剰余金

当期の純損益は、繰越利益剰余金勘定に振り替え、前期から繰り越された繰越利益剰余金と合計します。その後、株主総会の決議を経てその処分が行われます。

利益処分の結果、繰越利益剰余金勘定から未払配当金、利益準備金、任意積立金などの勘定に振り替えられます。

なお、繰越利益剰余金の全部または一部が処分されず、繰越利益剰余金勘定の貸方に残高が残る場合は、その金額が次期へ繰り越されます。

※決算については「XV 決算」参照。

例題

① A株式会社は、決算において2,000,000円の当期純利益を計上したので、繰越剰余金勘定に振り替えた。

② A株式会社の株主総会にて剰余金の配当等が次のように決定した。

株主配当金　1,000,000円　利益準備金　100,000円　別途積立金　100,000円

①	（借方）	損益	2,000,000	（貸方）	繰越利益剰余金	2,000,000
②	（借方）	繰越利益剰余金	1,200,000	（貸方）	未払配当金	1,000,000
					利益準備金	100,000
					別途積立金	100,000

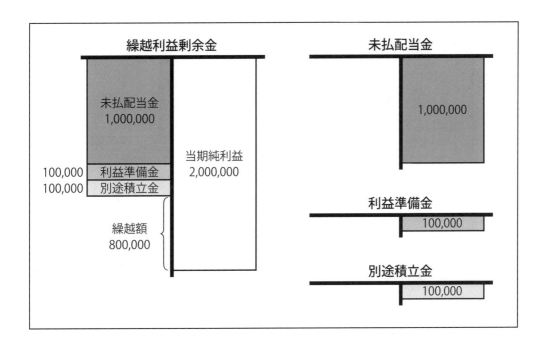

④　損失の処理

　決算において当期純損失が生じた場合は、損益勘定から繰越利益剰余金勘定の借方に当期純損失を振り替えます。

　その結果、繰越利益剰余金勘定が借方残高となった場合には、株主総会の決議を経て、任意積立金などを取り崩して充当します。それでも補填しきれない場合は、翌期に繰り越されます。　◀日商**2**級▶

例題

　株主総会の決議を経て繰越利益剰余金の借方残高500,000円を、別途積立金400,000円で補てんした。

　　　（借方）　別途積立金　　　　400,000　　　　（貸方）　繰越利益剰余金　　　400,000

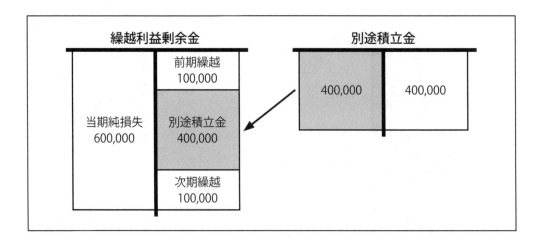

❺ 株主資本の計数の変動 〔日商**2**級〕

　資本準備金や利益準備金等の資本組み入れなどのような名目的増資など、純資産の異動を伴わない株主資本の各項目間で振替えを行うことを**株主資本の計数変動**といいます。

例題

　A㈱は、資本準備金300,000円を資本金に組み入れることにした。

(借方)　資本準備金	300,000	(貸方)　資本金	300,000

❻ 会社の合併 〔日商**2**級〕

　複数の会社が一つの会社に統合されることを合併といいます。合併にはある会社(合併会社)が他の会社(被合併会社)を吸収する形態で行われる吸収合併と、合併する複数の会社が消滅して、新しい会社(合併会社)設立する形態の新設合併があります。

　合併が行われると、合併会社は被合併会社の資産と負債を時価で受け入れ、これに対して合併会社の株式などを被合併会社の株主に交付します。

　合併会社では、引き継いだ純資産と合併の対価との差額をのれんとして処理します。のれんは20年以内のその効果が及ぶ期間にわたって毎期規則的に償却します。

例題

　A株式会社は、B株式会社を吸収合併し新株100株(1株あたりの時価50,000円)を交付し、全額を資本金とした。なお、合併直前におけるB㈱の資産の時価は6,000,000円、負債の時価は2,000,000円であった。

　(注) B株式会社の資産および負債はそれぞれ「諸資産」、「諸負債」勘定を使用して仕訳すること。

| （借方） | 諸資産 | 6,000,000 | （貸方） | 諸負債 | 2,000,000 |
| | のれん | 1,000,000 | | 資本金 | 5,000,000 |

❼ 株主資本以外の純資産 〔日商2級〕

　純資産は、株主資本のほか特定の資産・負債を時価評価した場合の評価差額である評価・換算差額等で構成されています。ここでは、この評価・換算差額等のうちその他有価証券を時価評価した際に生じるその他有価証券評価差額について説明します。

　その他有価証券は、期末に時価評価しますが、その評価差額は、その他有価証券評価差額勘定で処理し、損益計算書に含めることなく、貸借対照表の純資産の部の評価・換算差額等の区分に計上します。このように評価差額の合計額を貸借対照表の純資産の部に計上する方法を**全部純資産直入法**といいます。なお、評価差額は、翌期首に洗替処理をします。

例題

① 200,000円の評価益が生じた場合

　　（借方）　その他有価証券　200,000　　　（貸方）　その他有価証券評価差額　200,000

② 200,000円の評価損が生じた場合

　　（借方）　その他有価証券評価差額　200,000　　　（貸方）　その他有価証券　200,000

❽ 純資産の分類 〔日商2級〕

　資産と負債の差額は資本といいます。ただし、会社法等では、資本ではなく純資産といいます。負債は他人資本といわれるのに対して、純資産は自己資本ともいわれ、この両者を合わせて総資本といいます。

　なお、純資産は、資産と負債の差額であり、株主に帰属する株主資本と株主資本以外の資本（評価換算差額等）から構成されます。

　さらに、株主資本は株主が出資した元本部分である資本金と資本剰余金と、企業活動の結果獲得した利益である利益剰余金から構成されています。

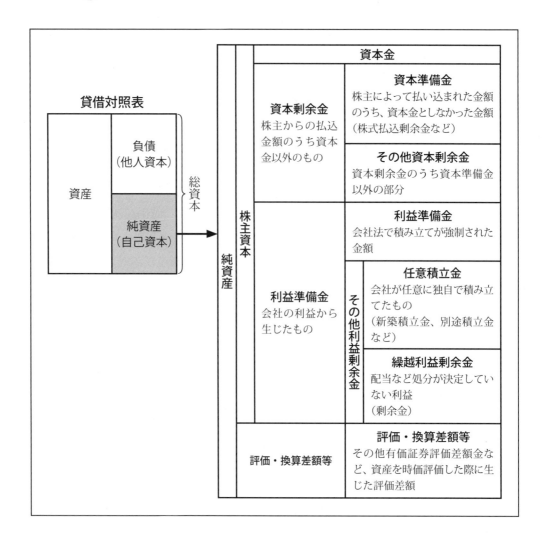

Q 問題 次の各取引について仕訳しなさい。 日商 2 級

1 株式会社大阪は、未発行株式のうち3,000株を一株当たり700円で募集したところ全株式の申込みがあり、払込金額に相当する額を申込証拠金として受入れ、別段預金とした。

2 新株募集のための費用など20,000円を現金で支払った。

3 払込期日となり、別段預金を当座預金とし、申込証拠金を資本に振替えた。なお、資本金組入額は会社法に定める最低限度額とした。

4 株主総会において、借方残高の繰越利益剰余金200,000円を別途積立金を取崩してすべて補てんする決議がされた。

5 新横浜株式会社は株主総会の決議で利益準備金200,000円を取崩し、繰越利益剰余金とする決議がされた。

6 株式会社H・Mの当期の収益は30,000円、費用は25,000円であった。損益振替を行うが勘定科目については、諸収益、諸費用を用いる。

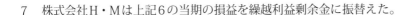

7   株式会社H・Mは上記6の当期の損益を繰越利益剰余金に振替えた。

A 解答

	借方科目	金　額	貸方科目	金　額
1	別 段 預 金	2,100,000	株式申込証拠金	2,100,000
2	株 式 交 付 費	20,000	現　　　　　金	20,000
3	当 座 預 金	2,100,000	別 段 預 金	2,100,000
	株式申込証拠金	2,100,000	資 　本 　金	1,050,000
			資 本 準 備 金	1,050,000
4	別 途 積 立 金	200,000	繰越利益剰余金	200,000
5	利 益 準 備 金	200,000	繰越利益剰余金	200,000
6	諸 　収 　益	30,000	損　　　　　益	30,000
	損　　　　　益	25,000	諸 　費 　用	25,000
7	繰越利益剰余金	5,000	損　　　　　益	5,000

解説

1   払込期日になるまで株式申込証拠金とします。また、この払込み金額は別段預金としておきます。

2   新株の発行に要した費用は「株式交付費」勘定で処理します。

3   払込期日に、株式申込証拠金を資本金に振替えます。会社法では払込金額の2分の1の金額までは資本金としないことが認められています。資本金としない金額は資本準備金とします。なお、別段預金は当座預金に振替えます。

4   繰越利益剰余金勘定が借方残高となっている場合、別途積立金などを取崩して繰越利益剰余金に振替えることができます。

5   株主総会の決議により、資本金、準備金および剰余金の間で金額の内訳を変えることができます。

6   決算整理が終わると、収益の勘定の残高と費用の勘定の残高を損益勘定に振替えます（損益振替）。

7   損益振替の後に、当期の損益を損益勘定から繰越利益剰余金勘定に振替えます（資本振替）。

Step2

『貸借対照表』 科目とその仕訳を学ぶ

～ 『貸借対照表 (B／S)』 科目とその仕訳～

『貸借対照表 (B／S)』 は、一定時点における企業の財政状態を示す報告書です。

《ステップ2》 では、この 『貸借対照表』 の資産・負債・純資産に属する各々の勘定科目とその仕訳の仕方を学びます。

Ⅲ
現金預金
～ 手元のモノ（現金）が増えたら左側（借方）、減ったら右側（貸方）に記入 ～

❶ 現金

　一般に現金とは、硬貨や紙幣といった通貨のことを指しますが、簿記上では、通貨のほかに、他人振出の小切手、郵便為替証書、送金小切手、期限の到来した公社債の利札、株式の配当金領収書などの通貨代用証券も現金として処理します。

　また、現金を受け取ったときは仕訳帳に記入するとともに総勘定元帳の現金勘定の借方に記入し、現金を支払ったときは総勘定元帳の貸方に記入します。なお、現金勘定の残高はつねに借方に生じます。

例題

① 商品300,000円をA社に売上げ、代金はA社振出の小切手で受け取った。

（借方）　現　金　　　　　　300,000　　　（貸方）　売　上　　　　　　300,000

※簿記の練習問題において、「小切手を受け取った」といえば、「他人振出の小切手を受け取った」ということを意味します。

② 得意先B社に対する売掛金50,000円の回収として、郵便為替証書を受け取った。

（借方）　現　金　　　　　　 50,000　　　（貸方）　売掛金　　　　　　 50,000

※郵便為替証書は郵便局で現金と引換えに発行されるもので、受け取った人がゆうちょ銀行（郵便局）で換金できるので、勘定科目は「現金」とします。

③ 仕入先C社の買掛金300,000円を支払うために、①のA社振出の小切手を渡した。

（借方）　買掛金　　　　　　300,000　　　（貸方）　現金　　　　　　　300,000

❷ 現金出納帳

　企業では、現金取引を仕訳帳と総勘定元帳の現金勘定に記入するだけでなく、必要に応じて取引の明細を**現金出納帳**に記入します。

　現金出納帳の記入の仕方は、現金の収入額を収入欄、支出額を支出欄に記入し、その取引内容を摘要欄に記入します。また、取引ごとに残高を計算し残高欄に記入しますが、総勘定元帳の現金勘定の残高と現金出納帳の残高はつねに一致します。

現　金　出　納　帳

○ 年		摘　　　　要	収　入	支　出	残　高
6	1	前月繰越	2,000		2,000
	2	○○商店売掛金回収	17,000		19,000
	4	△△商店商品仕入		6,000	13,000

❸ 現金過不足

　現金の実際有高が帳簿残高と一致しないときは、とりあえず帳簿残高を実際有高に一致させ
ておく必要があります。このために用いられる勘定が**現金過不足勘定**です。実際有高が帳簿残
高より少ない場合は、現金過不足勘定の借方に記入し、反対に、多い場合は貸方に記入します。
　後日、不一致の原因が判明したときに正しい勘定科目に振り替えます。また、期末までに不
一致の原因が分からないときは決算において、不足額は**雑損勘定**に、過剰額は**雑益勘定**に振り
替えます。

　※現金過不足勘定は、現金の実際有高が帳簿残高と一致しないときに不一致の金額を一時的に処理す
　　る勘定ですから、資産、負債、純資産、収益、費用のいずれにも該当せず、期末には残高を「0」
　　にします。

例題

　① 　現金残高と帳簿残高を照合したところ、現金が帳簿残高より2,300円不足していた。

　　　　（借方）　現金過不足　　　　　2,300　　　　（貸方）　現　　　金　　　　　2,300

　② 　①の現金過不足の原因のうち1,300円は、タクシー代の記帳漏れであることが判明した。

　　　　（借方）　旅費交通費　　　　　1,300　　　　（貸方）　現金過不足　　　　　1,300

　③ 　決算日になっても、残りの現金過不足1,000円については、原因が判明しないため、雑
　　損として処理した。

　　　　（借方）　雑　　　損　　　　　1,000　　　　（貸方）　現金過不足　　　　　1,000

❹ 小口現金

　毎日発生する小口の支払いに充てるための現金を別途「小口現金」勘定を用いて管理します。
小口現金の管理方法として、次の2つの方法があります。

(1) 定額資金前渡法（インプレスト・システム）

　通常、企業は、多額の現金を手許に置いておくことはなく、当座預金に預け入れし、仕入れ代金などの支払は、小切手を振り出すなどして行います。しかし、実務では、少額の取引には、現金で支払うことが多いことから、あらかじめ定めた一定の金額を一定期間の初めに会計係から用度係に前渡をしておき、用度係が小口の支払を行う方法がとられます。この用度係に渡した現金は、小口現金勘定を用いて処理します。

例題

①　会計係が用度係に50,000円の小切手を振り出して渡した。

|（借方）|小口現金|50,000|（貸方）|当座預金|50,000|

②　月末に用度係より以下の報告を受けたので、小切手を振り出して補給した。

　旅費交通費　25,000円　通信費　8,000円　消耗品費6,000円

（借方）	旅費交通費	25,000	（貸方）	小口現金	39,000
	通信費	8,000			
	消耗品費	6,000			
（借方）	小口現金	39,000	（貸方）	当座現金	39,000

『簡便法』

　簡便法として、小口現金勘定を省略して、次のように仕訳する方法があります。つまり、上記の例における報告時の仕訳と補給時の仕訳をまとめ、一つの仕訳で処理します。

（借方）	旅費交通費	25,000	（貸方）	当座預金	39,000
	通信費	8,000			
	消耗品費	6,000			

(2) 任意補給法

　会計係が用度係に現金が少なくなったときに、随時補充する方法です。(1)の方法は、補給の時期が一定の時期であるのに対して、この方法は、用度係の補給が随時であるという違いがあるだけで仕訳は同じです。

❺　小口現金出納帳

　小口現金の補給と支払明細を記録する補助簿を小口現金出納帳といいます。小口現金出納帳への記入例を示すと、次のようになります。

小口現金出納帳

受入	○年		摘　　　要	支払	内訳			残高
					通信費	旅費交通費	消耗品費	
50,000	4	1	前月繰越					50,000
		5	切手代	1,200	1,200			48,800
		10	タクシー代	1,800		1,800		47,000
		15	地下鉄回数カード5枚	15,000		15,000		32,000
		20	ノート代	1,300			1,300	30,700
		25	バス回数券5冊	10,000		10,000		20,700
			合計	29,300	1,200	26,800	1,300	
29,300		30	本日補給					50,000
		〃	次月繰越	50,000				
79,300				79,300				
50,000	5	1	前月繰越					50,000

❻ 当座預金

　銀行など金融機関と当座取引契約によって預ける無利息の預金を当座預金といい、当座預金を引き出す場合は、小切手の振り出しによって行います。また、小切手を振り出したときは当座預金勘定の貸方に記入します。

　なお、小切手には、他人から受け取った「他人振出の小切手」と自分が振り出した「自己振出の小切手」があります。他人振出の小切手を受け取った場合は、現金勘定で処理しますが、自己振出の小切手を受け取った場合は当座預金勘定で処理します。

　また、複数の銀行と当座預金口座や普通預金口座を開設している場合は、その口座の管理のために当座預金は、当座預金○○銀行、当座預金△△銀行などと、また、普通預金の場合は、普通預金○○銀行、普通預金△△銀行のように口座ごとに勘定を設定します。

KY 0001	KY 0001　　　小　切　手　　　東　京 2701 1638-001
○○年5月10日	支払地　東京都千代田区飯田橋○-○-○
金額	株式会社　東京商業銀行　本店
¥300,000	金額　　　¥300,000※
渡先　浜松商店	上記の金額をこの小切手と引換に持参人へお支払いください　拒絶証書不要　　東京都千代田区飯田橋4-5
摘要　仕入代金	振出日　○○年5月10日　　東京商店
残高　¥200,000	振出地 東京都　　振出人 東京一郎 ㊞

例題

①　A株式会社に対する買掛金100,000円を小切手を振り出して支払った。

（借方）　買掛金　　　　　　100,000　　　（貸方）　当座預金　　　　　100,000

②　B株式会社に対する売掛金150,000円について、自己振出の小切手により支払いを受けた。

（借方）　当座預金　　　　　150,000　　　（貸方）　売掛金　　　　　　150,000

③　C株式会社に対する売掛金250,000円について、他人振出の小切手により支払いを受けた。

（借方）　現　金　　　　　　250,000　　　（貸方）　売掛金　　　　　　250,000

④　D株式会社に対する買掛金130,000円について、他人振出の小切手を支払いに充てた。

（借方）　買掛金　　　　　　130,000　　　（貸方）　現　金　　　　　　130,000

コメント

　他人振出の小切手を受け取ったときは、現金勘定で処理しますが、簿記の練習問題などでは「他人振出の小切手を受け取り、ただちに当座預金に預け入れた」という設例が多くみられます。この場合は、設例にしたがい当座預金勘定で処理しますので注意してください。

　なお、実務では、他人振出の小切手を受け取ったとき、すぐに銀行口座に預け入れることが明らかである場合は、直接その預金口座で処理しています。

7　当座預金出納帳

　当座預金の預入れと引出しの明細を記録する補助簿を**当座預金出納帳**といいます。当座預金出納帳の記入の仕方は、基本的に現金出納帳と同様です。

　なお、「借/貸」欄は、当座預金勘定が借方残であるか貸方残であるかを記入します。

当座預金出納帳

○年		摘　　　　　　　要	預　　入	引　　出	借/貸	残　　高
4	1	前月繰越	1,000,000		借	1,000,000
	2	現金預入れ	500,000		〃	1,500,000
	3	大阪商店に買掛金支払小切手＃11		300,000	〃	1,200,000
	5	京都商事から売掛金を小切手にて回収	200,000		〃	1,400,000
	6	神戸商店仕入代金 支払小切手＃12		400,000	〃	1,000,000

❽ 銀行勘定調整表 ◁日商**2**級▷

　企業は、記帳の正確性を検証するため、銀行から残高証明書を取り寄せ、当座預金勘定の残高と照合します。企業の当座預金勘定の残高と銀行が発行する残高証明書の残高が一致しない場合には、銀行勘定調整表を作成し、その原因を解明します。その際、企業側で修正を行う必要があれば必要な仕訳を行います。

(1) 残高が一致しない原因

　当座預金勘定の残高と残高証明書の残高が一致しない原因としては、次のようなものが考えられます。

① 時間外預入れ

　　銀行の営業時間外に銀行に入金したところ、銀行では翌日付の入金として処理されていた。

② 未取付小切手

　　買掛金の支払のため振り出した小切手が、銀行に呈示されず受取人が所持したままになっていた。

③ 未取立小切手

　　受け取った小切手を銀行に預け取立て依頼をしたが、銀行ではまだ取り立てていなかった。

④ 未渡小切手

　　仕入代金の支払いのため小切手を作成し、すでに仕訳を行っていたが、この小切手が仕入先に交付されていなかった。

⑤ 銀行からの入出金通知の未達

　　得意先から売掛金の支払いとして振り込みがあったが、企業への通知がなかった。また、電話料金の引き落としがあったが、企業への通知がなかった。

⑥ 企業における誤記入

　　企業において実際の支払金額と異なる金額で誤った仕訳を行っていた。

　なお、上記①、②および③は企業において適正な仕訳が行われているので修正仕訳を行う必要はありませんが、④、⑤および⑥については修正仕訳が必要となります。

	修正仕訳が必要	修正仕訳が不要
残高不一致の原因	④未渡小切手 ⑤入出金通知の未達 ⑥誤記入	①時間外預け入れ ②未取付小切手 ③未取立小切手

(2) 銀行残高調整表の作成

　銀行残高調整表の作成方法には、両者区分調整法、企業残高基準法、銀行残高基準法の3つがあります。

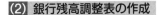 ① 両者区分調整法

　両者区分調整法は、企業の帳簿残高と銀行残高の両方に不一致原因を加減して、最終的に正しい残高を求める方法です。修正仕訳が必要な項目については、企業残高に加減し、修正仕訳が不要な項目については、銀行残高に加減します。

銀行残高調整表			
当座預金勘定残高	×××	残高証明書残高	×××
（加算）　入金通知未達	×××	（加算）　時間外預入	×××
誤記入	×××	未取立小切手	×××
未渡小切手	×××		
（減算）　出金通知未達	×××	（減算）　未取付小切手	×××
誤記入	×××		
	×××	←──── 一致 ────→	×××

 ② 企業残高基準法

　企業残高基準法は、企業の当座預金残高（帳簿残高）に不一致原因を加減して、銀行の残高証明書残高に一致させる方法です。

```
        当座預金勘定残高
              ↓
（加算）入金通知未達、誤記入、未渡小切手、未取付小切手
（減算）出金通知未達、誤記入、時間外預入、未取立小切手
              ↓
        銀行残高証明書残高
```

 ③ 銀行残高基準法

　銀行残高基準法は、銀行の残高証明書残高に不一致原因を加減して、企業の当座預金残高（帳簿残高）に一致させる方法です。

```
┌─────────────────────────────────────────────────────────────────┐
│                                                                   │
│            ┌─────────────────────────┐                            │
│            │   銀行残高証明書残高    │                            │
│            └─────────────────────────┘                            │
│                        ▼                                          │
│  （加算）出金通知未達、誤記入、時間外預入、未取立小切手          │
│  （減算）入金通知未達、誤記入、未渡小切手、未取付小切手          │
│                        ▼                                          │
│            ┌─────────────────────────┐                            │
│            │   当座預金勘定残高      │                            │
│            └─────────────────────────┘                            │
│                                                                   │
└─────────────────────────────────────────────────────────────────┘
```

例題

次の資料から銀行残高調整表を作成し、必要な仕訳を示しなさい。

決算日において当座預金出納帳残高385,000円、銀行残高証明書は480,000円であった。

不一致の原因を調査したところ次の事実が判明した。

① 決算日に現金30,000円を当座預金口座に預け入れたが、銀行では翌日の入金として処理していた。

② 仕入先に対する買掛金の支払のため振り出した小切手62,000円が銀行に未呈示であった。

③ 得意先から売掛金の回収として当座預金口座に33,000円が振り込まれていたが未通知であった。

④ 事務用消耗品の購入費の支払いとして30,000円の小切手を振り出したが、金額を誤って60,000円として記帳していた。

《両者区分調整法》

銀行勘定調整表

当座預金勘定残高		385,000	残高証明書残高		480,000
（加算）③回収未通知	33,000		（加算）①翌日付預入分		30,000
④誤記入	30,000	63,000			
（減算）			（減算）②未取付小切手		62,000
		448,000			448,000

［修正仕訳］

③ （借）当座預金　33,000　（貸）売　掛　金　33,000

④ （借）当座預金　30,000　（貸）消耗品費　30,000

※ ①～③のいずれの方法であっても、修正仕訳は同じです。

《企業残高基準法》

<table>
<tr><td colspan="3" align="center">銀行勘定調整表</td></tr>
<tr><td>当座預金勘定残高</td><td></td><td>385,000</td></tr>
<tr><td>（加算）</td><td>②未取付小切手</td><td>62,000</td></tr>
<tr><td></td><td>③回収未通知</td><td>33,000</td></tr>
<tr><td></td><td>④誤記入</td><td>30,000</td></tr>
<tr><td>（減算）</td><td>①翌日付預入分</td><td>30,000</td></tr>
<tr><td>残高証明書残高</td><td></td><td>480,000</td></tr>
</table>

《銀行残高基準法》

<table>
<tr><td colspan="3" align="center">銀行勘定調整表</td></tr>
<tr><td>残高証明書残高</td><td></td><td>480,000</td></tr>
<tr><td>（加算）</td><td>①翌日付預入分</td><td>30,000</td></tr>
<tr><td>（減算）</td><td>②未取付小切手</td><td>62,000</td></tr>
<tr><td></td><td>③回収未通知</td><td>33,000</td></tr>
<tr><td></td><td>④誤記入</td><td>30,000</td></tr>
<tr><td>当座預金勘定残高</td><td></td><td>385,000</td></tr>
</table>

❾ 当座借越

　小切手は、原則として当座預金の残高を限度として振り出すことができます。しかし、企業が取引銀行に根抵当（不動産、定期預金証券、有価証券などの担保物）を差し入れ当座借越契約を結んでおけば当座借越契約限度額までの小切手を振り出すことができます。これを当座借越といい、期中では当座預金勘定の貸方残高として処理します。

　なお、期末においても当座預金勘定が貸方残の場合は、決算にあたり、当座借越勘定または借入金勘定に振り替える処理をします。

例題

1　奈良商店への買掛金1,000,000円を小切手を振り出して支払った。なお、当座預金勘定の残高は、800,000円であり、A銀行との間に2,000,000円を限度とする当座借越契約を結んでいる。なお、当社は当座借越勘定を設定している。

（借方）　買掛金　　　　　1,000,000　　　　（貸方）　当座預金　　　　　1,000,000

2　期末におけるＡ銀行の当座預金が貸方残（当座借越150,000円）の状態である。決算にあたり適切な負債勘定に振り替える。

（借方）　当座預金　　　　150,000　　　　（貸方）　当座借越　　　　150,000

コメント

この処理を行った翌期首には、当座借越を当座預金勘定の貸方に振り替えておく必要があります。

❿　その他の預貯金

普通預金、定期預金、通知預金、別段預金、郵便貯金などについては、例えば、普通預金勘定のようにそれぞれの預金名を用いた勘定科目を設け、当座預金の預け入れや引き出しの場合と同様の方法で処理します。

なお、複数の口座を開設しているときは、普通預金○○銀行などのように口座種別や銀行名などを勘定科目として使用します。

例題

Ａ銀行の普通預金口座からＢ銀行の普通預金口座へ300,000円を振り替えた。また、振込手数料として440円が引き落とされた。

（借方）　普通預金Ｂ銀行　　300,000　　　　（貸方）　普通預金Ａ銀行　　300,440
　　　　　支払手数料　　　　　　440

Q 問題　次の取引の仕訳をしなさい。

①　千葉商会株式会社に対する売掛金50,000円を、同額の郵便為替証書で受け取った。

②　松村株式会社へ商品を300,000円で売り渡し、代金は同社振出しの小切手で受け取った。

③　藤原工業株式会社より商品400,000円を仕入れ、代金のうち300,000円は松村株式会社から受け取った小切手で支払い、残金は掛けとした。

④　仕入先静岡商店に対する買掛金500,000円を小切手を振り出して支払った。なお当座預金の残高は300,000円であり、銀行と1,000,000円を限度とする当座借越契約を結んでいる。

⑤　決算となり、当座預金の貸方残200,000円を借入金勘定に振り替えた。

⑥　現金の実際有高を調べたところ、帳簿残高より5,000円多いことがわかった。

⑦　上記⑥の現金の過剰の原因は受取手数料6,000円と水道代1,000円の記入漏れであった。

⑧　現金の実際有高を調べたところ、帳簿残高より7,000円少ないことがわかった。

⑨　上記⑧の現金不足額の原因はバス代5,000円と電話代15,000円と手数料の受取額15,000
円が記入漏れであることが判明した。残高は原因不明であったので、適宜に処理をした。

⑩　用度係から次の報告を受け、ただちに小切手を振り出して資金の補給をした。なお、簡
便法によることとする。

通信費8,000円　消耗品費12,000円　旅費交通費35,000円

A 解答

	借方科目	金　額	貸方科目	金　額
①	現　　金	50,000	売　掛　金	50,000
②	現　　金	300,000	売　　上	300,000
③	仕　　入	400,000	現　　金 買　掛　金	300,000 100,000
④	買　掛　金	500,000	当　座　預　金	500,000
⑤	当　座　預　金	200,000	借　入　金	200,000
⑥	現　　金	5,000	現金過不足	5,000
⑦	現金過不足 水道光熱費	5,000 1,000	受取手数料	6,000
⑧	現金過不足	7,000	現　　金	7,000
⑨	旅費交通費 通　信　費 雑　　損	5,000 15,000 2,000	現金過不足 受取手数料	7,000 15,000
⑩	通　信　費 消　耗　品　費 旅費交通費	8,000 12,000 35,000	当　座　預　金	55,000

Ⅳ 有価証券 日商2級

~ ここでは、有価証券の分類と会計処理について学びます ~

❶ 有価証券の分類

株券、社債券、国債証券、地方債証券などを総称して有価証券といいます。有価証券を保有するときは、その保有目的に応じて次のように分類します。

(1) 売買目的有価証券

売買目的有価証券とは、短期間の時価の変動により利益を得ることを目的として保有する株式および社債その他の債券をいいます。

売買目的の有価証券は、売買目的有価証券勘定で処理します。また、貸借対照表においては、流動資産の区分に「有価証券」として表示されます。

(2) 満期保有目的債券

満期保有目的債券とは、満期（元本の返済を受ける一定の期日）まで所有する意図をもって保有する社債その他の債券をいいます。

満期保有目的債券は、満期保有目的債券勘定で処理します。また、貸借対照表においては、1年以内に満期の到来するものは流動資産の区分に「有価証券」として表示され、それ以外のものは固定資産の区分の投資その他の資産に「投資有価証券」として表示されます。

(3) 子会社株式および関連会社株式

子会社株式とは、他の会社を支配するために保有している株式（議決権の所有割合が50％を超える場合など）をいい、関連会社株式とは、他の会社に影響力を行使する目的で保有する株式（議決権の所有割合が20％以上となる場合など）をいいます。

子会社株式または関連会社株式は、子会社株式勘定または関連会社株式勘定で処理します。また、貸借対照表においては、固定資産の区分の投資その他の資産に「関係会社株式」として表示されます。

(4) その他有価証券

その他有価証券とは、上記(1)から(3)のいずれにも分類されない有価証券をいいます。

　その他有価証券は、その他有価証券勘定で処理します。また、貸借対照表においては、固定資産の区分の投資その他の資産に「投資有価証券」として表示されます。

○ 貸借対照表における表示区分と表示科目による分類

表示区分	表示科目		保有目的	
流動資産	有価証券		売買目的有価証券	
			満期保有目的債券	1年以内満期
				上記以外
固定資産	投資その他の資産	投資有価証券	その他有価証券	
		関係会社株式	子会社株式	
			関連会社株式	

❷ 売買目的有価証券

(1) 取得時の処理

　売買目的有価証券を購入した場合は、その購入代価に手数料などの付随費用を含めた額を売買目的有価証券の取得価額とします。

$$取得原価　=　購入代価　+　購入手数料などの付随費用$$

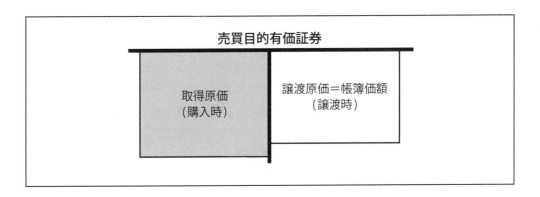

（借方）　売買目的有価証券　　×××　　　　（貸方）現　　金　　　　　×××

(2) 売却時の処理

　売買目的有価証券を売却した場合に、売却価額が帳簿価額を上回れば有価証券売却益勘定（貸方）で、下回れば有価証券売却損勘定（借方）で処理します。

例題

　1株60,000円で購入したＡ社の株式10株を１株80,000円で売却し、代金は現金で受け取った。

（借方）現　　金	800,000	（貸方）売買目的有価証券	600,000
		有価証券売却益	200,000

(3) 決算時の処理

　期末に保有する売買目的有価証券の帳簿価額は、決算において時価に修正する必要があります。この時価による評価替えを時価法といいます。時価が帳簿価額を上回る場合はその差額を有価証券評価益勘定で処理（貸方）し、時価が帳簿価額を下回る場合は有価証券評価損勘定で処理（借方）します。

　なお、上記の評価差額は、翌期において切放法または洗替法により処理します。

> **切放法**……時価法により評価替えした期末時価をそのままの価額で翌期の帳簿価額とする方法です。
>
> **洗替法**……時価法による評価差額を、翌期における帳簿価額に加減算し評価替えを行う前の取得価額に戻す方法です。

(4) 端数利息

　端数利息とは、公社債の売買を利払日と異なる日で行う場合における、その直前の利払日の翌日から売買成立日までの期間に発生した利息をいいます。

　端数利息は、売り手に帰属しますので、買い手は、公社債の購入時に売り手に対してその代価とともに端数利息を支払います。買い手は、次の利払日において、売手に対して支払った端数利息を含めた利息を受け取ります。この利息から売り手に対して支払った端数利息を控除した金額が実質的な受取利息（有価証券利息）になります。

　一方、売り手は買い手から受け取った端数利息を有価証券利息勘定（貸方）で処理します。

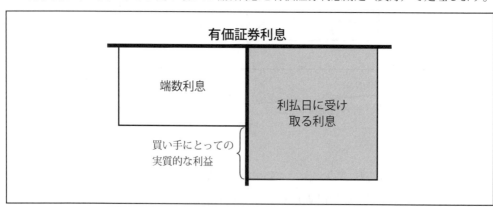

(5) 有価証券の取得価額

　同一銘柄の有価証券を異なる価額で取得し、その後売却した場合の譲渡原価（取得価額）の算定は、総平均法または移動平均法などにより行います。

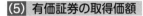 例題

　売買目的有価証券として保有していたA社の株式10,000株のうち5,000株を1株につき500円で売却し、代金は現金で受け取った。なお、1株当たりのち帳簿単価は総平均法によって計算する。

　A社株式の取得価額：6,000株は1株につき450円、4,000株は1株につき510円

$$
帳簿単価 \ = \ \frac{6,000株 \times 450円 \ + \ 4,000株 \times 510円}{6,000株 \ + \ 4,000株} \ = \ 474円
$$

（借方）　現　　金　　　　2,500,000　　　　（貸方）　売買目的有価証券　2,370,000
　　　　　　　　　　　　　　　　　　　　　　　　　　　有価証券売却益　　　130,000

> 　**総 平 均 法**……一定期間の購入金額の合計額を合計数量で除して平均単価を計算する
> 　　　　　　　　方法です。
> 　**移動平均法**……購入の都度、平均単価を計算する方法です。

　※上記の総平均法と移動平均法は、商品有高帳における商品の払出単価の算定の場合と同様です。

❸ 満期保有目的債券

(1) 取得時の処理

　満期保有目的で社債などの債券を取得した場合は、その購入代価に手数料などの付随費用を含めた額を満期保有目的債券の取得価額とします。また、取得時に端数利息を支払った場合の処理は、売買目的有価証券と同様です。

（借方）　満期保有目的債券　　×××　　　　（貸方）　現　　　金　　　　×××

(2) 利払時の処理

　保有する社債などについて利子が支払われた場合には、有価証券利息勘定（貸方）で処理します。

（借方）　現　　　金　　　　×××　　　　（貸方）　有価証券利息　　　×××

(3) 決算時の処理

　期末に保有する満期保有目的の債券の帳簿価額は、時価に修正する必要はなく取得価額のままとなります。ただし、債券の取得価額と額面金額が異なる場合において、その差額が利息（金利の調整）と認められるときは、債券の取得価額と額面金額の差額を償還期まで一定の方法で取得価額に加減します（償却原価法）。

　償却原価法では、定額法などにより利息の金額を計算し、その金額を満期保有目的債券の帳簿価額に加算するとともに、有価証券利息勘定で処理します。

例題

① 　×1年4月1日にC社が発行した社債950,000円（額面1,000,000円）を、満期目的で取得し、代金は小切手を振り出して支払った。

《発行条件》

期間5年、利率：年5％、利払日：3月31日および9月30日

　　（借方）　満期保有目的債券　950,000　　　　　（貸方）　当座預金　　　　　　950,000

② 　利払日の処理

　　（借方）　現　金　　　　　　25,000　　　　　（貸方）　有価証券利息　　　　25,000

　　利息……　1,000,000円　×　5％　×　6/12　＝　25,000円

③ 　×2年3月31日の決算に際し、C社社債につき償却原価法を適用して処理した。

　　（借方）　満期保有目的債券　10,000　　　　　（貸方）　有価証券利息　　　　10,000

　　1年分の利息……　50,000円　×　1/5　＝10,000円

❹ 子会社株式および関連会社株式

(1) 取得時の処理

　子会社株式または関連会社株式を取得した場合は、その購入代価に手数料などの付随費用を含めた額を子会社株式または関連会社株式の取得価額とします。

　　（借方）　子会社株式　　　　×××　　　　（貸方）　現　金　　　　　×××
　　　　　　または関連会社株式

(2) 決算時の処理

　期末に保有する子会社株式または関連会社株式の帳簿価額は、時価に修正する必要はなく取

得価額のままとなります。

　※子会社株式などは、支配目的で保有するものであり、めったに売買することがないため、期末に時価に修正する必要がありません。

❺　その他有価証券

(1) 取得時の処理

　その他有価証券を取得した場合は、その購入代価をその他有価証券の取得価額とします。

　　　　（借方）　その他有価証券　　×××　　　　（貸方）現　　金　　　　×××

(2) 決算時の処理

　期末に保有するその他有価証券の帳簿価額は、決算において時価に修正する必要があります。時価が帳簿価額を上回る場合は、その差額をその他有価証券勘定の借方に記入するとともに、その他有価証券評価差額勘定（純資産）で処理（貸方）し、時価が帳簿価額を下回る場合は、その差額をその他有価証券勘定の貸方に記入するとともに、その他有価証券評価差額勘定で処理（借方）します。この処理方法を、全部純資産直入法といいます。

　なお、上記の評価差額は、翌期首において洗替法により処理します。

　※その他有価証券の評価差額は、損益計算書に計上せず、貸借対照表の純資産の部に計上します。

例題

①　C社の株式1,000,000円を小切手を振り出して取得し、その他の有価証券として処理した。

　　　　（借方）　その他有価証券　1,000,000　　　（貸方）　当座預金　　　　1,000,000

②　上記株式の決算日における時価は1,100,000円であった。

　　　　（借方）　その他有価証券　100,000　　　（貸方）　その他有価証券評価差額金　100,000

③　翌期首に上記株式につき洗替処理を行い前期末の評価差額を振り戻した。

　　　　（借方）　その他有価証券評価差額金　100,000　　　（貸方）　その他有価証券　100,000

解説

　時価が帳簿価額を上回っているので、その評価差額をその他有価証券評価差額金勘定（純資産）で処理します。そして、翌期首において洗替法により処理することによって、帳簿価額は取得価額に戻ることになります。

Q 問題　次の取引を仕訳しなさい。

① 　売買目的で株式50株を1株あたり70,000円で購入し、代金は買入手数料15,000円とともに小切手を振り出して支払った。

② 　上記①の株式のうち20株を1株あたり75,000円で売却し、代金は小切手で受取り、ただちに当座預金とした。

③ 　上記①の株式30株について、同社から配当金領収証50,000円が郵送されてきた。

④ 　満期保有目的で額面3,000,000円の国債を100円につき96円で購入し、売買手数料7,500円とともに普通預金口座から支払った。

⑤ 　当期中に2回にわたり売買目的で購入したI社株式400株のうち、300株を1株あたり510円で売却し、代金は月末に受け取ることとした。このI社株式は1回目に1株あたり500円で200株を、2回目に1株あたり524円で200株を購入している（総平均法による）。

⑥ 　決算になり、売買目的で所有しているM社株式1,000株（取得価額1株あたり700円）の時価は1株あたり660円である。評価替えを行う。

⑦ 　N株式会社はS株式会社（発行済株式数1,000株）の株式700株を1株あたり500円で取得し、代金は小切手を振り出して支払った。

⑧ 　N株式会社はW株式会社（発行済株式数10,000株）の株式2,700株を1株あたり600円で取得し、代金は売買手数料30,000円とともに小切手を振り出して支払った。

⑨ 　長期利殖目的でH株式会社の株式1,000株を1株あたり530円で取得し、代金は現金で支払った。

⑩ 　決算を迎え、その他有価証券として保有しているH株式会社の株式（帳簿価額500,000円、時価600,000円）を全部純資産直入法により処理する。

⑪ 　決算を迎え、その他有価証券として保有しているX株式会社の株式（帳簿価額500,000円、時価300,000円）を全部純資産直入法により処理する。

⑫ 　202X年7月1日、売買目的で所有するP株式会社の社債、額面金額2,000,000円を額面100円につき94円で購入し、代金は端数利息とともに現金で支払った。なお社債の利率は年3％、利払日は3月31日と9月30日である。

A 解答

	借方科目	金額	貸方科目	金額
①	売買目的有価証券	3,515,000	当座預金	3,515,000
②	当座預金	1,500,000	売買目的有価証券 有価証券売却益	1,406,000 94,000
③	現金	50,000	受取配当金	50,000
④	満期保有目的債券	2,887,500	普通預金	2,887,500
⑤	未収入金 有価証券売却損	153,000 600	売買目的有価証券	153,600
⑥	有価証券評価損	40,000	売買目的有価証券	40,000
⑦	子会社株式	350,000	当座預金	350,000
⑧	関連会社株式	1,650,000	当座預金	1,650,000
⑨	その他有価証券	530,000	現金	530,000
⑩	その他有価証券	100,000	その他有価証券評価差額金	100,000
⑪	その他有価証券評価差額金	200,000	その他有価証券	200,000
⑫	売買目的有価証券 有価証券利息	1,880,000 15,123	現金	1,895,123

①　売買手数料が売買目的有価証券の取得価額に含まれます。1株＝3,515,000円÷50株＝70,300円。

②　上記①で1株あたりの取得価額70,300円ですから、それを75,000円で売却したということは、売買益が発生することになります。売却した売買目的有価証券の取得原価は70,300円×20株＝1,406,000円

③　配当金額収証は現金勘定で処理します。

④　満期保有目的の国債なので、「満期保有目的債券」勘定で処理します。取得価額は3,000,000円×96／100＋7,500円＝2,887,500円　となります。

⑤　同一銘柄の有価証券を複数回に分けて購入し、これを売却したときは、売却した有価証券の帳簿価額は総平均法によって計算します。この場合の平均単価は

$$\frac{500円 \times 200株 + 524円 \times 200株}{200株 + 200株} = @512円$$

となります。これを1株あたり510円で売却したのですから売却損が発生することになります。

⑥　売買目的有価証券については、決算において帳簿価額を時価に修正します。

⑦　N社はS社の発行済株式数1,000株の50％以上の株式数700株を購入するので、S社はN社の子会社になります。

⑧　N社はW社の発行済株式数10,000株のうち20％以上の2,700株を購入するので、W社の株式は関連会社株式になります。

⑩および⑪　その他有価証券は時価で評価しますが、その評価差額は原則として損益計算書には計上しません。その評価差額の計上方法の一つが全部純資産直入法であり、貸借対照表の純資産の部に計上します。

⑫　利払い以外の日に社債を売買した場合、社債を購入した方は、利払日の翌日から購入の日までの利息を売り主に支払います。この場合、利払日の翌日4／1から7／1まで（92日）の端数利息を計算します。

2,000,000円×3％×92日／365日＝15,123円（円未満切り捨て）

購入価額は　2,000,000円×94／100＝1,880,000円　です。

V 商品売買

～ 商売の基本は、商品を売買して儲けることです。
商品売買の処理と記帳手法をしっかりと身につけましょう ～

商品売買取引を記帳する方法として、分記法、三分法、売上原価対立法などがあります。

❶ 分記法

　分記法は、商品の売買を行うつど、商品売買益を計算して処理する方法で、商品の売買取引を商品勘定と商品売買益（損）勘定を用います。

　分記法では、商品を仕入れたとき、その仕入原価を商品勘定の借方に記入し、売上げたときに商品勘定の貸方に記入します。さらに、その取引による商品売買益を商品売買益勘定の貸方に記入します。

　この方法では、商品勘定の残高は、常にその時点での商品の手許有高を表すため、期末における決算整理は不要です。

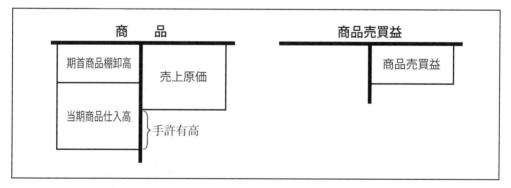

例題

① A商品（1個100,000円）を3個仕入れ、代金は現金で支払った。

（借方）商　品　　　　　300,000　　　（貸方）現　金　　　　　300,000

② A商品1個を200,000円で売上げ、代金は掛けとした。

(借方) 売掛金	200,000	(貸方) 商　品	100,000
		商品売買益	100,000

❷ 3分法

(1) 仕入勘定で売上原価を計算する方法

　3分法は、商品の売買取引を繰越商品勘定、仕入勘定、売上勘定を用いて処理する方法です。この方法では、商品売買益（損）は期末に一括して計算します。

　そのため、仕入勘定（または売上原価勘定）で売上原価を計算するとともに、繰越商品勘定で繰越商品棚卸高を把握するために決算整理仕訳を行います。

　なお、売上原価とは、販売した商品の原価（仕入値）であり、次の算式で求めます。

$$売上原価 ＝ 期首商品棚卸高 ＋ 当期商品仕入高 － 期末商品棚卸高$$

① 期首商品棚卸高を繰越商品勘定から仕入勘定へ振替える。

(借方) 仕入	600	(貸方) 繰越商品	600

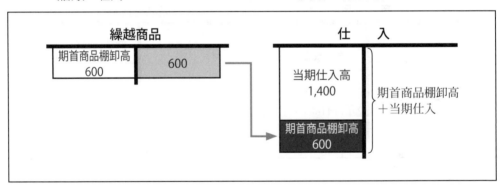

② 期末商品棚卸高を仕入勘定から繰越商品勘定へ振替える。

(借方) 繰越商品	800	(貸方) 仕入	800

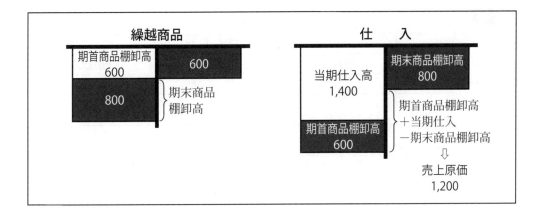

③ 売上原価を仕入勘定から損益勘定へ振替える。

(借方) 損益 1,200 (貸方) 仕入 1,200

Q 問題 1

次の資料から決算整理仕訳を行い、総勘定元帳に転記しなさい。なお、仕入勘定で売上原価を算定します。

① 決算整理前残高試算表

決算整理前残高試算表

借 方 残 高	勘 定 科 目	貸 方 残 高
〜〜〜〜〜〜	〜〜〜〜〜〜	〜〜〜〜〜〜
30,000	繰 越 商 品	
	売 上	700,000
470,000	仕 入	

② 決算整理事項

期末商品棚卸高 50,000円

借 方 科 目	金 額	貸 方 科 目	金 額

繰越商品		仕 入	
1/1 前期繰越 30,000	12/31	1/1〜12/31　470,000	12/31
12/31		12/31	

A 解答

借方科目	金　額	貸方科目	金　額
仕　　入	30,000	繰越商品	30,000
繰越商品	50,000	仕　　入	50,000

```
            繰越商品                              仕　　入
1/1 前期繰越 30,000 | 12/31 仕    入 30,000    1/1~12/31    470,000 | 12/31 繰越商品 50,000
12/31 仕    入 50,000 |                        12/31 繰越商品 30,000 |
```

Q 問題 2　商品売買取引──分記法と3分法

　次の元帳は、5月中の商品売買に関する取引を分記法で記帳し、月末に締め切った商品勘定および商品売買益勘定です。この取引を3分法で記帳する場合の取引の仕訳を日付順に示しなさい。ただし、同じ日付の取引は一つの取引を転記したものです。

```
            商　　品                                  商品売買益
1/1 前月繰越 10,000 | 5/8 買 掛 金  5,000      5/23 売 掛 金 10,000 | 5/15 現    金  5,000
  5 買 掛 金 20,000 |  15 現    金 10,000        29 売 掛 金  5,000 |  22 売 掛 金 20,000
 10 現    金 30,000 |  22 売 掛 金 40,000        30 損    益 25,000 |  25 現    金 15,000
 20 当座預金 35,000 |  25 現    金 30,000                    40,000 |            40,000
 23 売 掛 金 15,000 |  30 次月繰越 25,000
            110,000 |            110,000
```

	借方科目	金　額	貸方科目	金　額
5/5				
8				
10				
15				
20				
22				
23				
25				
29				

🅐 解答

	借方科目	金額	貸方科目	金額
5/5	仕　　入	20,000	買　掛　金	20,000
8	買　掛　金	5,000	仕　　入	5,000
10	仕　　入	30,000	現　　金	30,000
15	現　　金	15,000	売　　上	15,000
20	仕　　入	35,000	当　座　預　金	35,000
22	売　掛　金	60,000	売　　上	60,000
23	売　　上	25,000	売　掛　金	25,000
25	現　　金	45,000	売　　上	45,000
29	売　　上	5,000	売　掛　金	5,000

❗ 解説

　商品売買取引は、3分法では仕入、売上の2つの勘定科目で仕訳します。仕入れたとき（分記法では「（借方）商品」）は「仕入」に、また分記法の「商品」および「商品売買益」は合わせて「売上」とします。

5/5	分記法	商　　品	20,000	買　掛　金	20,000
	3分法	仕　　入	20,000	買　掛　金	20,000
5/8	分記法	買　掛　金	5,000	商　　品	5,000
	3分法	買　掛　金	5,000	仕　　入	5,000
5/10	分記法	商　　品	30,000	現　　金	30,000
	3分法	仕　　入	30,000	現　　金	30,000
5/15	分記法	現　　金	15,000	商　　品 商品売買益	10,000 5,000
	3分法	現　　金	15,000	売　　上	15,000
5/20	分記法	商　　品	35,000	当　座　預　金	35,000
	3分法	仕　　入	35,000	当　座　預　金	35,000
5/22	分記法	売　掛　金	60,000	商　　品 商品売買益	40,000 20,000
	3分法	売　掛　金	60,000	売　　上	60,000
5/23	分記法	商　　品 商品売買益	15,000 10,000	売　掛　金	25,000
	3分法	売　　上	25,000	売　掛　金	25,000
5/25	分記法	現　　金	45,000	商　　品 商品売買益	30,000 15,000
	3分法	現　　金	45,000	売　　上	45,000
5/29	分記法	商品売買益	5,000	売　掛　金	5,000
	3分法	売　　上	5,000	売　掛　金	5,000

(2) 売上原価勘定を設けて売上原価を計算する方法

売上原価の計算を仕入勘定で行わず、売上原価勘定を設けて計算することもできます。この方法では、繰越商品勘定から期首商品棚卸高と期末商品棚卸高を振り替えるときの相手勘定は売上原価勘定となります。また、仕入勘定から当期商品仕入高を売上原価勘定に振り替えます。

例題

次の場合における決算整理仕訳を行いなさい。なお、売上原価は、売上原価勘定で計算する方法によること。

① 期首商品棚卸高　　50,000円
② 当期商品仕入高　　300,000円
③ 期末商品棚卸高　　80,000円

① 期首商品棚卸高を売上原価勘定に振り替える。

（借方）　売上原価　　　　50,000　　（貸方）　繰越商品　　　　50,000

② 当期商品仕入高を仕入勘定から売上原価勘定に振り替える。

（借方）　売上原価　　　　300,000　　（貸方）　仕入　　　　300,000

③ 期末商品棚卸高を売上原価勘定に振り替える。

（借方）　繰越商品　　　　80,000　　（貸方）　売上原価　　　　80,000

❸ 売上原価対立法　　〈日商2級〉

売上原価対立法は、商品を販売したつど売上原価勘定に振り替える方法であり、商品勘定、売上勘定および売上原価勘定を用いて処理します。

売上原価対立法では、商品を仕入れたときに、その仕入価額（原価）を商品勘定の借方に記入し、売上げたときに商品勘定の貸方に記入するとともに、その原価を売上原価勘定に振り替えます。

この方法では、商品勘定の残高は、常にその時点での商品の手許有高を示すため、期末における決算整理仕訳が不要です。

※売上原価対立法では、繰越商品勘定は使用しません。

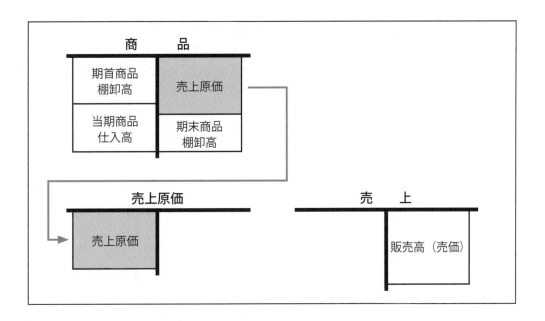

例題

① A商品（1個100,000円）を3個仕入れ、代金は現金で支払った。

　　　（借方）　商　品　　　　　　　300,000　　　　（貸方）　現　金　　　　　　　300,000

② A商品1個を200,000円で売上げ、代金は掛けとした。同時に原価を売上原価勘定に振り替えた。

　　　（借方）　売掛金　　　　　　　200,000　　　　（貸方）　売　上　　　　　　　200,000
　　　（借方）　売上原価　　　　　　100,000　　　　（貸方）　商　品　　　　　　　100,000

　　※売上原価対立法では、商品を販売したときは、売上原価の額だけ資産が減少し、費用が発生したことになるため商品勘定から売上原価勘定に振り替えます。

③　決算整理仕訳
　　　　仕訳なし

❹　引取費用・仕入戻・仕入割引・仕入割戻

(1) 引取費用（仕入諸掛）

　商品を仕入れたとき、仕入代金とは別に引取運賃や保険料などの費用を支払うことがありま

す。これらの費用を仕入諸掛といい、商品の仕入価額に含めます。したがって、これらの費用を支払ったときは、仕入勘定の借方に記入することになります。

　なお、売主が負担すべき引取運賃などを立替払いしたときは、立替金として処理します。

例題

　商品300,000円を掛けで仕入れ、当社が負担すべき引取費用5,000円を現金で支払った。

| （借方） | 仕　入 | 305,000 | （貸方） | 買掛金 | 300,000 |
| | | | | 現　金 | 5,000 |

(2) 仕入戻（仕入返品）

　商品が注文と異なっていたり、不良品があったりしたような場合に、商品を仕入先に戻すことがあります。このことを仕入戻（仕入返品）といいます。

　仕入戻を行ったときは、当初の仕入額の減額を意味することから返品した金額について当初仕入を行ったときの仕訳の逆仕訳を行います。

例題

　上記(1)で仕入れた商品の一部100,000円を返品した。

| （借方） | 買掛金 | 100,000 | （貸方） | 仕　入 | 100,000 |

(3) 仕入割引　日商2級

　商品を掛けで仕入れた場合において、その代金を支払期日前に決済したことにより代金の一部が免除されることがあります。これを仕入割引といいます。仕入割引は、仕入割引勘定で処理します。

例題

　上記(1)の買掛金を定められた割引条件の期間内で支払い、２％の割引を受け残額は小切手を振り出して支払った。

| （借方） | 買掛金 | 300,000 | （貸方） | 当座預金 | 294,000 |
| | | | | 仕入割引 | 6,000 |

(4) 仕入割戻　日商2級

　一定期間の取引額が一定金額を超えた場合などにおいて、仕入代金が一定の割合で戻される

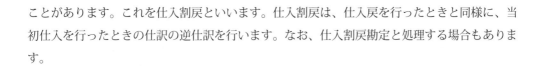

ことがあります。これを仕入割戻といいます。仕入割戻は、仕入戻を行ったときと同様に、当初仕入を行ったときの仕訳の逆仕訳を行います。なお、仕入割戻勘定と処理する場合もあります。

例題

取引額が一定額を超えたため仕入先より100,000円の仕入割戻を受けた。

（借方）買掛金　　　　　　　100,000　　　　（貸方）仕　入　　　　　　　100,000

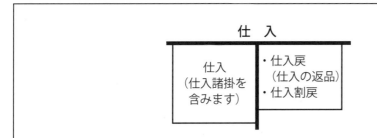

❺ 発送費・売上戻・売上割引・売上割戻

(1) 発送費

　商品を売り上げた際の発送費用は、売主の費用として発送費または支払運賃として処理します。

　なお、発送費を得意先（買主）が負担する場合は、売主にとっては立替払いとなることから売掛金として処理するか立替金として処理します。

① 売掛金勘定で処理する場合

　得意先が負担すべき発送費や運賃は、通常、得意先への商品代金に合わせて請求します。したがって、商品代金が売掛となるときは、発送費を売掛金に加算します。

② 立替金勘定で処理する場合

　①の処理をしないときは、立替金勘定で処理する場合があります。

例題

① 商品500,000円を掛けで売り上げ、発送運賃3,000円（当方負担）を現金で支払った。

（借方）売掛金　　　　　　　500,000　　　　（貸方）売上　　　　　　　　500,000
　　　　発送費　　　　　　　　3,000　　　　　　　　現金　　　　　　　　　3,000

② 商品500,000円を掛けで売り上げ、発送運賃（先方負担）3,000円を現金で払った。

(借方) 売掛金 503,000 (貸方) 売上 500,000

現金 3,000

(2) 売上戻 (売上返品)

商品が注文と異なっていたり、不良品があった場合に、商品が売上先から戻ってくることがあります。このことを売上戻（売上返品）といいます。

売上戻があったときは、当初の売上額の減額を意味することから返品された金額について当初売上を行ったときの仕訳の逆仕訳を行います。

例題

上記(1)で売上げた商品の一部100,000円が返品された。

(借方) 売　上 100,000 (貸方) 売掛金 100,000

(3) 売上割引　◁日商2級

商品を掛けで売上げた場合において、その代金が支払期日前に決済されたことにより代金の一部を免除することがあります。これを売上割引といいます。売上割引は、売上割引勘定で処理します。

例題

売掛金500,000円の決済にあたり割引条件の期間内であったため、2％の割引を行い、残額を現金で受け取った。

(借方) 現　　金 490,000 (貸方) 売掛金 500,000

売上割引 10,000

(4) 売上割戻　◁日商2級

一定期間の取引額が一定金額を超えた場合等において、売上代金が一定の割合で戻されることがあります。これを売上割戻といいます。売上割戻は、当初売上を行ったときの仕訳の逆仕訳を行います。なお、売上割戻勘定を用いて処理する場合もあります。

例題

取引額が一定額を超えたため売上先に対して100,000円の売上割戻を行った。

(借方) 売　上 100,000 (貸方) 売掛金 100,000

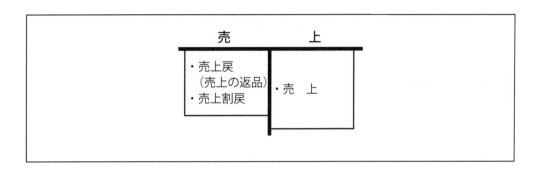

Q 問 題　次の取引を仕訳しなさい。

① 商品50,000円を仕入れ、代金は掛けとした。ただし、運賃5,000円は現金で支払った。

② 商品75,000円を売り上げ、代金は掛けとした。なお、先方負担の運送代7,000円を現金で立て替えた。

③ 商品1,500円を仕入れ、代金は掛けとした。売上原価対立法を採用している。

④ 商品（原価1,200円、売価2,000円）を売り上げ、代金は掛けとした。売上原価対立法を採用している。

⑤ 商品50,000円を仕入れ、代金は掛けとした。なお、掛代金の決済について「30日後に支払う。ただし、10日以内に支払うときは、代金の2％を割り引く」という条件がある。

⑥ ⑤の割引適用期間内であったので、2％の割引を受け、残額を現金で支払った。

A 解 答

	借方科目	金　額	貸方科目	金　額
①	仕　　　入	55,000	買　掛　金 現　　　金	50,000 5,000
②	売　掛　金	82,000	売　　　上 現　　　金	75,000 7,000
③	商　　　品	1,500	買　掛　金	1,500
④	売　掛　金 売　上　原　価	2,000 1,200	売　　　上 商　　　品	2,000 1,200
⑤	仕　　　入	50,000	買　掛　金	50,000
⑥	買　掛　金	50,000	仕　入　割　引 現　　　金	1,000 49,000

! 解 説

① 発送費は特別のことがない限り、自店負担です。

② 先方負担の運賃も売上の掛代金に含めて請求するのが普通です。

③ 売上原価対立法の場合は商品勘定を使います。

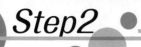

④ 売上原価対立法の場合、売り上げた原価分を商品から差し引きます。

⑥ 仕入割引として　50,000円×2％＝1,000円が差し引かれます。

❻ クレジット売掛金

　クレジット・カードによる取引をクレジット取引といいます。クレジット払いにより商品を売上げた場合、企業は、売上代金から信販会社への手数料を差し引かれた金額を信販会社から受けとることになります。したがって、売掛金は信販会社との間に発生することから通常の売掛金とは区別してクレジット売掛金勘定を用いて処理します。

　そのため、商品を売上げたときは、売上額を売上勘定（貸方）で処理するとともに、信販会社への手数料を差し引いた残額をクレジット売掛金勘定（借方）で処理します。また、手数料については、支払手数料勘定（借方）で処理します。

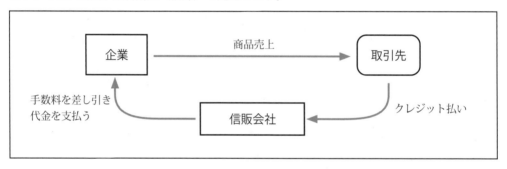

<u>例題</u>

① クレジット払いの条件で商品100,000円を売り上げた。なお、信販会社への手数料は販売代金の2％である（販売時に計上する。）。

（借方）	クレジット売掛金	98,000	（貸方）	売　　上	100,000
	支払手数料	2,000			

② 信販会社から手数料を差し引いた金額が当座預金に振り込まれた。

（借方）	当座預金	98,000	（貸方）	クレジット売掛金	98,000

❼ 受取商品券

　大手百貨店や信販会社が発行する商品券やビール券、地域振興券などが流通しています。消費者はこの商品券で商品を買う際、現金と同様に使用します。

　商品を販売した代金として商品券を受け取ったときは、受け取った商品券を受取商品券勘定

（借方）で処理し、その後、発行元などから代金を受け取ったときに精算の処理をします。

例題

① 商品1,500円を販売し、A百貨店の商品券2,000円を受け取り、おつり500円は現金で支払った。

（借方）受取商品券	2,000	（貸方）売　　上	1,500
		現　　金	500

② 商品券の精算のため、当社が保有している商品券3,500円を発行元に請求し、現金を受け取った。

（借方）現　金　　3,500　　（貸方）受取商品券　　3,500

❽ 棚卸減耗と商品評価損　日商2級

(1) 棚卸減耗

　棚卸減耗とは、帳簿上の数量と実際に存在する数量（実地棚卸数量）との間に生じた数量の不足をいい、繰越商品勘定から減額するとともに、棚卸減耗損勘定（借方）で処理します。

　また、棚卸減耗損は、その減耗が通常発生する程度（原価性あり）であれば、損益計算書の売上原価の区分にその内訳科目として、あるいは販売費および一般管理費の区分に記載し、その減耗が異常なものであるなどした場合（原価性なし）は、その内容に応じて、営業外費用または特別損失の区分に記載されます。

$$棚卸減耗損　=　（帳簿棚卸数量　-　実地棚卸数量）\times　取得原価$$

(2) 商品評価損

　商品評価損とは、期末に保有する商品の正味売却価額が取得原価よりも下回っている場合をいい、繰越商品勘定から減額するとともに、商品評価損勘定（借方）で処理します。

　また、商品評価損は、棚卸減耗損と同様に原価性がある場合は、損益計算書の売上原価の区分にその内訳科目として記載し、原価性がない場合は、特別損失の区分に記載されます。

$$商品評価損　=　（取得原価　-　正味売却価額）\times　実地棚卸数量$$

例題

次の資料にもとづいて、棚卸減耗損と商品評価損の金額を求め、必要な決算整理仕訳を示しなさい。

なお、売上原価は仕入勘定で計算し、棚卸減耗損および商品評価損はいずれも売上原価の内訳科目として処理すること。

期首商品棚卸高	50個	帳簿価額	@100円
期末商品帳簿棚卸数量	30個	原　価	@150円
期末商品実地棚卸数量	28個	正味売却価額	@120円

① 売上原価を算定するため期首商品棚卸高と期末商品棚卸高を仕入勘定に振り替える。

（借方）	仕　　入	5,000	（貸方）繰越商品	5,000
（借方）	繰越商品	4,500	（貸方）仕　　入	4,500

② 棚卸減耗損および商品評価損を計算し、各勘定に振り替える。

（借方）	棚卸減耗損	300	（貸方）繰越商品	1,140
	商品評価損	840		

③ 棚卸減耗損と商品評価損を仕入勘定に振り替える。

（借方）	仕　　入	1,140	（貸方）棚卸減耗損	300
			商品評価損	840

解答

棚卸減耗損と商品評価損の計算は、次のように縦軸に金額、横軸に数量をとった図を用いて計算すると便利です。

原価 @150円	**商品評価損** 840円 （150円－120円）×28個	**棚卸減耗損** 300円 @150円× （30個－28個）
正味売却価額 @120円	**貸借対照表価額** 3,360円	
	実地棚卸数量 28個	帳簿棚卸数量 30個

★上記を損益計算書に表すと、下記のようになります。

なお、売上高は50,000円、当期商品仕入高は30,000円とします。

損　益　計　算　書

Ⅰ	売上高		50,000
Ⅱ	売上原価		
	1 期首商品棚卸高	5,000	
	2 当期商品仕入高	30,000	
	合　計	35,000	
	3 期末商品棚卸高	4,500	
	差　引	30,500	
	4 棚卸減耗損	300	
	5 商品評価損	840	31,640
	売上総利益		18,360

❾ 払出単価の決定方法

同じ商品を仕入れた場合であっても、仕入単価に変動があることから、払出単価をいくらにするかを決める必要があります。

商品の払出単価を決める方法にはいくつかの方法がありますがここでは、先入先出法、移動平均法、総平均法について説明します。

※商品の払出単価の決定方法には、上記のほか、個別法、売価還元法、最終仕入原価法、売価還元法などがありますが、実務では最終仕入原価法が多く用いられています。

(1) 先入先出法

在庫品のうち、先に仕入れたものから順次払い出すものと仮定して払出単価を決める方法です。

例題1　次の資料に基づいて、先入先出法によって商品有高帳を完成しなさい。

　4月1日　A商品　前月繰越　30個　@200円
　　　3日　A商品　仕　　入　30個　@220円
　　　10日　A商品　売　　上　30個　@300円
　　　15日　A商品　仕　　入　20個　@230円
　　　25日　A商品　売　　上　40個　@300円

商 品 有 高 帳

（先入先出法）　　　　　　　　（ A 商 品 ）

○年		摘　要	受　入　高			払　出　高			残　高		
			数量	単価	金額	数量	単価	金額	数量	単価	金額
4	1	前月繰越	30	200	6,000				① 30	200	6,000
	3	仕　入	30	220	6,600				30	220	6,600
	10	売　上				② 30	200	6,000	③ 30	220	6,600
	15	仕　入	20	230	4,600				20	230	4,600
	25	売　上				④ 30	220	6,600			
						10	230	2,300	10	230	2,300
	30	次月繰越				⑤ 10	230	2,300			
			80		17,200	80		17,200			

①　4月3日、在庫商品単価と仕入単価が異なるときは、先入先出法では、残高欄は数量、単価、金額ともそれぞれ区分して記入します。なお、同一時点での残高を示すために、残高欄は、｛（カッコ）を付しておきます。

②　4月10日、A商品30個の売上は、払出高欄に記入します。このとき、払出単価および払出金額は原価を使用します。払い出した30個は、先に受け入れた（前期繰越分）30個で単価は200円です。

③　4月15日、仕入単価は230円で、在庫商品単価220円とは異なります。残高は4月3日と同様、区分して記入します。

④　4月25日、残高欄をみると、単価220円の商品が30個と、単価230円の商品が20個です。先入先出法では、先に仕入れた単価220円の商品30個が先に払い出され、不足分10個は単価230円の商品が払い出されたとします。

⑤　4月30日、残高欄の月末時点残高数量および金額を払出高欄に振り替えます。帳簿上、仮に払い出すだけですので、実際の払出しと区別するため赤字で記入します。また、受入高欄と払出高欄の数量および金額の合計額は一致します。

(2) 移動平均法

異なる単価の商品を受け入れた場合に、その受入れのあるつどに、次のように在庫数量、金額を合計して平均単価を算出し、これを以後の払出単価とする方法です。

（残高欄の金額＋受入金額）÷（残高欄の数量＋受入数量）＝平均単価

例題2 例題1の設例につき、移動平均法によって商品有高帳を完成しなさい。

商品有高帳

(移動平均法)　　　　　　　　（ A 商 品 ）

○年		摘 要	受 入 高			払 出 高			残 高		
			数量	単価	金額	数量	単価	金額	数量	単価	金額
4	1	前月繰越	30	200	6,000				30	200	6,000
	3	仕 入	30	220	6,600				① 60	210	12,600
	10	売 上				② 30	210	6,300	30	210	6,300
	15	仕 入	20	230	4,600				③ 50	218	10,900
	25	売 上				④ 40	218	8,720	10	218	2,180
	30	次月繰越				⑤ 10	218	2,180			
			80		17,200	80		17,200			

① 4月3日、①の残高欄には、まず数量の合計60個と金額の合計12,600円を記入します。平均単価は12,600÷60個＝210円です。

$$\frac{在庫商品（前月繰越）金額6,000円＋仕入金額6,600円}{在庫数量（前月繰越）30個＋仕入数量30個}＝\frac{12,600円}{60個}＝210円$$

② 4月10日、商品30個の払出単価は①で算定した単価210円です。

③ 4月15日、単価230円の商品を20個仕入れました。4月3日と同様、残高欄に数量と金額の合計をそれぞれ記入し、平均単価を算出します。

$$\frac{在庫商品金額6,300円＋仕入金額4,600円}{在庫数量30個＋仕入数量20個}＝\frac{10,900円}{50個}＝218円$$

④ 4月25日、商品40個の払出単価は③で算定した単価218円です。

⑤ 4月30日、月末の商品有高帳の締切りの方法は、先入先出法の締切りと同様です。

(3) 総平均法 【日商2級】

一定期間に受け入れた商品の価額をその受入数量の合計で除して平均単価を求め、その価額を払出単価とする方法です。

$$\frac{前月繰越高　＋　当月仕入高}{前月繰越数量　＋　当月受入数量}＝平均単価$$

（総平均法）		（ A 商 品 ）								
○年	摘 要	受 入 高			払 出 高			残 高		
		数量	単価	金額	数量	単価	金額	数量	単価	金額
4　1	前月繰越	30	200	6,000				30	200	6,000
3	仕　入	30	220	6,600				60		
10	売　上				30	210	6,300	30		
15	仕　入	20	230	4,600				50		
25	売　上				40			10		
30	次月繰越				10	215	2,150			
		80			80					

①　総平均法では、商品の受け入れがあるつど、仕入数量、仕入単価、仕入金額をそれぞれ記入しますが、それ以外は数量のみ記入し、仕入単価および仕入金額は空欄のままにしておきます。そして、一定期間経過後に総平均単価を求めます。

$$\frac{前月繰越高6,000円＋4/3仕入高6,600円＋4/5仕入高4,600円}{前月繰越数量30個＋4/3仕入数量30個＋4/5仕入数量20個}＝\frac{17,200円}{80個}＝215円$$

②　4月30日、月末の商品有高帳の締切りの方法は、先入先出法の締切りと同様です。ただし、総平均法では金額の合計の記入を行いませんので、受入高欄と払出高欄の数量の合計額が一致します。

❿ 商品売買に関する補助簿

(1) 仕入帳

仕入帳とは、商品の仕入取引についての明細を発生順に記入する補助簿です。

記入の仕方は以下のとおりです。

①　摘要欄には、1行目に仕入先名、代金の支払方法を、2行目に商品名、数量、単価を記入します。また、仕入諸掛があれば、これも仕入帳に記入します。

②　仕入戻、仕入割戻などは赤字で記入し、仕入から差し引きます。

③　仕入商品や戻商品が2品目以上の場合には、それぞれの金額を内訳欄に記入します。合計額は、金額欄に記入します。

④　仕入帳は毎月末、1か月ごとに締め切ります。

　まず、黒字で記入された金額欄の金額を合計して総仕入高を記入します。

　次に、赤字の金額を合計して、次行に仕入戻高、仕入割戻高などを赤字で記入します。そして、総仕入高から仕入戻高などの赤字で記入したものを差し引いた金額を、純仕入高とし

て記入します。

（仕入帳記載例）

仕　入　帳　　　　　　　　　　　1

○年		摘　　　要			内　訳	金　額
4	5	横浜商事		掛		
		ノートA	100冊	@50円	5,000	
		ノートB	200冊	@80円	16,000	21,000
	10	横浜商事		掛返品		
		ノートB	50冊	@80円		4,000
	15	仙台商店		小切手#1		
		リーフC	100冊	@500円	50,000	
		引取費用現金払			1,000	51,000
	30		総 仕 入 高			882,000
	〃		仕 入 戻 高			4,000
			純 仕 入 高			878,000

(2) 売上帳

　売上帳とは、商品の売上取引についての明細を発生順に記入する補助簿です。

　売上帳の記入方法は、仕入帳と基本的に同じです。ただし、仕入の引取費用は仕入価額に含めるため仕入帳に記入しましたが、売上の発送費は売上（収益）と反対の費用ですから、売上帳には記入しません。

　また、締切りの際は総売上高、売上戻高（売上割戻高）、純売上高と記入します。

（売上帳記載例）

売　上　帳　　　　　　　　　　　1

○年		摘　　　要			内　訳	金　額
4	3	福岡商店		掛		
		ノートA	70冊	@70円		4,900
		バインダーC	6個	@500円	3,000	17,000
	30		総 売 上 高			1,200,000
	〃		売 上 戻 高			18,000
			純 売 上 高			1,182,000

(3) **売掛金元帳**

　総勘定元帳の売掛金勘定には掛売上高や売掛金の回収高が記帳されます。ただし、それでは得意先ごとの売掛金の増減や残高はわかりません。そこで、得意先ごとの売掛金の明細を記録するために、売掛金元帳に記帳します。売掛金元帳は得意先元帳ともいいます。

　記帳の仕方は、総勘定元帳の売掛金勘定への転記の要領と同じで、売掛金の発生、すなわち売り上げたときは借方に、売掛金の減少、すなわち返品、回収のときは貸方に金額を記入します。ただし、売掛金元帳は補助簿ですから、摘要欄には相手科目を記入するのではなく、取引の内容を記入します。また、取引のあるごとに残高を計算し、残高欄に記入します。

　「借／貸」欄には「借」と記入します。

（売掛金元帳記載例）

売　掛　金　元　帳
関　西　商　店

○年		摘　　　　要	借　　方	貸　　方	借／貸	残　　高
5	1	前　月　繰　越	220,000		借	220,000
	7	売　　　　　上	300,000		〃	520,000
	17	売　　　　　上	250,000		〃	770,000
	18	戻　　り　　品		50,000	〃	720,000
	31	回　収（小切手）		220,000	〃	500,000
	31	次　月　繰　越		500,000		
			770,000	770,000		
6	1	前　月　繰　越	500,000		借	500,000

(4) **買掛金元帳**

　仕入先ごとの買掛金の明細を記録する補助簿が買掛金元帳です。買掛金元帳は仕入先元帳ともいいます。買掛金元帳への記帳は、売掛金元帳と反対で前月繰越および発生（仕入）の金額を貸方に、消滅（返品、支払いなど）の金額を借方に記入します。

　また、締切り方は、残高金額を減少記入し、残高をゼロにします。合計の貸借一致を確かめ、開始記入も行います。

（買掛金元帳記載例）

買 掛 金 元 帳
中 部 商 店

○年		摘　　　　　要	借　　方	貸　　方	借/貸	残　　高
7	1	前　月　繰　越		300,000	貸	300,000
	5	仕　　　　　入		200,000	〃	500,000
	15	仕　　　　　入		250,000	〃	750,000
	16	返　　　　　品	50,000		〃	700,000
	30	小切手振出による支払い	250,000		〃	450,000
	31	次　月　繰　越	450,000			
			750,000	750,000		
8	1	前　月　繰　越		450,000	貸	450,000

Q 問題 1　勘定記入──売上原価の計算

次に掲げる商品売買関係の勘定について、（1）（　　）内に必要な記入を行い、（2）（1）に基づき売上原価、売上総利益の計算を行いなさい。

(1)

繰越商品

1/1 前期繰越	243,000	12/31 （　　　　）	（　　　　）
12/31 （　　　）	（　　　　）		

仕　　入

当期仕入高	1,914,000	当期仕入戻	46,000
12/31 （　　　）	（　　　　）	12/31 （　　　）	324,000

売　　上

当期売上戻	64,000	当期売上高	3,577,000

(2)

売上原価の計算

期首商品棚卸高	（　　　　）
当 期 仕 入 高	（　　　　）
小　　　　計	（　　　　）
期末商品棚卸高	（　　　　）
売 上 原 価	（　　　　）

売上総利益の計算

売　　上　　高	（　　　　）
売 上 原 価	（　　　　）
売 上 総 利 益	（　　　　）

A 解答

（1）

```
                              繰越商品
    1/1 前期繰越         243,000 │ 12/31（仕    入）    （ 243,000）①
   12/31（仕    入）  （ 324,000）④ │


                                仕      入
      当期仕入高          1,914,000 │     当期仕入戻          46,000
   12/31（繰越商品）  （ 243,000）② │ 12/31（繰越商品）      324,000 ③


                                売      上
      当期売上戻            64,000 │     当期売上高        3,577,000
```

（2）

売上原価の計算		売上総利益の計算	
期首商品棚卸高	（ 243,000）	売　　　上　　　高	（ 3,513,000）
当 期 仕 入 高	（ 1,868,000）	売　　上　　原　　価	（ 1,787,000）
小　　　　　計	（ 2,110,000）	売　　上　総　利　益	（ 1,726,000）
期末商品棚卸高	（ 324,000）		
売　　上　　原　　価	（ 1,787,000）		

! 解説

　繰越商品勘定借方に「1/1　前期繰越　243,000」とあるのが期首商品棚卸高で、これを繰越商品勘定から仕入勘定に振り替え（①→②）ます。

　次に、仕入勘定貸方に「12/31（　　　　）　324,000」とあるのが期末商品棚卸高で、これを仕入勘定から繰越商品勘定に振り替え（③→④）ます。

Q 問題 2　計算——売上原価・売上総利益の計算

　次の（　　）のなかに、金額を記入しなさい。なお、売上総利益がマイナスの場合は、その金額に△をつけること。

	売上高	仕入高	期首商品棚卸高	期末商品棚卸高	売上原価	売上総利益
東京商店	250,000	230,000	60,000	（　　　　）	232,000	（　　　　）
大阪商店	380,000	360,000	（　　　　）	33,000	382,000	（　　　　）

A 解答

	売上高	仕入高	期首商品棚卸高	期末商品棚卸高	売上原価	売上総利益
東京商店	250,000	230,000	60,000	（58,000）	232,000	（18,000）
大阪商店	380,000	360,000	（55,000）	33,000	382,000	（△2,000）

! 解説

次の二つの式に当てはめて計算します。

① 売上原価の計算：期首商品棚卸高＋仕入高－期末商品棚卸高＝売上原価

② 売上総利益の計算：売上高－売上原価＝売上総利益

VI その他の債権・債務

~ 債権・債務が対になっているので、借方と貸方を誤りなく処理しましょう ~

1 貸付金・借入金

　借用証書（金銭消費貸借契約書）により金銭を貸し付けたときは、貸付金額を貸付金勘定の借方に記入します。その返済を受けたときは、返済額を貸付金勘定の貸方に記入します。

　また、金銭を借り入れたときは、借入金額を借入金勘定の貸方に記入します。その返済をしたときは、返済額を借入金勘定の借方に記入します。

例題1

　株式会社大阪商会は株式会社東京産業に借用証書を差し入れてもらい、1,000,000円の小切手を振り出して貸し付けた。

◆株式会社大阪商会の仕訳

（借方）　貸付金　　　　1,000,000　　（貸方）　当座預金　　　　1,000,000

◆株式会社東京産業の仕訳

（借方）　現　金　　　　1,000,000　　（貸方）　借入金　　　　1,000,000

例題2

　株式会社大阪商会は株式会社東京産業から上記例題の貸付金の返済を受け、利息24,000円と共に小切手で受け取り、ただちに当座預金に預け入れた。

◆株式会社大阪商会の仕訳

（借方）　当座預金　　　1,024,000　　（貸方）　貸付金　　　　1,000,000

　　　　　　　　　　　　　　　　　　　　　　受取利息　　　　　24,000

◆株式会社東京産業の仕訳

（借方）　借入金　　　　1,000,000　　（貸方）　当座預金　　　1,024,000

　　　　　支払利息　　　　24,000

❷ 未収入金・未払金

商品の売買など営業活動の主目的である取引から生じた債権・債務は売掛金勘定・買掛金勘定で処理しますが、主目的でない取引、たとえば有価証券、車両運搬具、備品などの資産や消耗品などの購入・売却やサービス（役務）の提供等の未決済については、未収入金勘定（資産）・未払金勘定（負債）で処理します。

例題

株式会社奈良産業は山本商会株式会社に不要になったトラック1台（取得価額700,000円、減価償却累計額200,000円）を400,000円で売却し、代金は月末に受け取ることとした。

◆株式会社奈良産業の仕訳

（借方）	未収入金	400,000	（貸方）	車両運搬具	700,000
	車両運搬具				
	減価償却累計額	200,000			
	固定資産売却損	100,000			

❸ 前払金・前受金

商品を注文する際、商品代金の一部をあらかじめ支払うことがあります。代金の一部を前払いしたときは前払金勘定の借方に記入します。後日、商品の引渡しを受けたときは、前払金勘定の貸方に記入し、債権は消滅します。

また、商品の注文を受け、商品代金の一部を前もって受け取ったときは、前受金勘定の貸方に記入します。後日、商品を引渡したときは、前受金勘定の借方に記入し、債務は消滅します。

例題

1　徳島商店株式会社は和歌浦産業株式会社に商品300,000円を注文し、内金150,000円を小切手を振り出して支払った。和歌浦産業株式会社はこの小切手を受け取り、ただちに当座預金に預け入れた。

◆徳島商店株式会社の仕訳

（借方）	前払金	150,000	（貸方）	当座預金	150,000

◆和歌浦産業株式会社の仕訳

（借方）	当座預金	150,000	（貸方）	前受金	150,000

2　和歌浦産業株式会社は1の商品300,000円を発送し、代金は内金を差し引き掛けとした。徳島商店株式会社はこの商品の引き渡しを受けた。

◆徳島商店株式会社の仕訳

（借方）	仕入	300,000	（貸方）	前払金	150,000
				買掛金	150,000

◆和歌浦産業株式会社の仕訳

（借方）	前受金	150,000	（貸方）	売　上	300,000
	売掛金	150,000			

❹ 手形貸付金・手形借入金

　金銭の貸借を行う場合、普通は金銭消費貸借契約として借用証書を差し入れますが、それに代わり手形を振り出す場合があります。この場合、商品売買などの取引で振り出す商業手形とは区別して、金融手形といいます。金銭の貸付けに際し、手形を受け取ったときは手形貸付金勘定を用います。また借入れに際し、手形を振り出したときは、手形借入金勘定を用います。

例題

　神戸商会株式会社は大阪産業株式会社へ1,500,000円を、期間6か月、利率5％で貸し付け、期限までの利息を差し引いた残額を小切手を振り出して渡した。大阪産業株式会社はこれを受け取り、ただちに当座預金に預け入れた。なお神戸商会株式会社は大阪産業株式会社の振り出した約束手形を受け取った。

◆神戸商会株式会社の仕訳

（借方）	手形貸付金	1,500,000	（貸方）	当座預金	1,462,500
				受取利息	37,500

◆大阪産業株式会社の仕訳

（借方）	当座預金	1,462,500	（貸方）	手形借入金	1,500,000
	支払利息	37,500			

　　　　　利息の計算：1,500,000×5％×6/12＝37,500

❺ 立替金・預り金

(1) 立替金

　取引先や従業員などのために一時的に立替払いをしたときは、立替金勘定で処理します。なお、従業員に対する立替払いは、従業員立替金勘定で処理します。

例題

①従業員の家賃70,000円を現金で立て替えた。

　　（借方）　従業員立替金　　　70,000　　　　（貸方）　現金　　　　　　　70,000

②従業員の給料200,000円を上記立替家賃を差し引いて、現金で支払った。

　　（借方）　給料　　　　　　200,000　　　　（貸方）　従業員立替金　　　70,000
　　　　　　　　　　　　　　　　　　　　　　　　　　　現金　　　　　　　130,000

(2) 預り金

　従業員に給与の払いをする場合、企業がその給料から従業員負担分の所得税、社会保険料（健康保険料、厚生年金保険料）などを控除し、これを従業員に代わって納付します。この場合の給料から控除された所得税等は、所得税預り金、社会保険料預り金などそれぞれの名称による預り金勘定で処理します。

　また、社会保険料のうち企業が負担する部分については、法定福利費勘定を用いて処理します。

例題1

　従業員に対する給料1,000,000円を、源泉所得税99,000円、社会保険料本人負担分86,000円を差し引いて普通預金口座から支払った。

　　（借方）　給料　　　　　　1,000,000　　　　（貸方）　所得税預り金　　　99,000
　　　　　　　　　　　　　　　　　　　　　　　　　　　社会保険料預り金　86,000
　　　　　　　　　　　　　　　　　　　　　　　　　　　普通預金　　　　815,000

例題2

　上記源泉所得税を現金で納付した。また社会保険料については従業員本人負担分86,000円に会社負担分90,000円を加えて現金で納付した。

　　（借方）　所得税預り金　　　99,000　　　　（貸方）　現金　　　　　　275,000
　　　　　　　社会保険料預り金　86,000
　　　　　　　法定福利費　　　　90,000

❻ 仮払金・仮受金

　現金などの支払いとしたが、勘定科目や金額が確定できないときは、仮払金勘定で処理します。同様に、現金などの受入れがあっても、その内容や金額が確定できないときは、仮受金勘定で処理します。仮払金、仮受金は、いずれも仮の勘定ですので、後日その内容や金額が確定したときには、正しい勘定科目へ振り替えます。

例題1

①出張する従業員へ旅費の概算額50,000円を現金で支払った。

（借方）　仮払金　　　　　　50,000　　（貸方）　現金　　　　　　　50,000

②従業員が帰社し、出張旅費の精算を行ない、不足額1,500円を現金で支払った。

（借方）　旅費交通費　　　　51,500　　（貸方）　仮払金　　　　　　50,000
（貸方）　現　金　　　　　　 1,500

例題2

①出張中の従業員から100,000円が普通預金に振り込まれたが、内容は不明である。

（借方）　普通預金　　　　 100,000　　（貸方）　仮受金　　　　　 100,000

②従業員から連絡があり、①の入金は得意先からの商品注文の内金であることが判明した。

（借方）　仮受金　　　　　 100,000　　（貸方）　前受金　　　　　 100,000

❼ 債務保証・差入保証金

(1) 債務保証　◁日商2級▷

　債務保証とは、債務者が返済できなくなった債務に対して、債務者に代わり債務を弁済する契約を締結することをいいます。

　債務保証をした場合において、将来的に依頼人が支払不能になったときには、依頼人に代わって債務の支払いをしなければなりません。このため、債務保証が発生した事実を記録しておく必要があります。

　※現時点では、債務として支払義務はないが将来的に支払義務が生じる可能性があるものを偶発債務といいます。また、債務の存在を忘れないように残しておく記録を備忘記録といいます。

例題

①　A社は、得意先B社の借入金1,000,000円の保証人となる契約を締結した。

（借方）　保証債務見返　 1,000,000　　（貸方）　保証債務　　　 1,000,000

②　A社は、B社より上記①の借入金を返済したとの連絡を受けた（債務返済）。

（借方）　保証債務　　　 1,000,000　　（貸方）　保証債務見返　 1,000,000

③　①の借入金につきB社が返済不能となったため、B社に代わり小切手を振り出してして支払った。

（借方）　保証債務　　　 1,000,000　　（貸方）　保証債務見返　 1,000,000
（借方）　未収入金　　　 1,000,000　　（貸方）　当座預金　　　 1,000,000

※A社が、B社に代わり支払った金額については、B社に支払請求するため未収入金勘定で処理します。

(2) 差入保証金

　差入保証金とは、契約に際し担保として、債権者に対して債務者が差し入れる保証金をいいます。差入保証金は、契約が終了した際に、原則として返還されるので資産として計上します。

　※家屋の賃借人が、賃貸借契約に際してあらかじめ賃貸人に対して支払う敷金は差入保証金の一種です。

例題

①　A社は、B社との間で取引上の基本契約を締結し保証金3,000,000円を小切手を振り出して支払った。

　　　（借方）　差入保証金　　　　3,000,000　　　　（貸方）　当座預金　　　　3,000,000

②　A社は、事業所を賃借し、敷金1,000,000円を現金で支払った。

　　　（借方）　差入保証金　　　　1,000,000　　　　（貸方）　現金　　　　1,000,000

VII 手形

～ 手形の振出しに伴い生じる債権は受取手形、債務は支払手形 ～

❶ 手形の種類

　手形とは、手形法に基づき債務者がその手形に記載した金額の支払いを約束した証券で、約束手形と為替手形の2種類があります。

　約束手形は、手形の振出人が名宛人（受取人）に対して、一定の日に手形金額を支払うことを約束した証券です。したがって、振出人が期日に手形金額を支払う義務があり（手形債務）、名宛人は、期日に手形金額を受け取る権利（手形債権）を得ます。

　手形を受け取って手形債権が発生したときは受取手形勘定の借方に記入し、手形金額の入金により手形債権が消滅したときは貸方に記入します。

　また、手形の振り出しや為替手形の引き受けにより手形債務が発生したときは支払手形勘定の貸方に記入し、手形金額の支払いにより手形債務が消滅したときは借方に記入します。

　なお、為替手形はあまり流通しなくなっていることから、ここでは約束手形を中心に説明することにします。

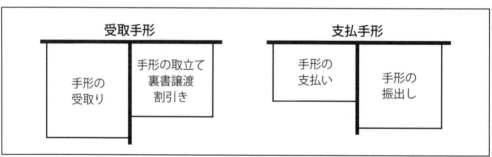

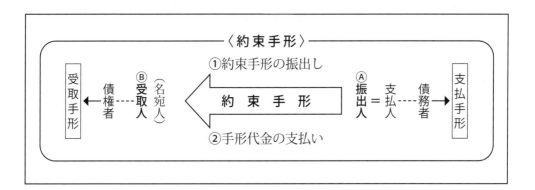

例題

　A社は、仕入先B社に対する買掛金の支払いのため、B社あての約束手形500,000円を振り出した。

　◆A社（振出人）の仕訳

　　（借方）　買掛金　　　　　　　500,000　　　　　（貸方）　支払手形　　　　　　500,000

　◆B社（名宛人）の仕訳

　　（借方）　受取手形　　　　　　500,000　　　　　（貸方）　売掛金　　　　　　　500,000

❷ 手形の取立て・裏書・割引

　手形を受け取ると手形債権が発生します。その債権は、①取立て、②裏書譲渡、③割引によって消滅します。

(1) 取立て

　手形の支払期日前に自己の取引銀行に受取手形を渡しておくと、期日に手形代金が預金口座に入金されます。これを手形の取立てといいます。

例題

　かねて取立てを依頼していた得意先A社振出しの約束手形500,000円が、期日に当社の当座預金に入金した旨、銀行から通知があった。

　　（借方）　当座預金　　　　　　500,000　　　　　（貸方）　受取手形　　　　　　500,000

(2) 裏書譲渡　◀日商2級▶

　受け取った手形は、その手形の支払期日まで所持せず、手形の裏面に署名・押印し、裏書譲渡する相手の名前を記入して、小切手と同じように支払いに充てることができます。これを手形の裏書譲渡といいます。

　なお、手形を裏書譲渡した場合は、手形債権が消滅しますから受取手形勘定の貸方に記入します。

例題

　仕入先への買掛金支払のため、手持ちの得意先振出しの約束手形500,000円を裏書譲渡した。
　　（借方）　買掛金　　　　　　　　500,000　　　　（貸方）　受取手形　　　　　　　500,000
　約束手形を受け取ったときは、借方に受取手形と仕訳しています。その手形を裏書譲渡した場合は、現金で支払ったのと同じように支払いに出したということですから、受け取ったときと逆で、貸方は受取手形です。借方は買掛金の支払いですから買掛金です。

(3) 割引 ◀日商2級▶

　受け取った手形は、その手形の支払期日前に銀行などに裏書譲渡し、期日までの利息相当額を差し引いて手形金額を受け取ることができます。これを手形の割引といいます。この場合、割引日から支払期日までの利息を割引料といい、割引料を差し引いた残額が当座預金に入金されます。手形を割り引いた場合は、手形債権が消滅しますから受取手形勘定の貸方に記入します。また、割引料は、受取手形という金融商品を譲渡（売却）したことによる損失と考えられることから、手形売却損勘定で処理します。

例題

　得意先振出しの手持ちの約束手形500,000円を取引銀行で割り引き、手取金を当座預金とした。なお、割引料は年利3％、割引日は5月20日、手形の支払期日は7月31日である。
　　（借方）　当座預金　　　　　　　497,000　　　　（貸方）　受取手形　　　　　　　500,000
　　　　　　　手形売却損　　　　　　　3,000
　手持ちの手形は、受け取ったときに「（借方）受取手形」と仕訳しています。
　取引銀行で割り引くということは銀行にその受取手形を譲渡することで、手形債権は消滅します。従って、受取手形は貸方にきます。
　利息の計算は、次のように日割り計算（両端入れ）します。
（割引日数）　　　　　　　［5月］　　　　　　　［6月］［7月］
　　　　　　　　｛31日－（20日－1日）｝＋30日＋31日＝73日
（割引料の計算）

$$500{,}000円 \times 3\% \times \frac{73日}{365日} = 3{,}000円$$

❸ 手形の更改 　〈日商 2 級〉

　手形の支払人が手形の満期日に支払期日延長の申し入れをし、手形所持人の承諾を得て従来の手形を回収し、新たに手形を振り出すことを手形の更改といいます。

　なお、期日の延長に伴う利息については、更改時に支払う場合と、新手形の金額に利息を含めて支払う場合があります。

例題

　A社は、先に振り出していた約束手形300,000円の支払期日の延期をB社に承諾してもらい、新たに約束手形を振り出した。なお、支払期日の延長に伴う利息30,000円は現金で支払った。

　① 支払人側の仕訳

（借方）	支払手形	300,000	（貸方）	支払手形	300,000
	支払利息	30,000		現金	30,000

　② 受取人側の仕訳

（借方）	受取手形	300,000	（貸方）	受取手形	300,000
	現金	30,000		受取利息	30,000

※新手形の金額に利息を含めて支払う場合は、利息分を新手形の金額に含めます。

❹ 営業外受取手形・営業外支払手形 　〈日商 2 級〉

　車両や備品等の購入のために約束手形を振り出した場合は、商品の仕入れ取引のために振り出した約束手形と区分し、営業外支払手形勘定を用いて処理します。また、企業が使用していた車両や備品等が不用になるなどして売却したことにより受け取った受取手形は、営業外受取手形勘定を用いて処理します。

例題

　① 営業用車両2,000,000円（諸費用を含む。）を購入し、代金のうち500,000円は現金で支払い、残額は約束手形を振り出して支払った。

（借方）	車両運搬具	2,000,000	（貸方）	現 金	500,000
				営業外支払手形	1,500,000

　② 上記①の手形の支払期限が到来し、当座預金口座から引き落とされた。

（借方）	営業外支払手形	1,500,000	（貸方）	当座預金	1,500,000

　③ 駐車場として使用していた土地を5,000,000円（帳簿価額5,000,000円）で売却し、売却代金は同額の相手方が振り出した約束手形で受け取った。

（借方）	営業外受取手形	5,000,000	（貸方）	土 地	5,000,000

④　上記③手形の支払期限が到来し、当座預金口座に振り込まれた。

　　　（借方）　当座預金　　　　　5,000,000　　　　（貸方）　営業外受取手形　5,000,000

❺ 手形の不渡り　◀日商2級

　手形の満期日に手形債務者が手形代金の支払いを拒絶することを手形の不渡りといいます。

　所持している手形が不渡りになった場合には、その金額を受取手形勘定から不渡手形勘定の借方に振り替えます。

　手形が不渡りになった場合、手形の振出人または裏書人に対して償還請求をすることができ、そのための費用などがある場合には、その金額も含めて不渡手形勘定の借方に記入します。

　また、手形の裏書または割引をした手形が不渡りになり、その手形代金などを立て替え払いした場合においても同様です。

　なお、不渡手形が回収不能であることが確定した場合には、貸倒処理を行います。

例題

①　A社から受け取ったA社振り出しの約束手形300,000円が不渡りになった。

　　　（借方）　不渡手形　　　　　300,000　　　　（貸方）　受取手形　　　　　300,000

②　B社に裏書譲渡していたA社振り出しの約束手形200,000円が不渡りになった。B社に手形代金の償還請求を受ける手続をし、償還費用の10,000円を含め小切手を振り出して支払った。

　　　（借方）　不渡手形　　　　　210,000　　　　（貸方）　当座預金　　　　　210,000

③　②の不渡手形のうち、100,000円を現金で回収し、残金は回収の見込みがないことが確定した。なお、貸倒引当金の残高は300,000円である。

　　　（借方）　現　　金　　　　　100,000　　　　（貸方）　不渡手形　　　　　210,000
　　　　　　　　貸倒引当金　　　　110,000

❻ 電子記録債権・電子記録債務

　電子記録債権（債務）は、手形に代わる決済手段として、インターネットを用いて電子債権記録機関に支払先の預金口座や支払金額、支払期日を登録し、支払期日に自動的に支払先の預金口座に振り込まれるシステムです。

　電子記録債権（債務）は、電子記録債権勘定または電子記録債務勘定を用いて処理します。

　すなわち、売買代金（買掛金）を支払う側は、電子債権記録機関に登録したときに電子記録債務とし、代金（売掛金）の支払いを受ける側は電子記録債権とします。

　ただし、貸付金や借入金などに関して電子記録債権や電子記録債務を発生させたときは、貸

付金や借入金の勘定科目を用います。また、電子記録債権を割り引いたときは、約束手形の割引と同様、利息相当額が控除され入金されますが、この差額は電子記録債権売却損勘定で処理します。

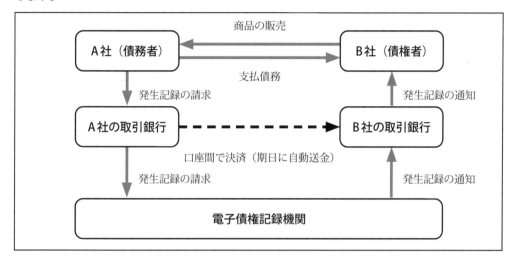

例題

① 商品10,000円を大阪商店より掛けで仕入れた。

② ①の仕入代金につき、発生記録の請求を行った。

③ 支払期限が到来し、②の債務が当座預金口座から引き落とされた。

④ 商品50,000円を札幌商店に掛けで売り上げた。

⑤ ④の売上代金につき、発生記録の請求を行い、札幌商店の承諾を得た。

⑥ ⑤の電子記録債権のうち30,000円分を現金29,500円と引換えに福岡商店に譲渡記録請求した。

	借方科目		貸方科目	
①	仕　　　　　入	10,000	買　　掛　　金	10,000
②	買　　掛　　金	10,000	電 子 記 録 債 務	10,000
③	電 子 記 録 債 務	10,000	当　座　預　金	10,000
④	売　　掛　　金	50,000	売　　　　　上	50,000
⑤	電 子 記 録 債 権	50,000	売　　掛　　金	50,000
⑥	現　　　　　金	29,500	電 子 記 録 債 権	30,000
	電子記録債権売却損	500		

❼ 手形記入帳

　手形記入帳とは、手形についての債権・債務の発生、消滅についての明細を記録する補助簿です。手形記入帳には、受取手形記入帳と支払手形記入帳があります。手形の満期日や手形金

額は、手形記入帳により把握できます。

(1) 受取手形記入帳

受取手形記入帳は、手形を受け取ったときに、その手形の種類、手形番号、支払人、振出人、裏書人、振出日、支払期日、支払場所、手形金額などを記入します。また、その手形が後日どうなったかをてん末欄に記入します。

受取手形記入帳

○年		手形種類	手形番号	摘要	支払人	振出人または裏書人	振出日		満期日		支払場所	手形金額	てん末		
													月日		摘要
5	10	約手	11	売上	仙台商店	仙台商店	5	10	7	31	郡山銀行	300,000	7	31	取立・浜松銀行へ当座預金とする
5	20	約手	21	売掛金	神戸商店	横浜商店	5	10	8	31	青梅銀行	500,000	6	1	島根商店買掛金支払のため裏書譲渡

例題

前述の受取手形記入帳に記録されている諸取引を仕訳しなさい。

5月10日	（借方）	受取手形	300,000	（貸方）	売　上	300,000
5月20日	（借方）	受取手形	500,000	（貸方）	売 掛 金	500,000
6月1日	（借方）	買 掛 金	500,000	（貸方）	受取手形	500,000
7月31日	（借方）	当座預金	300,000	（貸方）	受取手形	300,000

(2) 支払手形記入帳

支払手形記入帳は、手形債務（支払手形）が生じたとき、すなわち約束手形を振り出したときに、その手形の種類、手形番号、受取人、振出人、振出日、支払期日、支払場所、手形金額などを記入します。また、その手形が後日どうなったかをてん末欄に記入します。

受取手形記入帳

○年		手形種類	手形番号	摘要	受取人	提出人	振出日		満期日		支払場所	手形金額	てん末		
													月日		摘要
5	1	約手	22	仕入	熊本商店	当店	5	1	7	31	津山銀行本店	300,000	7	31	支払（当座預金）
5	31	約手	18	買掛金	大津商店	当店	5	20	8	20	同　上	700,000			

例題

上記の支払手形記入帳に記録されている諸取引を仕訳しなさい。

5月1日	（借方）	仕　　入	300,000	（貸方）	支払手形	300,000
5月31日	（借方）	買 掛 金	700,000	（貸方）	支払手形	700,000
7月31日	（借方）	支払手形	300,000	（貸方）	当座預金	300,000

Q 問題

次の取引を仕訳しなさい。

(1)　関西商店は、得意先九州商店へ、さきに注文を受けていた商品500,000円を引き渡し、代金のうち半額は四国商店振出しの約束手形を九州商店の裏書を得て受け取り、残額は掛とした。その際、発送運賃（当店負担）10,000円を現金で支払った。

(2)　関西商店は、上記の約束手形を銀行で割り引きに付し、割引料3,200円を差し引かれ、手取金を当座預金に預け入れた。

(3)　近畿商店に商品400,000円を売り渡し、代金のうち半額は当店振出しの約束手形で受取り、残額は掛けとした。なお、先方負担の発送費用13,000円は現金で立て替え支払った。

(4)　仕入先中国商店に対する買掛金300,000円につき、かねて受け取っていた同店振出し、鳥取商店裏書きの約束手形を裏書きして渡した。

(5)　滋賀商店は、京都商店より商品500,000円を仕入れ、代金のうち200,000円は兵庫商店振出しの約束手形を裏書譲渡し、残りは当店が約束手形を振り出して渡した。

(6)　奈良商店から商品700,000円を仕入れ、奈良商店あての約束手形を振り出して支払った。なお、引取費3,000円は現金で支払った。

(7)　郡山商店に対する売掛金150,000円の回収として、和歌山商店振出し、郡山商店あて約束手形50,000円と当店振出し、三重商店あて約束手形100,000円を受け取った。

(8)　仕入先徳島商店に対する買掛金600,000円の支払のため、半額は手持ちの香川商店振出しの約束手形を裏書譲渡し、残額は約束手形を振り出して渡した。

(9)　当店振出し、京都商店あての約束手形350,000円の期日が到来し、当座預金から支払われた旨、通知を受けた。

(10)　名古屋商店振出し、滋賀商店裏書の約束手形300,000円の期日となり、当座預金に取立入金された旨、銀行より通知を受けた。

(11)　山梨商店から受け取った同店振出しの約束手形500,000円につき3か月の期日延長に同意した。期日延長に伴う利息3,750円を合わせて額面503,750円の約束手形を新たに受け取った。

(12)　福岡商店に振り出した約束手形300,000円の期日が近づいたので、3か月の期日延長を求め同意を得て、その間の利息2,250円を含め、額面302,250円の約束手形を振り出した。

(13)　青森商店振出しの約束手形500,000円を秋田商店に裏書譲渡していたが不渡りとなり償

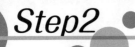

還請求を受けた。償還費用10,000円を加えた金額を小切手を振り出して支払った。

⒁　岩手商店からパソコンなど備品300,000円を購入し、代金は約束手形を振り出して支払った。

⒂　得意先福島商店から依頼があり、同店の銀行からの手形借入債務500,000円の保証をした。

⒃　上記⒂について福島商店から保証していた手形借入金を全額弁済した旨の連絡を受けた。

⒄　商品200,000円をクレジット払いで販売した。なお、クレジット手数料は売上代金の2％であり、クレジット会社に対する債権から控除する。

⒅　Z商店からの仕入れにかかる買掛金100,000円について、発生記録の請求を行い電子記録にかかる債務を生じた。

⒆　上記⒅について、Z商店はその通知を受けた。

⒇　上記⒅について、支払期日が到来し、当座預金口座から引き落とし決済された。

A 解答

	借方科目	金額	貸方科目	金額
(1)	受　取　手　形 売　　掛　　金 発　　送　　費	250,000 250,000 10,000	売　　　　　上 現　　　　　金	500,000 10,000
(2)	当　座　預　金 手　形　売　却　損	246,800 3,200	受　取　手　形	250,000
(3)	支　払　手　形 売　　掛　　金	200,000 213,000	売　　　　　上 現　　　　　金	400,000 13,000
(4)	買　　掛　　金	300,000	受　取　手　形	300,000
(5)	仕　　　　　入	500,000	受　取　手　形 支　払　手　形	200,000 300,000
(6)	仕　　　　　入	703,000	支　払　手　形 現　　　　　金	700,000 3,000
(7)	受　取　手　形 支　払　手　形	50,000 100,000	売　　掛　　金	150,000
(8)	買　　掛　　金	600,000	受　取　手　形 支　払　手　形	300,000 300,000
(9)	支　払　手　形	350,000	当　座　預　金	350,000
(10)	当　座　預　金	300,000	受　取　手　形	300,000
(11)	受　取　手　形	503,750	受　取　手　形 受　取　利　息	500,000 3,750
(12)	支　払　手　形 支　払　利　息	300,000 2,250	支　払　手　形	302,250

(13)	不 渡 手 形	510,000	当 座 預 金		510,000
(14)	備　　　　品	300,000	営 業 外 支 払 手 形		300,000
(15)	保 証 債 務 見 返	500,000	保 証 債 務		500,000
	※対照勘定の記録は備忘記録であり、貸借対照表等の財務諸表には表示しないで、脚注に表記します。				
(16)	保 証 債 務	500,000	保 証 債 務 見 返		500,000
(17)	クレジット売掛金 支 払 手 数 料	196,000 4,000	売　　　　　　上		200,000
(18)	買　　掛　　金	100,000	電 子 記 録 債 務		100,000
(19)	電 子 記 録 債 権	100,000	売　　掛　　金		100,000
(20)	電 子 記 録 債 務	100,000	当 座 預 金		100,000

（注）⑴の「発送費」は「支払運賃」で処理することもできます。

VIII
固定資産
~ 固定資産とは、企業が長期間使用する目的で所有する資産のことです ~

❶ 固定資産

　「固定資産」は、土地や建物、機械装置などの「有形固定資産」とソフトウェア、借地権、著作権などの「無形固定資産」、長期の投資で保有する有価証券、長期貸付金、長期前払費用などの「投資その他の資産」の三つに区分されています。そして、これらの資産は、さらに、時の経過とともに資産価値が減少する資産"減価償却資産"と減価しない資産"非減価償却資産"の二つに大別されています。前者は、使用期間に応じて一定の減価額を各会計年度に費用化していきます。一方、後者は、その会計年度の費用として処理されます。

(1) 有形固定資産

　有形固定資産には、次表のようなものがあり、建物、機械、車両運搬具など具体的な勘定科目で処理します。

建物	事務所、店舗、工場、倉庫などの建築物
構築物	へい、煙突、橋など
機械装置	工作機械、起重機（クレーン）など
車両運搬具	自動車、トラック、鉄道車両など
工具器具備品	工作用具、机、椅子、パソコンなど
土地	土地
建設仮勘定	建物や機械装置などの建設中の資産への支出額を一時的に処理する勘定科目

(2) 有形固定資産の取得原価

　有形固定資産の取得原価には、資産の購入代価のほか、その有形固定資産を利用可能な状態にするために要した買入（仲介）手数料、登記料、運送費、荷役費，据付費、試運転費などの付随費用を含めます。

$$取得原価 ＝ 購入代価 ＋ 付随費用$$

(3) 割賦による購入　◀日商2級▶

　有形固定資産の購入にあたり、代金を分割払い（割賦購入）にすると、通常、分割払いに伴う利息が発生することから、代金を一括払いするより支払総額が増加します。

　割賦による購入をした場合、割賦購入価額と現金購入価額との差額は利息に相当するため、支払利息勘定または前払利息勘定（借方）で処理します。

例題

① ×年12月1日に、車両運搬具を1,100,000円（現金購入価額1,000,000円）で割賦により購入した。代金は毎月末を期日とする額面110,000円の約束手形10枚を振り出して交付した。なお、利息分は資産勘定で処理することにした。

　　※決算日は3月31日とする。

（借方）	車両運搬具	1,000,000	（貸方）	営業外支払手形	1,100,000
	前払利息	100,000			

② 第1回目の手形の期日が到来したことから、110,000円が当座預金口座から引き落とされた。

（借方）	営業外支払手形	110,000	（貸方）	当座預金	110,000

③ 3月31日の決算にあたり、資産勘定で処理した利息分を当期と翌期に期間配分した。なお、当期に対応する利息は40,000円（100,000円×4/10か月）である。

（借方）	支払利息	40,000	（貸方）	前払利息	40,000

(4) 建設仮勘定　◀日商2級▶

　建物や機械装置などの建設や工事に長期間を要する場合に、建設中に代金の一部を支払う場合があります。この支払額を一時的に処理する勘定が建設仮勘定です。

　建設中の支払額は建設仮勘定（借方）で処理し、建物などが完成して引き渡しを受けたときに、適切な有形固定資産の勘定（建物勘定など）に振り替えます。

例題

① 工場の建設を7,000,000円で依頼し（契約済）、工事代金の一部2,000,000円を小切手を振り出して支払った。

（借方）	建設仮勘定	2,000,000	（貸方）	当座預金	2,000,000

② 工場が完成し引き渡しを受けたため、工事代金の残額5,000,000円を小切手を振り出して支払った。

（借方）	建　　物	7,000,000	（貸方）	建設仮勘定	2,000,000
				当座預金	5,000,000

(5) 修繕と改良

固定資産は破損したときなどに、修理や改良を行うことがあります。有形固定資産の通常の維持管理や現状回復のための支出（収益的支出）は、修繕費として支出期間の費用として処理します。一方、改良は、有形固定資産の使用可能期間の延長や価値の増加をもたらす支出（資本的支出）であり、その支出額を対象となった資産の取得原価に加算します。

例題

工場建物について、修繕と改良を同時に行い、工事費3,000,000円は小切手を振り出して支払った。なお、このうち2,000,000円は資本的支出とし、残りを収益的支出とした。

（借方）建　　　物	2,000,000	（貸方）当座預金	3,000,000
修　繕　費	1,000,000		

2 減価償却

土地を除き、建物、機械、車両運搬具、備品などの資産は、時の経過やその資産の使用により資産価値が減少します。したがって、土地以外の建物や機械、車両運搬具、備品などの固定資産については、取得原価を使用期間にわたって各会計年度の費用とします。この原価の費用配分のことを減価償却といい、減価償却費勘定で処理します。

(1) 減価償却費の計算方法

減価償却は、一定の規則的な方法で取得原価を費用配分する方法です。

一般的な減価償却の方法としては定額法、定率法、生産高比例法などがあります。

① 定額法

定額法では、取得原価から残存価額を差し引いた額を耐用年数で割って、1年あたりの減価償却費を計算します。

$$減価償却費 = \frac{取得原価 - 残存価額}{耐用年数}$$

※税務上、各固定資産の耐用年数は法律で定められています。

この場合、残存価額とは耐用年数（使用可能と見積もった年数）が到来した時点での見積り処分価格のことです。取得原価から残存価額を差し引いた金額が減価償却の対象であり、耐用年数にわたって毎年均等額ずつ減価償却する方法が定額法です。

※期中に取得したときは、取得した日から決算日までの月数に応じた月割計算を、期中の中途で使用

しなくなったときは、期首から使用していた日までの月数に応じた月割計算を行います。

なお、「残存価額なし」あるいは残存価額の記載のない場合の減価償却費の計算は、取得原価を耐用年数で割った金額が、1年分の減価償却費となります。また、税法では、耐用年数経過時点では、「1円」の備忘価額を残すこととされています。

$$減価償却費 \ = \ \frac{取得原価}{耐用年数}$$

② 定率法　　日商2級

定率法とは、毎年の減価償却費が、一定の割合でだんだんと減っていくように計算する方法です。減価償却費は、初年度が最も多く、その後毎年逓減していきます。

定率法による減価償却費は、毎決算期末における有形固定資産の未償却残高（帳簿価額）に耐用年数により定められている一定の率を乗じて計算します。

なお、期中に取得したときは、定額法の場合と同様に、取得した日から決算日までの月数に応じた月割計算を、期中の中途で使用しなくなったときは、期首から使用していた日までの月数に応じた月割計算を行います。

$$減価償却費 \ = \ 未償却残高 \ \times \ 定率法による償却率$$

なお、未償却残高とは帳簿価額（簿価）のことで、取得原価から減価償却累計額を控除した残高をいいます。

例題

備品の取得原価1,000,000円、耐用年数5年、定率法による償却率0.500の場合、定率法により3年分の減価償却額を計算しなさい。

　　　1年目の減価償却費　　1,000,000×0.500＝500,000
　　　2年目の減価償却費　　(1,000,000−500,000)×0.500＝250,000
　　　3年目の減価償却費　　(1,000,000−500,000−250,000)×0.500＝125,000

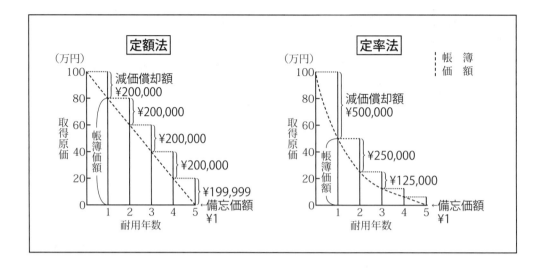

〔定率法の償却率と200％定率法〕

　税法では平成24年4月1日以後に取得する固定資産について適用する定率法の償却率は、次の計算式によります。これを200％定率法といいます。

$$定率法の償却率 = \frac{1}{定額法の耐用年数} \times 200\%$$

　　※例えば、定額法の耐用年数が10年の場合、定率法の償却率は0.2になります。

$$\frac{1}{10年} \times 200\% = 0.2$$

　なお、200％定率法では償却率をもとに計算される年度ごとの償却額について、償却保証額が設けられています。計算された各事業年度の減価償却額が、取得原価に定められた保証率を乗じて計算した金額（償却保証額といいます）に満たない場合は、原則として、その最初に満たないこととなる事業年度の期首未償却残高である改定取得原価に、その償却費がその後毎年同一となるように当該資産の耐用年数に応じて定められた改定償却率を乗じて計算した金額を、各事業年度の償却限度額として償却を行います。

〔200％定率法による減価償却費の計算〕

　　平成24年4月1日以後に減価償却資産を取得した場合

　　　耐用年数10年、取得価額1,000,000円

　　　200％定率法の償却率……0.200

　　　改定償却率………………0.250

　　　保証率 ………………0.06552

　（注）改定償却率と保証率は問題では必ず示されます。

（単位：円）

年　　数	1	2	3	4	5	6	7	8	9	10
期首帳簿価額	1,000,000	800,000	640,000	512,000	409,600	327,680	262,144	196,608	131,072	65,536
調整前償却額	200,000	160,000	128,000	102,400	81,920	65,536	52,429			
償却保証額	65,520	65,520	65,520	65,520	65,520	65,520	65,520			
改定取得価額×改定償却率							65,536	65,536	65,536	(65,536)
償却限度額	200,000	160,000	128,000	102,400	81,920	65,536	65,536	65,536	65,536	65,535
期末帳簿価額	800,000	640,000	512,000	409,600	327,680	262,144	196,608	131,072	65,536	1

（注）　調整前償却額（262,144円×償却率0.200＝52,429円）が、償却保証額（取得価額1,000,000円×保証率0.06552＝65,520円）に満たないこととなる7年目以後は、改定取得価額（7年目の期首帳簿価額262,144円）に改定償却率（0.250）を乗じて計算した金額65,536円が償却限度額となります。

③　生産高比例法

　生産高比例法は、有形固定資産の利用量に応じて減価償却費を計算する方法です。

　この方法は、鉱山設備、航空機や自動車のように総利用可能量が測定できる資産に適用されます。

$$減価償却費　=　（取得原価　-　残存価額）　×　\frac{当期利用量}{総利用可能量}$$

例題

　次の資料に基づいて、自動車について生産高比例法による減価償却費を計算しなさい。

　　　　取得原価1,000,000円　残存価額0円

　　　　総見積走行可能距離100,000km　当期走行距離20,000km

$$1,000,000円　×　\frac{20,000km}{100,000km}　=　200,000円$$

(2) 減価償却の記帳方法

　減価償却費の記帳方法には、直接法と間接法とがあります。

①　直接法　日商2級

　直接法とは、当期の減価償却費を減価償却費勘定の借方に記入し、減価償却費相当額をその固定資産勘定の貸方に記入して、固定資産の取得原価から減価償却費相当額を直接控除する方法です。

Step2

例題

当期首に1,000,000円で取得した自動車の当期における減価償却費は200,000円である。なお、減価償却の記帳法は直接法による。

（借方）　減価償却費　　　　　200,000　　　（貸方）　車両運搬具　　　　200,000

② 間接法

間接法とは、当期の減価償却費を減価償却費勘定の借方に記入し、減価償却費相当額をその固定資産勘定から控除せずに、減価償却累計額勘定（固定資産からの控除を表す勘定）の貸方に記入する方法です。

例題

①の例題において、減価償却の記帳方法を間接法によった場合の仕訳を示しなさい。

（借方）　減価償却費　　　　　200,000　　　（貸方）　車両運搬具　　　　200,000
　　　　　　　　　　　　　　　　　　　　　　　　　　減価償却累計額

この方法では、車両運搬具勘定の残高は取得原価の1,000,000円のままで、車両運搬具減価償却累計額勘定残高は1年後200,000円、2年後400,000円、3年後600,000円、4年後800,000円と、減価償却した金額ずつ累計されていきます。したがって、帳簿価額は、車両運搬具勘定の残高から車両運搬具減価償却累計額勘定の残高を差し引いた額になります。

勘定記入（取得1年後）を示すと、次のとおりです。

	車両運搬具		車両運搬具減価償却累計額	
（取得原価）　1,000,000			減価償却費　200,000	

③ 有形固定資産の売却・買換・除却・廃棄

(1) 有形固定資産の売却

固定資産は、売却する目的で所有するのではなく、長期に使用するために所有する資産ですが、その資産を使用する必要性がなくなったり、買換えをする必要があるなどの理由で、売却することがあります。

固定資産を売却した際、「売却価額＞帳簿価額」の場合、つまり帳簿価額より高く売れたときは売却益が発生し、固定資産売却益勘定（貸方）で処理します。逆に、「売却価額＜帳簿価額」の場合は、売却損が発生し、固定資産売却損勘定（借方）で処理します。

なお、期中に売却した場合は、期首から売却月までの減価償却費を月割計算したうえで、売却の処理を行います。

例題

帳簿価額200,000円（直接法で記帳）の備品150,000円で売却し、代金は小切手で受け取った。

（借方）	現　金	150,000	（貸方）	備　品	200,000
	固定資産売却損	50,000			

(2) 買換え

新たな有形固定資産を購入する際、今まで使用していた古い資産を下取りに出す場合があります。これを固定資産の買換えといいます。

買換えの場合は、古い資産をいったん下取価額で売却し、その売却代金を新たな資産を購入するために充当したと考えます。

例題

期首に営業用の車両（取得価額2,000,000円、期首の車両運搬具減価償却累計額1,080,000円）を下取りに出し、3,000,000円で新車を購入した。なお、代金は、下取価額400,000円を差し引いた残高を小切手を振り出して支払った。

（借方）	車両運搬具減価償却累計額	1,080,000	（貸方）	車両運搬具	2,000,000
	固定資産売却損	520,000		当座預金	2,600,000
	車両運搬具	3,000,000			

(3) 除却 ◀日商**2**級

固定資産が使用できなくなったなどの理由で、有形固定資産を帳簿から取り除くことを除却といいます。

固定資産を除却したときは、固定資産の帳簿価額（未償却残高）を固定資産除却損勘定（借方）で処理します。なお、除却した資産に処分価値があると認められる場合には、その価値を見積もって貯蔵品勘定の借方に記入し、除却時の帳簿価額と見積処分価値との差額を固定資産除却損勘定の借方に記入します。

例題

期首に備品（取得価額500,000円、期首の備品減価償却累計額450,000円）を除却したが、売却可能と判断されたため倉庫に保管した。その見積処分価値は30,000円である。

（借方）	備品減価償却累計額	450,000	（貸方）	備　品	500,000
	貯蔵品	30,000			
	固定資産除却損	20,000			

(4) 廃棄 〈日商2級〉

固定資産が使用できなくなり、売却・再利用が不可能でその資産を捨てることを廃棄といいます。

例題

パソコン10台（帳簿価額1,000,000円、備品減価償却累計額450,000円）の機能が低下し、使用不能となったので廃棄した。

（借方）　備品減価償却累計額450,000　　　　　（貸方）　備　品　　　　　1,000,000
　　　　　固定資産除却損　　　550,000

（注）固定資産除却損は固定資産廃棄損で処理することもできます。

(5) 滅失 〈日商2級〉

災害等で固定資産が失われることを滅失といいます。

固定資産が滅失したときは、除却や廃棄と同様にその価値を減額する処理をしますが、その固定資産に保険がかけられているかどうかにより、処理が異なってきます。

① 保険がかけられていない場合

保険がかけられていない固定資産が火災で焼失した場合は、その帳簿価額を火災損失勘定（借方）で処理します。

例題1

当期首において、事務所である建物（取得原価30,000,000円、建物減価償却累計額12,500,000円）が火災に遭い全焼した。保険はかけられていなかった。

（借方）　建物減価償却累計額　12,500,000　　（貸方）　建　　物　　　　30,000,000
　　　　　火災損失　　　　　　17,500,000

② 保険がかけられている場合

保険がかけられている固定資産が火災で焼失した場合は、火災が発生したとき、保険金額が確定したとき、保険金を受け取ったときにそれぞれ処理を行います。

ア．火災が発生したとき

火災が発生したとき、保険会社から支払われる保険金額が確定するまでは、損失が確定しませんので、火災発生時には、焼失した固定資産の帳簿価額を火災未決算勘定（貸方）という仮勘定で処理します。

例題2

当期首において、事務所である建物（取得原価30,000,000円、建物減価償却累計額12,500,000円）が火災に遭い全焼した。この建物には20,000,000円の保険をかけているので

すぐに保険会社へ連絡した。

（借方）	建物減価償却累計額	12,500,000	（貸方）	建　物	30,000,000
	火災未決算	17,500,000			

イ．保険金額が確定したとき

　保険会社より支払われる保険金額の連絡があったとき、その確定した保険金額は未収入金勘定に計上します。確定した保険金額と火災未決算の額との差額については、次のようになります。

　　　　確定保険金額＞火災未決算の額⇒差額は保険差益（収益）
　　　　確定保険金額＜火災未決算の額⇒差額は火災損失（費用）

例題3

☆保険金額＞火災未決算の場合

　例題2の火災について、保険会社より保険金20,000,000円を支払うとの連絡があった。固定資産の消失のときに火災未決算17,500,000円を計上している。

（借方）	未収入金	20,000,000	（貸方）	火災未決算	17,500,000
				保険差益	2,500,000

☆保険金額＜火災未決算の場合

　例題2の火災について、保険会社より保険金15,000,000円を支払うとの連絡があった。固定資産の消失のときに火災未決算17,500,000円を計上している。

（借方）	未収入金	15,000,000	（貸方）	火災未決算	17,500,000
	火災損失	2,500,000			

ウ．保険会社から保険金を受け取ったとき

　保険会社から保険金を受け取ったときは、未収入金勘定を減少させます。

例題4

　例題2の火災について、保険会社より保険金20,000,000円が当座預金口座に入金された。

（借方）	当座預金	20,000,000	（貸方）	未収入金	20,000,000

❹ 圧縮記帳　〈日商2級〉

　国または地方公共団体から固定資産取得のために交付された補助金を国庫補助金といいます。国庫補助金により取得した固定資産については、その取得価額から国庫補助金に相当する金額を控除します。この処理の方法を圧縮記帳といいます（直接控除方式）。

　国庫補助金を受け取った場合、国庫補助金受贈益勘定（貸方）で処理します。そして固定資産を取得したときにその固定資産の金額から国庫補助金相当額を直接控除して、固定資産圧縮

損勘定（借方）を用いて処理します。

　圧縮記帳は、国庫補助金受贈益に対して税金が賦課されたことにより目的とする固定資産の取得が困難になることを避けるために行います。なお、圧縮記帳により固定資産の取得価額が減少するため、以後の年分において減価償却費が減少し、課税所得が増加するという、課税の繰延効果があります。

　※圧縮記帳の処理方法には、直接控除方式のほかに積立金方式があります。

例題

① 期首に国より補助金450,000円の交付を受け、当座預金に預け入れた。

　　（借方）　当座預金　　　　　　　450,000　　　　　（貸方）　国庫補助金受贈益　450,000

② 同日、補助金と自己資金550,000円で備品1,000,000円を購入し、代金は小切手で支払った。

　　（借方）　備　　品　　　　　1,000,000　　　　　（貸方）　当座預金　　　　　　1,000,000

③ 決算日に取得した備品について、補助金に相当する金額の圧縮記帳（直接控除方式）を行った。

　　（借方）　固定資産圧縮損　　　　450,000　　　　　（貸方）　備　　品　　　　　　　450,000

④ 同日、③の備品について定額法（耐用年数5年、残存価額ゼロ）により減価償却を行った。なお、記帳は間接法による。

　　（借方）　減価償却費　　　　　　110,000　　　　　（貸方）　備品減価償却累計額110,000

❺ 固定資産台帳

　土地や建物などの有形固定資産を管理するために作成する帳簿を固定資産台帳といいます。この固定資産台帳には、固定資産の取得から減価償却費、売却や除却などの処分に至るまでの経緯を資産ごとに作成します。

　なお、この台帳には決められた様式はありませんが、名称、取得原価や取得年月日、耐用年数、帳簿価額などを記載します。

固定資産台帳 （X9年3月31日現在）

○年	名称	数量	耐用年数	取得原価	期首減価償却累計額	期首帳簿価額	当期減価償却費	期中減少額	期末減価償却累計額	期末帳簿価額
X7.4.1	備品A	2	5	800,000	160,000	640,000	160,000		320,000	480,000
X7.12.1	備品B	1	4	240,000	20,000	220,000	60,000		80,000	160,000
X8.7.1	備品C	1	3	360,000						

6 無形固定資産 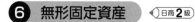 日商2級

　無形固定資産は、無形で長期的に経済的便益が得られる資産をいい、法律によって認められた権利である資産（特許権、商標権、借地権など）や法律的な権利ではないが長期的な価値を持っているのれんのほか、自社で利用する目的のソフトウェアなどが含まれます。

(1) 取得時

　特許権などの法律上の権利は、その資産の取得に要したすべての支出額を取得原価とします。
　のれんは、優秀な技術や知名度などによって、他の同種企業と比較して有利な立場にあり、より多くの収益を上げている場合に、その超過収益力の原因となるものをいいます。のれんは、買収や合併によって取得した場合に限って資産計上します。例えば、他の企業を買収した場合に、買収代金が買収された企業の純資産額を超過する部分がのれんであり、のれん勘定の借方に記入します。

(2) 無形固定資産の償却

　無形固定資産は残存価額をゼロとし、主に定額法で計算します。また、記帳については直接法で行います。なお、償却期間については、税法その他の法律によって定められた有効期間にわたって償却します。
　無形固定資産の償却は、その無形固定資産を減少させるために当該勘定の貸方に記入し、借方には○○償却（のれん償却など）と記入します。
　※のれんについては、会計基準により、取得後20年以内に定額法によって償却することが定められています。

例題

① 特許権を500,000円で購入し、登録料50,000円とともに小切手を振り出して支払った。
　　（借方）特許権　　　　550,000　　（貸方）当座預金　　　　550,000
② 決算にあたり、①の特許権のうち、70,000円を償却した。
　　（借方）特許権償却　　70,000　　（貸方）特許権　　　　70,000
③ A社は、次の財政状態のB社を100,000円で買収し、代金は小切手で支払った。

B社	B／S	
諸資産	300,000	諸負債 250,000
		資本金 50,000
	300,000	300,000

　　（借方）諸資産　　　300,000　　（貸方）諸負債　　　250,000
　　　　　　のれん　　　 50,000　　　　　　　当座預金　　100,000

④ 決算にあたり、③ののれんを償却期間20年で償却した。

  （借方）　のれん償却   2,500   （貸方）　のれん   2,500

⑤ 期首に自社利用を目的としてソフトウェアを400,000円で購入し、代金は小切手を振り出して支払った。

  （借方）　ソフトウェア 400,000   （貸方）　当座預金   400,000

⑥ 決算にあたり、⑤のソフトウェアを償却期間5年で償却した。

  （借方）　ソフトウェア償却 80,000   （貸方）　ソフトウェア   80,000

❼ 投資その他の資産　◁日商2級▷

投資その他の資産には、長期間の投資（満期保有目的債権、その他の有価証券、長期貸付金）や他の企業を支配するために保有する資産（子会社株式、関連会社株式）、他の分類に属さない資産（長期前払費用）などが含まれます。

※有価証券は「Ⅳ 有価証券」、貸付金は「Ⅵ その他の債権・債務」で説明しています。

(1) 長期・短期の区分（1年基準）　◁日商2級▷

決算日（貸借対照表日）の翌日から起算して1年以内に期限が到来するものを短期、1年を超えて期限が到来するものを長期として区分します。

① 短期（1年以内に期限が到来するもの）流動資産

② 長期（1年を超えて期限が到来するもの）━━━➤固定資産（投資その他の資産）

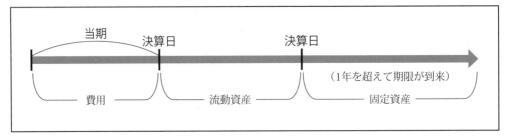

(2) 長期前払費用　◁日商2級▷

前払保険料などの前払費用については、上記（1）の1年基準により、決算日の翌日から起算して1年を超えて期限が到来するものは長期前払費用として処理します。

例題

① 期首に、5年分の保険料100,000円を現金で支払った。

  （借方）　保険料   100,000   （貸方）　現　金   100,000

② 決算に際し、上記①の保険料の前払分を適正に処理した。

| （借方）　前払保険料 | 20,000 | （貸方）　保険料 | 80,000 |
| 長期前払保険料 | 60,000 | | |

【参考仕訳】

支払時に当期に対応する部分を除き、残額をいったん長期前払費用で処理し、決算時に1年分を前払費用に振り替える方法もあります。

①	（借方）　保険料	20,000	（貸方）　現　　金	100,000
	長期前払保険料	80,000		
②	（借方）　前払保険料	20,000	（貸方）　長期前払保険料	20,000

Q 問題

次の取引を仕訳しなさい。なお、（4）、（5）、（6）は一連の取引である。

（1）新工場建設用の土地500㎡を1㎡あたり20,000円で購入し、仲介手数料250,000円、登記料50,000円および整地費用200,000円とともに代金は小切手を振り出して支払った。

（2）営業用の建物4,000,000円を購入し、小切手を振り出して支払った。なお、不動産業者への手数料120,000円と登記料80,000円は現金で支払った。

（3）営業用トラック（取得原価400,000円、減価償却累計額175,000円）を250,000円で売却し、代金のうち50,000円は小切手で受け取り、残りは月末に受け取ることにした。

（4）パソコン一式を6月1日に購入し、代金525,000円のうち200,000円は小切手を振り出して支払い、残額は月末支払いの約束である。なお、導入費15,000円は現金で支払った。

（5）決算にあたり、上記（4）のパソコンについて、耐用年数は6年、残存価額はゼロ、定額法により減価償却を行った。ただし、決算期末は9月30日であり、記帳法は間接法による。

（6）上記パソコンを2年後の11月25日に250,000円で売却し、代金は月末に受け取ることにした。なお、減価償却費の計算は月割りによる。

A 解答

	借　方　科　目	金　　額	貸　方　科　目	金　　額
（1）	土　　　　　地	10,500,000	当　座　預　金	10,500,000
（2）	建　　　　　物	4,200,000	当　座　預　金	4,000,000
			現　　　　　金	200,000
（3）	減価償却累計額	175,000	車　両　運　搬　具	400,000
	現　　　　　金	50,000	固定資産売却益	25,000
	未　収　入　金	200,000		
（4）	備　　　　　品	540,000	当　座　預　金	200,000
			未　　払　　金	325,000
			現　　　　　金	15,000

(5)	減 価 償 却 費	30,000	備品減価償却累計額	30,000
(6)	減 価 償 却 費	15,000	備 品	540,000
	備品減価償却累計額	210,000		
	未 収 入 金	250,000		
	固 定 資 産 売 却 損	65,000		

A 別解

(6)	減 価 償 却 費	15,000	備品減価償却累計額	15,000
	備品減価償却累計額	225,000	備 品	540,000
	未 収 入 金	250,000		
	固 定 資 産 売 却 損	65,000		

解説

(1)、(2)、(4) 固定資産の取得原価には、購入代金だけでなく購入に要した付随費用や事業の用に供するために要した費用を含めます。「引取運賃、買入手数料、据付費、登記費用、整地費用、導入費……」などは、それぞれの資産の取得原価に含めて仕訳します。

(3)「減価償却累計額　×××円」と問題文中にあるのは間接法で処理しているということですから、該当する資産の勘定科目を貸方に、減価償却累計額勘定を借方に仕訳します。売却益か売却損かは売却価額と帳簿価額を比較して計算しますが、この時の帳簿価額は「取得原価－減価償却累計額」です。

(4) 固定資産の取得原価には、事業の用に供する（利用可能な状態にする）ための一切の付随費用を含みます。したがって、導入費15,000円を含め、備品の金額は540,000円です。

(5) 6月1日に取得し、決算期末は9月30日ですから、使用期間は4か月です。

(計算) $\dfrac{540,000}{6年} \times \dfrac{4か月}{12か月} = 30,000$

(6) この問題のように期中売却の場合は、減価償却費の計上が必要になります。減価償却費の計上額は、9月末が決算日ですから10月・11月の2か月分です。また、備品減価償却累計額の金額は（5）の30,000に2年分の減価償却費を加算した額です。

(減価償却費計上額) $\dfrac{540,000}{6年}$（＝1年分90,000）$\times \dfrac{2か月}{12か月} = 15,000$

(備品減価償却累計額) $30,000 + 90,000 \times 2 = 210,000$

リース取引 日商2級

~ ファイナンス・リースとオペレーション・リースの処理方法の違いに注意しよう ~

　リース取引とは、特定の物件の所有者である貸手が当該物件の借手に対し、リース期間中においてリース物件の使用収益する権利を与え、借手がリース料を貸手に支払う取引をいいます。

　リース取引は、実質的にリース物件を売買したのと同様の経済的実体を持つファイナンス・リースとそれ以外のリース取引であるオペレーティング・リースに分類されます。

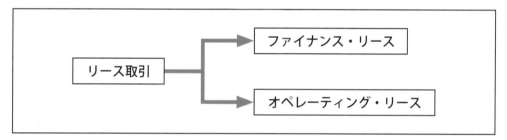

1 ファイナンス・リース

　ファイナンス・リースとは、次のいずれにも該当するリース取引をいいます。

① リース期間中に契約を解除できないリース取引またはこれに準ずるリース取引

② 借手がリース物件の経済的利益を実質的に享受し、物件の使用に伴うコストを実質的に負担することとなるリース取引

　ファイナンス・リースは、リース物件を購入したのと同様に考えられることから、通常の売買による取引に準じた会計処理をする必要があります。

　通常、リース期間は長期にわたることから、リース料の中には利息相当額が含まれており、この利息相当額の処理について、利子込み法と利子抜き法があります。

(1) 利子込み法

　利子込み法は、リース料支払総額について、その中に含まれる利息相当額を控除しないでリース資産に計上する方法です。

　具体的には、リース料支払総額について、リース資産勘定（借方）とリース債務勘定（貸方）で処理します。

《取引開始日》

(借方)　リース資産　　　　×××　　　　(貸方)　リース債務　　　　×××

《支払日》当座預金などにより支払います。

(借方)　リース債務　　　　×××　　　　(貸方)　当座預金　　　　×××

《決算日》　減価償却を行います。

(借方)　減価償却費　　　　×××　　　　(貸方)　リース資産減価償却累計額 ×××

例題

　当期首（4月1日）においてリース料年額60,000円（毎年3月31日払い）、リース期間5年、見積現金購入価額270,000円でA社とコピー機のリース契約を締結した。なお、利子相当額の処理については利子込み法による。

① 取引開始日

(借方)　リース資産　　　300,000　　　　(貸方)　リース債務　　　300,000

② 支払日　　1回目のリース料60,000円を当座預金から支払った。

(借方)　リース債務　　　60,000　　　　(貸方)　当座預金　　　60,000

③ 決算日

　決算につき、コピー機について定額法（耐用年数5年、残存価額ゼロ）により減価償却を行った。なお、記帳は間接法による。

(借方)　減価償却費　　　60,000　　　　(貸方)　リース資産減価償却累計額　60,000

コメント

　減価償却費の計算・・・　300,000円　÷　5年　＝　60,000円

※年度の途中で契約を締結した場合は、月割計算が必要です。

(2) 利子抜き法

　利子抜き法は、リース支払総額から利息相当額を控除した金額（見積現金購入価額）で、リース資産に計上する方法です。

　具体的には、取引開始時において見積現金購入価額で、リース資産勘定（借方）とリース債務勘定（貸方）で処理します。

《取引開始日》　見積現金購入価額で計上します。

(借方)　リース資産　　　　×××　　　　(貸方)　リース債務　　　　×××

《支払日》　当座預金などにより支払います。

　リース料の支払日において、リース債務を減額するとともに利息相当額を計上します。利息

相当額は、利息相当額はリース期間にわたり均等に配分します（定額法）。

（借方）	リース債務	×××	（貸方）	当座預金	×××
	支払利息	×××			

《決算日》　減価償却を行います。

（借方）	減価償却費	×××	（貸方）	リース資産減価償却累計額	×××

　なお、利息相当額を期間配分するために未払利息の計上を行う必要がある場合には、次の仕訳が必要になります。

（借方）	支払利息	×××	（貸方）	未払利息	×××

例題

① 当期首（4月1日）においてリース料年額60,000円（毎年3月31日払い）、リース期間5年、見積現金購入価額270,000円でA社とコピー機のリース契約を締結した。なお、利子相当額の処理については利子抜き法により、リース料総額に含まれる利息相当額30,000円の期間配分については定額法による。

（借方）	リース資産	270,000	（貸方）	リース債務	270,000

② 1回目のリース料を当座預金から支払った。

（借方）	リース債務	54,000	（貸方）	当座預金	60,000
	支払利息	6,000			

③ 決算につき、コピー機について定額法（耐用年数5年、残存価額ゼロ）により減価償却を行った。なお、記帳は間接法による。

（借方）	減価償却費	54,000	（貸方）	リース資産減価償却累計額	54,000

コメント

　減価償却費の計算・・・　270,000円　÷　5年　＝　54,000円
※年度の途中で契約を締結した場合は、月割計算が必要です。

❷ オペレーティング・リース

　オペレーティング・リースは、ファイナンス・リース以外のリース取引をいいます。
　この取引は、通常の賃貸借に準じて処理を行います。具体的には、借手がリース料を支払ったときに支払リース勘定（借方）を用いて処理します。

（借方）	支払リース料	×××	（貸方）	当座預金など	×××

① 当期首（4月1日）においてリース料年額60,000円（毎年3月31日払い）、リース期間5年、でA社とコピー機のリース契約を締結した。

取引開始時の仕訳は不要です。

② 1回目のリース料を当座預金から支払った。

（借方） 支払リース料　　　　60,000　　　　　　（貸方） 当座預金　　　　　　60,000

問 題

次のリース取引について、利子込み法と利子抜き法によるそれぞれの場合の仕訳を示しなさい。

① 当期首（4月1日）においてリース料年額240,000円（毎年3月31日払い）、リース期間5年でAリース社と車両のリース契約を締結した。

なお、リース資産の見積現金購入価額は、1,100,000円である。

② 3月31日、1回目のリース料を当座預金から支払った。

③ 同日、決算日につき車両について減価償却を行った。なお、償却方法は定額法、耐用年数8年、残存価額ゼロ、記帳方法は間接法による。

〈利子込み法〉

① （借方） リース資産　　1,200,000　　　　　（貸方） リース債務　　　　　　1,200,000

② （借方） リース債務　　　240,000　　　　　（貸方） 当座預金　　　　　　　　240,000

③ （借方） 減価償却費　　　150,000　　　　　（貸方） リース資産減価償却累計額　150,000

〈利子抜き法〉

① （借方） リース資産　　1,100,000　　　　　（貸方） リース債務　　　　　　1,100,000

② （借方） リース債務　　　220,000　　　　　（貸方） 当座預金　　　　　　　　240,000

　　　　　支払利息　　　　20,000

③ （借方） 減価償却費　　　137,500　　　　　（貸方） リース資産減価償却累計額　137,500

解 説

〈利子込み法〉

① リース料総額でリース資産およびリース債務を計上します。

240,000円　×　5年　＝　1,200,000円

② リース料の支払いは、リース債務の減少として処理します。

③ 減価償却費　……　1,200,000円÷8年＝150,000円

〈利子抜き法〉

① 見積現金購入価額でリース資産およびリース債務を計上します。

② リース料年額240,000円のうち、支払利息は20,000円です。

　　　利息相当額　……　1,200,000円　－　1,100,000円　＝　100,000円

　　　　　　　　　　　　100,000円　÷　5年　＝　20,000円

　③　減価償却費　……　1,100,000円÷8年＝137,500円

X

引当金

~ 将来の特定の支出や損失に備えるために引当金を設定します。
各種引当金の設定対象に注意しよう ~

❶ 貸倒引当金

(1) 貸倒れの処理

得意先や貸付先の倒産などで売掛金、受取手形、電子記録債権、貸付金などの債権が回収できなくなることを貸倒れといいます。

① 貸倒引当金の設定がない場合

貸倒引当金の設定がない場合に貸倒れが発生したときは、貸倒れが発生した債権の金額を資産から減額するとともに、貸倒損失勘定の借方に記入します。

例題

得意先A社が倒産し、売掛金300,000円が回収不能となった。なお、貸倒引当金は設定していない。

(借方) 貸倒損失	300,000	(貸方) 売掛金	300,000

② 貸倒引当金の設定がある場合

貸倒引当金の残高がある場合に貸倒れが発生したときは、貸倒損失勘定ではなく貸倒引当金勘定を用いて処理します。

例題1

得意先A社が倒産し、売掛金100,000円が回収不能となった。ただし、貸倒引当金勘定の残高は150,000円である。

(借方) 貸倒引当金	100,000	(貸方) 売掛金	100,000

例題2

得意先A社が倒産し、売掛金200,000円が回収不能となった。ただし、貸倒引当金勘定の残高は150,000円である。

(借方) 貸倒引当金	150,000	(貸方) 売掛金	200,000
貸倒損失	50,000		

※貸倒引当金勘定の残高は150,000円のため、回収不能となった売掛金200,000円との差額50,000

円は貸倒損失勘定で処理します。

(2) 貸倒引当金の設定

　売掛金、受取手形、電子記録債権、貸付金など当期に発生した債権が翌期以後に回収不能になることがあります。そこで、決算において売掛金や受取手形などの債権の期末残高に対し、回収不能となる金額を見積もり、貸倒引当金繰入勘定を用いて費用に計上します。

　しかし、売掛金や受取手形などの債権は期末現在において存在しているために直接減額するのではなく、貸倒引当金勘定という売掛金や受取手形などに対するマイナスの評価勘定を用います。

　※評価勘定とは、資産のマイナスの評価を示す勘定です。受取手形や売掛金などの資産の現在の価値は、貸倒引当金の金額を控除した価額であることを示しています。

〈参考〉　　日商2級

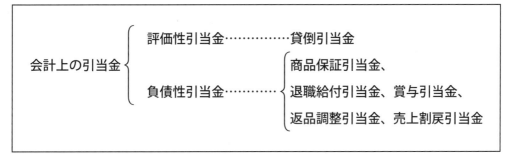

【貸倒見積額の設定方法】

　貸倒見積額の設定方法には、一括評価法と個別評価法があります。

① 一括評価法

　一括評価法は、債権の総額に過去の貸倒実績率等をもとに算定した一定率を乗じることにより貸倒見積額を算定する方法です。

$$貸倒見積額　=　債権額　×　一定率$$

② 個別評価法

　個別評価法は、個々の債権ごとに債務者の財政状態などを考慮して貸倒見積額を算定する方法です。

$$\text{貸倒見積額} = \left[\text{債権額} \times \begin{array}{c} \text{担保等による} \\ \text{回収見込額} \end{array} \right] \times \text{回収不能率}$$

(3) 差額補充法と洗替法

貸倒引当金の翌期以降の処理については洗替法と差額補充法とがあります。

差額補充法	前期末に計上した貸倒引当金を取り崩さず、当期末に計上すべき貸倒引当金との差額について、後者の方が多いときは貸倒引当金繰入勘定、前者の方が多いときは貸倒引当金戻入勘定を用いて差額分を補充調整をする方法です。
洗　替　法	前期末に計上した貸倒引当金について、貸倒引当金戻入勘定を用いて取崩し、改めて当期末の債権に対する貸倒引当金を計上し直す方法です。

（注）簿記検定では、差額補充法が出題されますが、税法では、原則として、洗替法が適用されます。

〈差額補充法による貸倒引当金の設定〉

① 貸倒引当金の残高がない場合

例題

　決算にあたり、売掛金の期末残高5,000,000円に対して３％の貸倒れを見積もった。なお、貸倒引当金勘定の期末残高はない。

　　　　　（借方）　貸倒引当金繰入　　150,000　　　　　（貸方）　貸倒引当金　　　　　150,000

解説

　売掛金の期末残高5,000,000円が実際に回収不能になるかどうかは不明ですが、３％に相当する150,000円を売掛金に対するマイナスの勘定である貸倒引当金勘定を用いて減少させます。貸倒引当金は、いわば資産を減少させることと同じ意味ですから貸方に計上されます。

② 貸倒引当金の残高がある場合

例題1

　決算にあたり、受取手形の期末残高2,000,000円と売掛金の期末残高3,000,000円に対して３％の貸倒れを見積もり、貸倒引当金を設定する。なお、貸倒引当金勘定の残高は50,000円である。

　　　　　（借方）　貸倒引当金繰入　　100,000　　　　　（貸方）　貸倒引当金　　　　　100,000

解説

① 貸倒見積額を計算します。

受取手形残高2,000,000＋売掛金残高3,000,000＝5,000,0000

5,000,000×3％＝150,000（貸倒見積額）

② 貸倒引当金勘定の残高を150,000円に設定する必要がありますが、貸倒引当金の残高が50,000円あるため、差額の100,000円だけ繰り入れることになります。

③ 総勘定元帳の記入は以下のようになります。

貸倒引当金繰入		貸倒引当金	
貸倒引当金　100,000		残　　　高　　50,000	
		貸倒引当金繰入　100,000	

例題2

決算にあたり、売掛金残高3,000,000円に対して3％の貸倒れを見積もった。ただし、貸倒引当金勘定の残高は100,000円である。

（借方）　貸倒引当金　　　　　　10,000　　　　（貸方）　貸倒引当金戻入　　　　10,000

解説

① 貸倒引当金　3,000,000×3％＝90,000

② 差額の計算　90,000－100,000＝△10,000

見積額より貸倒引当金勘定の残高が10,000円多いので、貸倒引当金勘定の残高を減少させます。貸倒引当金の減少は借方です。

③ 貸倒引当金勘定の残高を減少させることを戻入れといいます。元々の設定額の修正であり、費用のマイナスで収益に計上します。勘定科目は貸倒引当金戻入です。

④ 総勘定元帳の記入は次のようになります。

貸倒引当金		貸倒引当金戻入	
貸倒引当金戻入　10,000	残　高　　　100,000		貸倒引当金　　10,000

〈**洗替法による貸倒引当金の設定**〉

例題3

決算にあたり、受取手形の期末残高2,000,000円と売掛金の期末残高3,000,000円に対して3％の貸倒れを見積り、洗替法により貸倒引当金を設定する。なお、貸倒引当金勘定の残高は50,000円である。

（借方）	貸倒引当金	50,000	（貸方）	貸倒引当金戻入	50,000
	貸倒引当金繰入	150,000		貸倒引当金	150,000

解説

① 貸倒引当金の残高50,000円の金額をいったん取り崩して貸倒引当金戻入勘定に計上します。

② 次に貸倒見積額150,000円全額を新たに貸倒引当金として設定します。

③ 総勘定元帳の記入は次のようになります。

貸倒引当金繰入				貸倒引当金			
貸倒引当金	150,000			貸倒引当金戻入	50,000	残　　高	50,000
						貸倒引当金繰入	150,000

貸倒引当金戻入		
	貸倒引当金	50,000

(4) 貸倒損失と貸倒引当金の表示

下記の債権の分類に応じて、貸倒引当金繰入と貸倒損失の損益計算書における表示か所が異なります。

　営業債権 …… 販売費及び一般管理費に表示

　（売上債権（売掛金、受取手形、電子記録債権など）、営業活動上の貸付金、未収入金など）

　営業外債権 …… 営業外費用に表示

　（上記以外の受取手形、貸付金、未収入金など）

○貸借対照表と損益計算書では、次のように表示します。

貸借対照表					貸借対照表			
現　　金	×××			（控除形式で示すと）	現　　金		×××	
当座預金	×××				当座預金		×××	
売掛金	5,000,000	貸倒引当金	150,000	→	売掛金	5,000,000		
					貸倒引当金	150,000	4,850,000	

損益計算書			
		売　上	×××
貸倒引当金繰入	150,000		

貸倒見積額は当期の売上に対応する費用として計上されます。

(5) 償却債権取立益

　前期以前に貸倒れとして処理をした売掛金などの債権を、当期になって回収する場合があります
が、この回収金については償却債権取立益勘定で処理します。

例題

　前期に貸倒れとして処理していた静岡商店に対する売掛金380,000円のうち、50,000円を現
金で回収した。

　　　　（借方）　現　　　金　　　　　50,000　　　　（貸方）　償却債権取立益　　　50,000

貸倒れと貸倒引当金にかかわる仕訳のまとめ ▷

① 貸倒れの処理──貸倒引当金の設定がない場合
　　売掛金100,000円が回収不能となった。
　　　　（借方）　貸倒損失　　　　　100,000　　　　（貸方）　売掛金　　　　　100,000

② 貸倒引当金の設定──貸倒引当金の残高がない場合
　　売掛金残高5,000,000円に対し３％の貸倒れを見積もった。貸倒引当金の残高はない。
　　　　（借方）　貸倒引当金繰入　　150,000　　　　（貸方）　貸倒引当金　　　150,000

③ 貸倒れの処理──「貸倒額＜貸倒引当金残高」の場合
　　売掛金100,000円が回収不能となった。貸倒引当金の残高は150,000円である。
　　　　（借方）　貸倒引当金　　　　100,000　　　　（貸方）　売掛金　　　　　100,000

④ 貸倒れの処理──「貸倒額＞貸倒引当金残高」の場合
　　売掛金200,000円が回収不能となった。貸倒引当金の残高は150,000円である。
　　　　（借方）　貸倒引当金　　　　150,000　　　　（貸方）　売掛金　　　　　200,000
　　　　　　　　　貸倒損失　　　　　 50,000

⑤ 貸倒引当金の設定──「見積額＞貸倒引当金残高」の場合
　　受取手形・売掛金残高5,000,000円に対し３％の貸倒れを見積もった。貸倒引当金の残
高は50,000円である。
　　　　（借方）　貸倒引当金繰入　　100,000　　　　（貸方）　貸倒引当金　　　100,000

⑥ 貸倒引当金の設定──「見積額＜貸倒引当金残高」の場合
　　売掛金残高5,000,000円に対し３％の貸倒れを見積もった。貸倒引当金の残高は200,000
円である。
　　　　（借方）　貸倒引当金　　　　 50,000　　　　（貸方）　貸倒引当金戻入　　 50,000

⑦ 貸倒引当金の設定──洗替法の場合
　　売掛金5,000,000円に対し３％の貸倒れを見積もった。貸倒引当金の残高は20,000円で
ある。

（借方）貸倒引当金	20,000	（貸方）貸倒引当金戻入	20,000
貸倒引当金繰入	150,000	貸倒引当金	150,000

⑧　償却債権取立益

前期に貸倒れとして処理した売掛金50,000円を現金で回収した。

（借方）現金	50,000	（貸方）償却債権取立益	50,000

Q 問題 1

得意先株式会社東山商店が倒産し、同社に対する売掛金250,000円が回収不能になったとき、以下の各場合の仕訳をしなさい。

① 貸倒引当金の設定がない場合

② 貸倒引当金勘定残高が300,000円の場合

③ 貸倒引当金勘定残高が200,000円の場合

A 解答

	借方科目	金額	貸方科目	金額
（1）	貸倒損失	250,000	売掛金	250,000
（2）	貸倒引当金	250,000	売掛金	250,000
（3）	貸倒引当金 貸倒損失	200,000 50,000	売掛金	250,000

Q 問題 2

決算にあたり、売掛金残高2,000,000円に対して、2％の貸倒れを見積もるとき、以下の各場合の仕訳をしなさい。なお、差額補充法による。

① 貸倒引当金勘定残高がない場合

② 貸倒引当金勘定残高が35,000円の場合

③ 貸倒引当金勘定残高が55,000円の場合

A 解答

	借方科目	金額	貸方科目	金額
（1）	貸倒引当金繰入	40,000	貸倒引当金	40,000
（2）	貸倒引当金繰入	5,000	貸倒引当金	5,000
（3）	貸倒引当金	15,000	貸倒引当金戻入	15,000

Q 問題 3

前期に貸倒れとして処理した得意先山田株式会社に対する売掛金のうち100,000円を現金で

回収した。

A 解答

借　方　科　目	金　　額	貸　方　科　目	金　　額
現　　　　金	100,000	償却債権取立益	100,000

❷ 退職給付引当金　◀日商2級

　従業員の退職給与規定を設けるなど、退職金支払制度が置かれている場合に、将来発生する退職給付金を各年度に一定の金額で配分し、費用として計上するために設ける勘定科目が退職給付引当金勘定です。

　なお、退職給付には退職者に対して、企業が内部に積立てた資金を基に退職給付金を直接支払う場合（内部積立方式）と外部の基金等に掛金を支払うことにより積立てを行い、外部の基金等より退職給付金を支払う場合（外部積立方式）があります。

(1) 内部積立方式

① 退職給付引当金を計上したとき

（借方）　退職給付費用　　　×××　　　　（貸方）　退職給付引当金　　　×××
　　　　（または退職給付引当金繰入）

② 退職金を支払ったとき

（借方）　退職給付引当金　　×××　　　　（貸方）　現　　金　　　　×××
　　　　（または当座預金など）

※退職一時金制度の場合には、内部積立方式を採用し、企業年金制度の場合には、外部積立法を採用するのが一般的です。

例題

① 従業員Aが退職し、退職金15,000,000円を現金で支払った。なお、退職給付引当金の残高は8,000,000円である。

（借方）　退職給付引当金　8,000,000　　　（貸方）　現　　金　　15,000,000
　　　　退職給付費用　7,000,000

(2) 外部積立方式

① 退職給付引当金を計上したとき

（借方）　退職給付費用　　　×××　　　　（貸方）　退職給付引当金　　　×××
　　　　（または退職給付引当金繰入）

② 基金に掛金を支払ったとき（退職給付引当金の取崩し）

　　（借方）　退職給付引当金　　×××　　　　（貸方）　現　金　　　　　　×××
　　　　　　　　　　　　　　　　　　　　　　　　　　　　　　　（または当座預金など）

③ 外部の基金より退職給付金を支払ったとき
　　仕訳なし

例題

① 決算にあたり、従業員の退職給付として、今期に属する金額300,000円について退職給
　付引当金を設定した。

　　（借方）　退職給付費用　　300,000　　　　（貸方）　退職給付引当金　　300,000

② 外部の基金に対し、退職給付の掛金80,000円を現金で支払った。

　　（借方）　退職給付引当金　　80,000　　　　（貸方）　現　金　　　　　　80,000

③ 従業員Aが退職したので外部の基金より、退職給付金が支払われた。
　　仕訳なし

❸ 賞与引当金　◁日商2級▷

給与（賞与）規定に基づき、企業から従業員に対して賞与（ボーナス）の支払が行われ
る場合、決算において翌期に支給する賞与に備えて当期に属する金額を見積り計上する
ための勘定科目が賞与引当金です。

① 決算時に賞与引当金を計上したとき

　　（借方）　賞与引当金繰入　　×××　　　　（貸方）　賞与引当金　　　　×××
　　※支給見込総額のうち、当期に帰属する分だけが引当対象になります。

② 賞与を支払ったとき

　　（借方）　賞与引当金　　　　×××　　　　（貸方）　現　金　　　　　　×××

例題

① 決算（年1回決算、3月31日）において、翌期に支払いが見込まれる賞与総額5,000,000
　円のうち当期負担分2,500,000円を見積計上した。

　　（借方）　賞与引当金繰入　2,500,000　　　（貸方）　賞与引当金　　　2,500,000

② 翌期において賞与5,000,000円を現金で支払った。

　　（借方）　賞与引当金　　　2,500,000　　　（貸方）　現　金　　　　　5,000,000
　　　　　　　賞　　与　　　　2,500,000

　　※翌期において、賞与の支払が行われた場合には、賞与引当金の全額を取崩します。
　　　また、賞与引当金の額を超える金額（当期に帰属する分）は、その年度の費用になります。

❹ 商品（製品）保証引当金　《日商 2 級》

　商品や製品を一定の保証期間付で販売する場合、各年度ごとにかかるであろう補修費や取替え費用を見積もって、一定の金額を費用として計上するために設ける勘定科目が商品（製品）保証引当金です。

① 決算時に商品保証引当金に計上したとき

(借方)　商品保証引当金繰入　×××　　　　(貸方)　商品保証引当金　　　×××

② 補修費を支払ったとき

(借方)　商品保証引当金　　×××　　　　(貸方)　現　　　金　　　×××
　　　　　　　　　　　　　　　　　　　　　　　　　　　　（または当座預金など）

例題

① 当期に保証（修理）付きで販売した商品について、翌期以降に見込まれる修理費用として500,000円を見積もり、商品保証引当金を計上した。

(借方)　商品保証引当金繰入　500,000　　　　(貸方)　商品保証引当金　　500,000

② 前期に販売した保証付きの商品について修理による保証を行い100,000円を現金で行った。なお、修理時において、商品保証費を計上している。

(借方)　商品保証引当金　　100,000　　　　(貸方)　商品保証費　　　　100,000

❺ 修繕引当金　《日商 2 級》

　建物や施設の将来の大きな修繕費の支出に備えて、各年度に修繕費の見積額の一定の金額を配分し、費用として計上するために設ける勘定科目が修繕引当金です。

① 決算時に修繕引当金に計上したとき

(借方)　修繕引当金繰入　　×××　　　　(貸方)　修繕引当金　　　×××

② 修繕費を支払ったとき

(借方)　修繕引当金　　　　×××　　　　(貸方)　現金　　　×××
　　　　　　　　　　　　　　　　　　　　　　　　　　　　（または当座預金など）

※支出額に資本的支出が含まれているときは、その部分は固定資産の取得原価に加算します。
（「Ⅷ 固定資産」134ページ 参照）

例題

次の取引を仕訳しなさい。

建物の修繕を行い、代金500,000円を小切手を振り出して支払った。

なお、この修繕については、前期に修繕引当金200,000円が計上されている。

（借方）	修繕引当金	200,000	（貸方）	当座預金	500,000
	修繕費	300,000			

⑥ 返品調整引当金 〔日商 2 級〕

　当期に販売した商品や製品につき、返品を認める契約を結んでいる場合、翌期における返品による損失に備えて、その売上に係る販売益を見積もり、費用として計上するために設ける勘定科目が返品調整引当金です。

　なお、返品調整引当金は、損益計算書上、売上総利益から控除する形で表示します。

〈損益計算書における表示〉

Ⅰ	売上高	×××
Ⅱ	売上原価	×××
	売上総利益	×××
	返品調整引当金繰入	×××
	差引売上総利益	×××

例題

① 返品を認める契約を結び商品を販売した。決算にあたり、当期の売上に対する返品調整引当金10,000円を設定した。

（借方）	返品調整引当金繰入	10,000	（貸方）	返品調整引当金	10,000

② 前期に掛けにより販売した商品について契約に基づき返品が行われた。なお、返品された商品の売価は50,000円であり、原価は40,000円である。また返品調整引当金の残高は10,000円である。

（借方）	返品調整引当金	10,000	（貸方）	売掛金	50,000
	仕入	40,000			

⑦ 売上割戻引当金 〔日商 2 級〕

　一定の期間内に一定の取引量や金額を超える取引を行った場合などにおいて、販売代金の一部を売掛金と相殺したり、割戻金（いわゆるリベート）を支払ったりすることを売上割戻といいます。

　当期に販売した商品につき、契約に基づいて売上割戻しが予定されている場合、費用として計上するために設ける勘定科目が売上割戻引当金です。

　なお、売上割戻引当金は、損益計算書上、売上高から控除（直接控除または間接控除）する形で表示します。

例題

① ×年３月から５月までの間に一定額以上商品を購入した取引先に対して翌期に一定の割戻しを行う売上割戻契約を締結している。決算にあたり、売上割戻引当金100,000円を設定した。なお、×年の売上高総額は5,000,000円である（決算年１回、３月31日）。

　　　（借方）売上割戻引当金繰入　100,000　　　　（貸方）売上割戻引当金　　100,000

② 翌期に総額250,000円の売上割戻しを行い、売掛金と相殺した。割戻額のうち前期の売上に対するものが、100,000円、当期の売上に対するものが150,000円であった。

　　　（借方）売上割戻引当金　　100,000　　（貸方）売掛金　　　　　　250,000
　　　　　　　売上　　　　　　　150,000

〈損益計算書における表示〉

　　　　　　×年の決算（単位円）

　　　　《直接控除方式》

I　売上高	4,900,000

　　　　《間接控除方式》

I　売上高	5,000,000	
売上割戻引当金繰入	100,000	4,900,000

Step3

『損益計算書』 科目とその仕訳を学ぶ

～ 『損益計算書（P／L）』 科目とその仕訳～

『損益計算書（P／L）』 は、ある一定期間における収益および費用の状況をその原因別に示した、企業の経営成績を示す報告書です。

《ステップ3》 では、この 『損益計算書』 の収益・費用に属する各々の勘定科目とその仕訳の仕方を学びます。

XI

収益と費用

～ 収益は増えたら右側（貸方）、減ったら左側（借方）、
費用は増えたら左側（借方）、減ったら右側（貸方）に記入 ～

　収益および費用は、その性質に応じて、経常的な性質を持つものと非経常的な性質をもつものに区分されます。さらに経常的な性質を持つものは、企業の営業目的にかかわるものとそれ以外のものに区分されます。

〈収益と費用の区分〉

　① **経常的な性質を持つもの（企業の営業目的にかかわるもの）**

　　　営業収益　……　売上高

　　　営業費用　……　売上原価、販売費及び一般管理費（給料、支払家賃など）

　② **企業の営業目的以外のもの**

　　　営業外収益　……　受取利息、受取配当金など

　　　営業外費用　……　支払利息、雑損など

　③ **非経常的な性質を持つもの**

　　　特別利益　……　固定資産売却益など

　　　特別損失　……　固定資産売却損など

---

❶　売上高

　売上高は、商品等を販売したときや役務（サービス）の提供を行ったときに計上します。

〈売上の計上基準〉

(1) 商品販売時の一般的な基準

　①　出荷基準……商品を出荷したときに売上に計上

　②　引渡基準……相手方に商品を引き渡したときに売上に計上

　③　検収基準……納品した商品を相手方が検収し、確認の通知を受けたときに売上に計上

(2) 商品を試用販売したとき　◀日商1級▶

　相手方が購入の意思表示をしたその日（特約により販売が確定する場合はその日）に売上に計上

Step3

(3) 商品を委託販売したとき ◁日商**1**級▷

・受託者が商品を販売した日または仕切精算書が到着した日に売上に計上

(4) 請負による収入

① 物の引渡しをする契約の場合…完成して相手方に引き渡した日に売上に計上
② 物の引渡しをしない契約の場合…約束した役務の提供を完了した日に売上に計上

一口メモ

※収益は、商品の販売やサービスの提供を行ったとき（実現したとき）に売上に計上します。これを実現主義といいます。
※サービス業ではサービスという形のないものを介して取引を行います。このようなサービスを役務といいます。

例題

次の取引を、出荷基準、引渡基準、検収基準を採用した場合のそれぞれについて仕訳を行いなさい。なお、商品売買に関する記帳は3分法によること。

① 得意先であるA社より、商品300,000円の注文を受け、本日発送した。なお、代金は掛とした。
② A社に発送した商品について、本日、A社に引き渡された。
③ A社より、上記商品について商品の検収が終了した旨の連絡を受けた。

	出荷基準		引渡基準		検収基準	
	借方	貸方	借方	貸方	借方	貸方
①	（売掛金）300,000	（売上）300,000	仕訳なし		仕訳なし	
②	仕訳なし		（売掛金）300,000	（売上）300,000	仕訳なし	
③	仕訳なし		仕訳なし		（売掛金）300,000	（売上）300,000

※仕訳を見てもわかるように、売上の認識が一番早いのは出荷基準、一番遅いのは検収基準によるものといえます。

❷ 役務収益と役務原価 ◁日商**2**級▷

役務収益は、役務（サービス）の提供を行ったときに認識（計上）します。そして役務提供に伴う費用が役務原価です。

役務収益を計上する前に生じた役務原価については、いったん仕掛品勘定で処理し、収益の

認識と同時に仕掛品勘定から役務原価勘定に振り替えます。

例題

①　市場調査を行うA社は、Z社から依頼のあった調査を行い、給料500,000円、旅費交通費100,000円、消耗品費50,000円をその調査に要した費用として、仕掛品勘定に振り替えた。

（借方）	仕掛品	650,000	（貸方）	給　　料	500,000
				旅費交通費	100,000
				消耗品費	50,000

②　上記市場調査を終え、Z社に対して報告を完了したことにより、対価として1,000,000円を小切手で受け取った。

（借方）	現　　金	1,000,000	（貸方）	役務収益	1,000,000
	役務原価	650,000		仕掛品	650,000

❸　研究開発費　〈日商**2**級〉

　研究開発費は、研究・開発のために使われた費用をいい、すべて発生時の費用として処理します。研究開発費には、人件費や原材料費、固定資産の減価償却費のほか研究・開発の目的のみに使用する設備等を取得した原価を含みます。

※研究とは，「新しい知識の発見を目的とした計画的な調査及び探求」をいい、開発とは「新しい製品・サービス・生産方法についての計画若しくは設計又は既存の製品等を著しく改良するための計画若しくは設計として、研究の成果その他の知識を具体化すること」をいいます（金融庁：研究開発費等に係る会計基準参照）。

❹　租税公課

　企業が支払う税金には、利益に基づいて課税されるものと利益以外の金額に基づいて課税されるものがあります。このうち、利益以外の金額に基づいて課税される税金（資産の取得原価に含められるものを除きます。）を租税公課として処理します。

①　利益に基づいて課税される税金

　　　法人税、住民税、事業税　→　法人税、住民税及び事業税勘定

②　利益以外の金額に基づいて課税される税金

　　　自動車税、不動産取得税、関税など　→　資産の取得原価算入

　　　印紙税、固定資産税　→　租税公課勘定

❺ 消耗品と貯蔵品

　消耗品とは、事務用品や雑貨などをいいます。その購入額を消耗品費勘定（借方）で処理し、たとえ期末に未使用の消耗品が残っていても、貯蔵品勘定などの資産勘定へ振り替えることは、通常ありません。

　これに対して、収入印紙（印紙税）や郵便切手など換金性が高いものについては、購入時に租税公課や通信費として処理することは同じですが、未使用分については、決算時に貯蔵品勘定（借方）に振り替える必要があります。なお、翌期首には、再び振替仕訳を行います。

例題

① 郵便切手100,000円分を現金で購入した。

|（借方）|通信費|100,000|（貸方）|現　金|100,000|

② 決算にあたり、棚卸を行ったところ郵便切手50,000円分が未使用のまま残っていることが判明した。

|（借方）|貯蔵品|50,000|（貸方）|通信費|50,000|

③ 翌期首に貯蔵品勘定に振り替えた通信費50,000円を適切な費用の勘定へ再振替仕訳を行った。

|（借方）|通信費|50,000|（貸方）|貯蔵品|50,000|

Q 問題 1

① 広告業を営むA社は、広告の依頼を受け、給料200,000円、旅費交通費10,000円、消耗品費30,000円をその役務提供に要した費用として、仕掛品勘定に振り替えた。また、広告の対価としての契約額500,000円のうち、手付金として100,000円が当座預金に振り込まれた。

② 広告の提供を終え、①の契約額から手付金を差し引いた残額が、当座預金口座に振り込まれた。

A 解答

①	（借方）	仕掛品	240,000	（貸方）	給　料	200,000
					旅費交通費	10,000
					消耗品費	30,000
	（借方）	当座預金	100,000	（貸方）	前受金	100,000
②	（借方）	前受金	100,000	（貸方）	役務収益	500,000
		当座預金	400,000			
	（借方）	役務原価	240,000	（貸方）	仕掛品	240,000

Q 問題 2

① 自社の研究開発部門における従業員の給料500,000円、消耗品費50,000円および研究開発のためにのみ使用される機械装置の購入代金1,000,000円を小切手を振り出して支払った。

② 当期の費用として処理していた消耗品費のうち70,000円、備品の減価償却費として処理した金額のうち150,000円が研究開発のためのものであることが判明した。

A 解答

		(借方)			(貸方)	
①	(借方)	研究開発費	1,550,000	(貸方)	当座預金	1,550,000
②	(借方)	研究開発費	220,000	(貸方)	消耗品費	70,000
					減価償却費	150,000

Q 問題 3

① 給料総額1,000,000円の支払いにあたり、源泉徴収した所得税70,000円、従業員負担分の社会保険料50,000を控除した残額を当座預金口座から引き落として従業員の口座に振り込んだ。

② ①の所得税および従業員負担分の社会保険料を当座預金口座から支払った。

A 解答

①	(借方)	給料	1,000,000	(貸方)	所得税預り金	70,000
					社会保険料預り金	50,000
					当座預金	880,000
②	(借方)	所得税預り金	70,000	(貸方)	当座預金	120,000
		社会保険料預り金	50,000			

6 収益・費用の未収・未払いと前受け・前払い

通常、収益や費用は、現金や小切手などで支払ったり、受け取ったときに計上します。

しかし、保険料や利息などは会計期間をまたがって支払われます。また家賃や地代も会計期間をまたがって受け取ることがあります。このような場合、「当期に属する収益・費用は当期の損益計算に計上し、当期に属さない収益・費用は当期の損益計算から除外する」ことが必要となります。これが収益・費用の未収・未払いと前受け・前払いです。

(1) 収益・費用の未収・未払い

収益・費用の未収・未払いとは、まだ現金の収入・支出はないけれど、将来に収入・支出が

あることを見越して、当期に属する収益・費用であるものを当期の損益計算に計上することです。

① 未収収益

　未収収益とは、家賃、地代、貸付利息などの収益で、当期分の収益であるのに期末までに受け取っていないものです。

　したがって、当期の収益に計上するとともに、それを未収収益勘定で処理します。

　未収収益は、その内容により、未収家賃、未収地代、未収利息のように収益科目の前に未収をつけて用います。

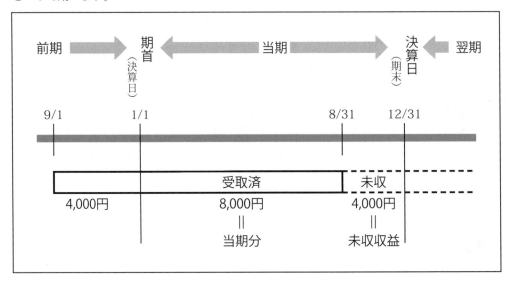

例題 12月31日、当期分の家賃4,000円が未収である。

　　　（借方）　未収家賃　　　　　　　4,000　　　　　（貸方）　受取家賃　　　　　　　4,000

② 未払費用

　未払費用とは、家賃、地代、借入利息などの費用で、当期分の費用であるのに期末までに支払っていないものです。

　したがって、当期の費用に計上するとともに、未払費用として処理します。

　未払費用は、その内容により、未払家賃、未払地代、未払利息のように費用科目の前に未払をつけて用います。

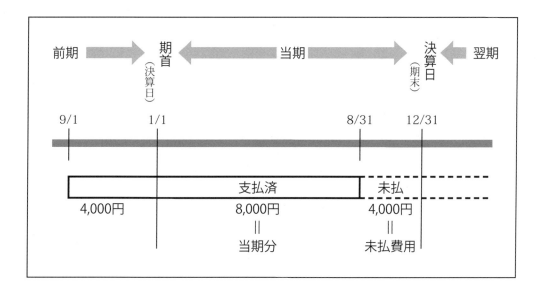

前期 →	期首 (決算日) ←	当期 →	決算日 (期末) ← 翌期

9/1　　　　1/1　　　　　　8/31　12/31

支払済	未払
4,000円　　8,000円 ＝ 当期分	4,000円 ＝ 未払費用

例題 　12月31日、当期分の借入金の利息4,000円が未払いである。

（借方）　支払利息　　　　　　　4,000　　　　（貸方）　未払利息　　　　　　　4,000

(2) 収益・費用の前受け・前払い

　収益・費用の前受け・前払いとは、「収益・費用のうち次期以降に属するものを次期に繰り延べ、次期以降の収益・費用に移す」ということです。未収・未払いと同じく、収益・費用が「当期に属するものか、属さないものか」の観点からみます。

① 前受収益

　前受収益とは、家賃、地代、貸付利息などのような収益で、対価は受け取ったが、役務の提供は行っていないものです。

　したがって、当期の収益から除外するとともに、それを前受収益として処理します。

　前受収益は、その内容により、前受家賃、前受地代、前受利息のように負債科目の前に前受をつけて用います。

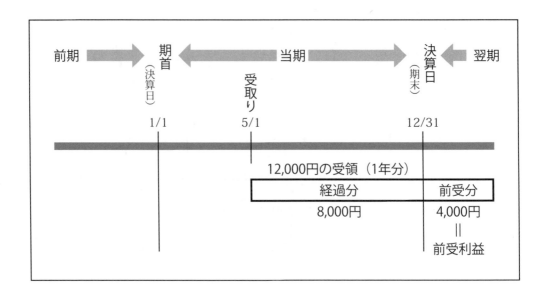

例題 12月31日、家賃の前受分が4,000円ある。

　　　（借方）　受取家賃　　　　　　　4,000　　　　　（貸方）　前受家賃　　　　　　　4,000

② 前払費用

　前払費用とは、家賃、地代、保険料、借入利息などの費用で、対価を支払ったが、まだ役務の提供は受けていないものです。

　したがって、当期の費用から除外するとともに、それを前払費用として計上します。

　前払費用は、その内容により、前払家賃、前払地代、前払利息のように資産科目の前に前払をつけて用います。

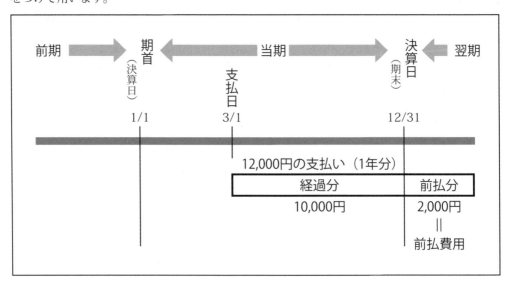

例題　12月31日、支払保険料のうち2,000円は前払いである。

（借方）　前払保険料　　　　　　2,000　　　　（貸方）　保険料　　　　　　2,000

❼　翌期首の再振替

　期末に未収・未払いと前受け・前払い計上した費用・収益については、翌期首にそれぞれ計上したときの逆仕訳を行います。これを再振替仕訳といいます。

(1)　未収収益の翌期首再振替

　未収収益は、契約では支払期日が到来しておらず、未収となっているが、既に役務（サービス）の提供をし、当期の収益として発生しているものです。そして、翌期の支払期日には、この未収収益を含めた金額を収受することになります。

　翌期首の日付で再振替仕訳を行い、もとの収益に振り戻すと、未収計上額が収益勘定の借方に転記されます。そして実際に受け取ったとき、受取額全額が収益勘定の貸方に転記されますが、収益勘定の借方には前期分が記入されていて差し引かれることになるので、収益の貸方残高が当期分を示すことになります。

例題

① 1月1日　前期末に未収計上した4か月分の家賃4,000円の再振替仕訳をした。

（借方）　受取家賃　　　　　　4,000　　　　（貸方）　未収家賃　　　　　　4,000

② 9月1日　昨年9月から本年8月までの家賃12,000円を現金で受け取った。

（借方）　現　　金　　　　　12,000　　　　（貸方）　受取家賃　　　　　12,000

解説

総勘定元帳の記入は以下のようになります。

未収家賃		受取家賃	
1/1　前期繰越　　4,000	①1/1　受取家賃　　4,000	①1/1　未収家賃　　4,000	②9/1　現金　　12,000

　受取家賃勘定の貸方残高は、12,000－4,000＝8,000となり、当期の1月から8月までの8か月分を示します。

(2)　未払費用の翌期首再振替

　未払費用は、契約では支払期日が到来しておらず、未払となっているが、既に役務（サービス）の提供を受け、当期の費用として発生しているものです。そして、翌期の支払期日には、

この未払費用を含めた金額を支払うことになります。

　翌期首の日付で再振替仕訳を行い、もとの費用に振り戻すと、未払計上額が費用勘定の貸方に転記されます。そして、実際に支払ったとき、支払額全額が費用勘定の借方に転記されますが、費用勘定の貸方には前期分が記入されていて差し引かれることになるので、費用勘定の借方残高が当期分を示すことになります。

例題

① 　1月1日　前期末に未払計上した4か月分の支払利息4,000円の再振替仕訳をした。

　　（借方）　未払利息　　　　　　　4,000　　　　（貸方）　支払利息　　　　　　　4,000

② 　9月1日　昨年9月から本年8月までの利息12,000円を現金で支払った。

　　（借方）　支払利息　　　　　　　12,000　　　（貸方）　現　　金　　　　　　　12,000

解説

前期末に支払利息を未払計上したときの仕訳は次のとおりです。

　12/31（借方）　支払利息　　　　　　4,000　　　（貸方）　未払利息　　　　　　　4,000

翌期首の再振替仕訳は上記の逆仕訳をすればいいわけです。

なお、総勘定元帳の記入は以下のようになります。

		支払利息						未払利息			
②9/1	現金	12,000	1/1	①未払利息	4,000	①1/1	支払利息	4,000	1/1	前期繰越	4,000

　支払利息勘定の借方残高は、12,000－4,000＝8,000となり、当期の1月から8月までの8か月分を示します。

(3)　前受収益の翌期首再振替

　前受収益は、契約にしたがって期日に対価を受け取っているが、役務（サービス）の提供はまだしておらず、当期の収益ではなく時間の経過とともに翌期の収益となるものです。

　翌期首の日付で再振替仕訳を行い、もとの収益に振り戻すと、前受計上額が収益勘定の貸方に転記されます。さらにこの契約が継続していれば、次の期日に次期分も含めた収益を受け取ることになり、期末に前期末と同様、収益の繰延処理をすることになります。

例題

① 　1月1日　前期末に繰延計上した受取家賃4か月分4,000円の再振替仕訳をした。

　　（借方）　前受家賃　　　　　　　4,000　　　　（貸方）　受取家賃　　　　　　　4,000

② 　5月1日　5月から翌年4月までの家賃12,000円を現金で受け取った。

　（借方）現　　金　　　　　12,000　　　（貸方）受取家賃　　　　　12,000

③　12月31日　決算にあたり、上記の家賃のうち前受分を次期に繰り延べた。

　（借方）受取家賃　　　　　4,000　　　（貸方）前受家賃　　　　　4,000

解説

総勘定元帳の記入は以下のようになります。

受取家賃							前受家賃				
③12/31	前受家賃	4,000	①1/1	前受家賃	4,000	①1/1	受取家賃	4,000	1/1	前期繰越	4,000
			②5/1	現金	12,000				③12/31	受取家賃	4,000

　決算整理前の受取家賃勘定の貸方残高は、4,000＋12,000＝16,000となり、当期の1月から翌年4月までの16か月分を示しています。期末に翌期の4か月分を受取家賃から差し引いて翌期に繰り延べることによって、受取家賃勘定の貸方残高は12か月分の12,000となります。

(4) 前払費用の翌期首再振替

　前払費用は、契約にしたがい支払期日に支払ったが、役務（サービス）の提供はまだ受けておらず、当期の費用ではなく時間の経過とともに翌期の費用となるものです。

　翌期首の日付で再振替仕訳を行い、もとの費用に振り戻すと、前払計上額が費用勘定の借方に転記されます。さらに、この契約が継続していれば、次の支払期日には、次期分も含めた費用を支払うことになり、期末に前期末と同様、費用の繰延処理をすることになります。

例題

①　1月1日　前期末に繰延計上した保険料2か月分2,000円の再振替仕訳をした。

　（借方）保険料　　　　　2,000　　　（貸方）前払保険料　　　　　2,000

②　3月1日　3月から翌年2月までの保険料12,000円を現金で支払った。

　（借方）保険料　　　　　12,000　　　（貸方）現　　金　　　　　12,000

③　12月31日　決算にあたり、上記の保険料のうち前払分を次期に繰り延べた。

　（借方）前払保険料　　　　　2,000　　　（貸方）保険料　　　　　2,000

解説

総勘定元帳の記入は以下のようになります。

前払保険料						保険料					
1/1	前期繰越	2,000	①1/1	保険料	2,000	①1/1	前払保険料	2,000	③12/31	前払保険料	2,000
③12/31	保険料	2,000				②3/1	現金	12,000			

2月までの14か月分を示しています。期末に翌期の2か月分を保険料から差し引いて翌期に繰り延べることによって、保険料勘定の借方残高は12か月分の12,000となります。

コメント

前払費用、未払費用、未収収益、前受収益を総称して経過勘定と呼びます。

翌期首の再振替仕訳のまとめ ▶

経過勘定の翌期首の再振替仕訳は、いずれも前期末に計上した決算整理仕訳の逆仕訳を行います。

① 未収収益の翌期首の再振替仕訳

未収利息5,000円を、受取利息勘定に再振替した。

（借方）受取利息　　　　5,000　　　（貸方）未収利息　　　　5,000

② 未払費用の翌期首の再振替仕訳

未払家賃10,000円を、支払家賃勘定に再振替した。

（借方）未払家賃　　　10,000　　　（貸方）支払家賃　　　10,000

③ 前受収益の翌期首の再振替仕訳

前受手数料10,000円を、受取手数料勘定に再振替した。

（借方）前受手数料　　10,000　　　（貸方）受取手数料　　10,000

④ 前払費用の翌期首の再振替仕訳

前払保険料7,000円を、保険料勘定に再振替した。

（借方）保険料　　　　　7,000　　　（貸方）前払保険料　　　7,000

税金

～ 法人税・住民税・事業税の仕訳も必要です ～

❶ 株式会社の利益に課税される税金

　株式会社の利益は、企業会計上の収益と費用の差額として計算され、この利益（所得）に対して、法人税、住民税及び事業税の3種類の税金が課されます。なお、これら3種類の税金を総称して法人税等といいます。

❷ 法人税等の処理

　法人税、住民税及び事業税は、基本的に会社の利益（所得）に対して課税されるという点で共通した性質をもっており、申告や納税の手続が類似しているため、これらを一括して法人税、住民税及び事業税勘定（または法人税等勘定）で処理します。

(1) 中間申告と納付時の処理

　法人税、住民税及び事業税は、各税法の規定に基づき税額が確定しますが、事業年度を1年とする会社は、期中において中間申告を行い納税をしなければならない（前年度の法人税の2分の1か、中間決算による税額）場合があります。中間申告を行って、納税した場合には、仮払法人税等勘定（借方）で処理します。

　また、法人が預金の利息や株式の配当を受け取る際に、源泉所得税を控除された場合においても仮払法人税等勘定で処理します。

例題

　① 法人税等の中間申告を行い、前事業年度の法人税等の2分の1に相当する300,000円を現金で納付した。

（借方）　仮払法人税等	300,000	（貸方）　現　　金	300,000

　② 所有するA社株式に対する配当が行われ、源泉所得税40,000円の控除後の160,000円が当座預金に振り込まれた。

（借方）　当座預金	160,000	（貸方）　受取配当金	200,000
仮払法人税等	40,000		

(2) 決算時の処理

　決算により確定した法人税等の金額を法人税、住民税および事業税勘定の借方に記入し、中間納付額（仮払法人税等）との差額を未払法人税等勘定の貸方に記入します。

例題

　決算において、法人税、住民税及び事業税800,000円が確定した。なお、仮払法人税等勘定の残高は340,000円である。

　　　　（借方）　法人税、住民税及び事業税　800,000　　　（貸方）　仮払法人税等　340,000
　　　　　　　　　（または法人税等）　　　　　　　　　　　　　　　　未払法人税等　460,000

(3) 納付時の処理

　確定申告を行い法人税等の未払分を納付したときは、未払法人税勘定の借方に記入します。

例題

　確定申告を行い、未払法人税等460,000円を現金で納付した。

　　　　（借方）　未払法人税等　　　　460,000　　　　（貸方）現　　金　　　　460,000

(4) 追徴時の処理　◁日商**2**級▷

　納付した法人税等に不足額がある場合、税務当局より正当額との差額の納付を求められる場合があります。これを追徴といい、追徴法人税等勘定（借方）で処理します。また、追徴税額のうちに未納付額がある場合には、未払法人税等勘定（貸方）で処理します。

例題

　過年度の法人税等について納付不足額が判明したため、追徴法人税額400,000円を現金で納付した。

　　　　（借方）　追徴法人税等　　　　400,000　　　　（貸方）現　　金　　　　400,000

(5) 還付時の処理　◁日商**2**級▷

　納付した法人税等が払い過ぎになっている場合、既に納付した法人税等の払い戻しを受けることができます。これを還付といい、還付法人税等勘定（貸方）で処理します。なお、還付税額のうちに未収額がある場合は、未収還付法人税等勘定（借方）で処理します。

例題

過年度の法人税等について納付額が過大になっていることが判明したため税務当局より、200,000円が還付される旨の連絡を受けた。

　　（借方）　未収還付法人税等　200,000　　　　（貸方）　還付法人税等　　　　200,000

❸ 法人税法における所得金額の計算 〈日商 **2** 級〉

　法人税法における所得の金額は、その事業年度の「益金の額」から「損金の額」を控除して計算します。

会計上の利益　　| 収益の額 | － | 売上原価、費用・損失の額 | ＝ | 利益の金額 |

法人税法上の利益　| 益金の額 | － | 損金の額 | ＝ | 所 得 金 額 |

※益金の額は、おおよそ企業会計上の売上高等の収益の額に相当するものであり、損金の額は、企業会計上の売上原価、販売費、一般管理費等の費用および損失の額に相当します。

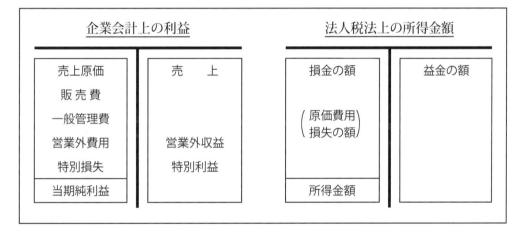

❹ 企業会計上の利益と法人税法上の所得 〈日商 **2** 級〉

　企業会計上の利益は、主として企業の財政状態と経営成績を把握するために計算されるのに対して、法人税法上の所得は課税の公平、適正な税負担のための調整等を目的とするなど、それぞれ計算目的が異なることから差異が生じます。

　つまり、企業会計上は収益であっても法人税法上は益金とはならないものや費用であっても損金とはならないものがあります。逆に、企業会計上は収益とならないものであっても法人税法上は益金となるものや費用とならないものであっても損金となるものがあります。

　したがって、企業会計上の利益を基に申告調整（加算・減算）を行ったものが、法人税法上の所得になります。

○　申告調整

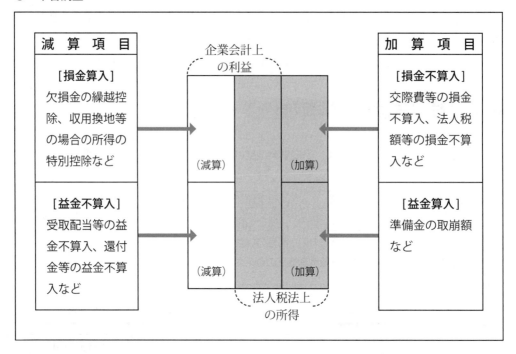

❺ 消費税

　消費税は、商品や製品の販売やサービスの提供などの取引に対して広く課税される税で、最終的に商品を消費しまたはサービスの提供を受ける消費者が負担しますが申告と納税は、商品の販売などを行った事業者が行います。このような税金を間接税といいます。

(1) 消費税の会計処理
　消費税の会計処理には、次の2通りの方法があります。
　①　税抜経理方式　⇨　消費税額を売上高および仕入高に含めないで区分して経理する方法
　②　税込経理方式　⇨　消費税額を売上高および仕入高に含めて経理する方法

(2) 税抜経理方式
　税抜経理方式では、商品を仕入れた際に、仕入金額を税抜価額で記帳するとともに、消費税部分を仮払消費税勘定の借方に記入します。また、商品を売上げた際には、売上金額を税抜価額で記帳するとともに、消費税部分を仮受消費税勘定の貸方に記入します。そして、決算に際し、仮払消費税勘定と仮受消費税勘定とを相殺し、仮払消費税より仮受消費税の方が多いときは、その差額を未払消費税勘定の貸方に記入します。また、仮受消費税より仮払消費税の方が多いときは、その差額を未収消費税勘定の借方に記入します。

例題

① A社から商品100,000円（税抜価額）を仕入れ、代金110,000円（税込金額）は現金で支払った。

（借方）　仕　　入　　　　　100,000　　　（貸方）　現　　金　　　　　110,000
　　　　　仮払消費税　　　　 10,000

② B社に商品200,000円（税抜価額）を売上げ、代金220,000円（税込金額）は現金で受け取った。

（借方）　現　　金　　　　　220,000　　　（貸方）　売　　上　　　　　200,000
　　　　　　　　　　　　　　　　　　　　　　　　　　仮受消費税　　　　 20,000

③ 決算に際し、仮払消費税と仮受消費税を相殺し納付額を確定した（計算の便宜上、期中における消費税の関する取引は上記①と②の取引のみとする。）。

（借方）　仮受消費税　　　　 20,000　　　（貸方）　仮払消費税　　　　 10,000
　　　　　　　　　　　　　　　　　　　　　　　　　　未払消費税　　　　 10,000

(3) 税込経理方式 日商2級

　税込経理方式では、商品を仕入れた際と売上げた際のいずれにおいても消費税を仕入金額と売上金額に含めて処理します。そして、決算に際し納付すべき消費税を仕入勘定等や売上勘定等の残高から計算し、租税公課勘定の借方と未払消費税勘定の貸方に記入します。また、消費税が還付になるときは、未収消費税勘定の借方と雑益（雑収入）勘定の貸方に記入します。

例題

① A社から商品100,000円（税抜価額）を仕入れ、代金110,000円（税込金額）は現金で支払った。

（借方）　仕　　入　　　　　110,000　　　（貸方）　現　　金　　　　　110,000

② B社に商品200,000円（税抜価額）を売上げ、代金220,000円（税込金額）は現金で受け取った。

（借方）　現　　金　　　　　220,000　　　（貸方）　売　　上　　　　　220,000

③ 決算に際し、消費税を計算し納付額を確定した（計算の便宜上、期中における消費税に関する取引は上記①と②の取引のみとする。）。

（借方）　租税公課　　　　　 10,000　　　（貸方）　未払消費税　　　　 10,000

Q 問題

次の取引の仕訳を示しなさい。なお、消費税の処理は、税抜経理方式による。

① 中間申告を行い、法人税、住民税及び事業税700,000円を現金で納付した。

② 決算において、法人税、住民税及び事業税1,500,000円が確定した。

③　翌期において確定申告を行い、中間申告による納付額を除く税額を現金で納付した。

④　商品300,000円を仕入れ、代金は10％の消費税を含めて現金で支払った。

⑤　商品500,000円を売上げ、代金は10％の消費税を含めて現金で受け取った。

⑥　決算に際し、商品売買に係る消費税を確定した。なお、本年度において、消費税が生じる取引は④と⑤のみとする。

⑦　確定申告を行い、⑥で確定した消費税を現金で納付した。

A 解答

		借方		貸方	
①	（借方） 仮払法人税等	700,000	（貸方） 現　金	700,000
②	（借方） 法人税、住民税及び事業税	1,500,000	（貸方） 仮払法人税等	700,000
			未払法人税等	800,000
③	（借方） 未払法人税等	800,000	（貸方） 現　金	800,000
④	（借方） 仕　入	300,000	（貸方） 現　金	330,000
	仮払消費税	30,000		
⑤	（借方） 現　金	550,000	（貸方） 売　上	500,000
			仮受消費税	50,000
⑥	（借方） 仮受消費税	50,000	（貸方） 仮払消費税	30,000
			未払消費税	20,000
⑦	（借方） 未払消費税	20,000	（貸方） 現　金	20,000

6　その他の税金

租税公課として費用処理する税金には、次のようなものがあります。

①　固定資産税……建物や土地を所有することに課せられます。

②　自動車税………自動車を所有することに課せられます。
地方自治体が税額を計算して、定められた納付時期に合わせて納税通知書が送られてきます。

③　印紙税…………一定の金額が書かれた領収書や契約書など、一定の文書に課せられる国の税金です。収入印紙を文書に貼ることにより納付します。収入印紙を購入した際に租税公課勘定で処理します。なお期末に未使用分があれば、その分を貯蔵品勘定へ振り替えます。

例題1

固定資産税の納税通知書50,000円を受け取り、現金で納付した。

（借方）	租税公課	50,000	（貸方）	現　　金	50,000

例題2

郵便局で収入印紙40,000円を現金で購入した。

（借方）	租税公課	40,000	（貸方）	現　　金	40,000

例題3

決算に際し、未使用の収入印紙が15,000円あることが判明した。

（借方）	貯蔵品	15,000	（貸方）	租税公課	15,000

XIII

外貨建取引 日商**2**級

～ 外貨建取引は、取引日の為替相場による円換算が必要です ～

　外貨建取引とは、売買価額やその他の取引価額が外国の通貨で表示される取引のことをいいます。企業が外貨建取引を行った場合には、為替相場（為替レート）に基づいて日本円に換算して記帳する必要があります。

　なお、取引時と決済時の為替相場が異なることによって生じる差額を為替差損益といい、為替差損益勘定で処理します。為替差損益は、原則として、為替差益と為替差損とを相殺して計算されます。また、決算において為替相場に変動がある場合においても、その換算額との差額は為替差損益勘定で処理します。

　※税法では、外貨建取引の円換算は取引日における電信売買相場の仲値によります。

例題

　①　×年11月1日、A社は、アメリカの法人であるZ社より商品1,000ドルを掛けで仕入れた。

　　　なお、取引日における為替相場は1ドル110円である。

　　　（借方）仕　　　入　　　　110,000　　　（貸方）買掛金　　　　　　110,000

　②　×年12月1日、上記①の買掛金1,000ドルを当座預金より支払った。なお、決済日における為替相場は1ドル111円である。

　　　（借方）買掛金　　　　　　110,000　　　（貸方）当座預金　　　　　111,000
　　　　　　　為替差損益　　　　　1,000

❶ 決算時に保有する外貨建資産

　決算時に保有する外貨建ての資産および負債のうち、外国通貨および外貨建金銭債権債務（外貨預金を含みます。）については、決算時の為替相場により円に換算替えしなければなりません。この時に生じる差額は、決済により生じる差額と合計して為替差損益として処理し、損益計算書上、営業外収益または営業外費用として表示します。

　なお、前払金や前受金は外貨建金銭債権債務にはあたらないため、取引時の為替相場で換算した金額によることになるので、評価替えを行う必要はありません。

例題1

① 前記例題の①において、買掛金が決済されないまま決算（3月31日）を迎えた。

なお、決算日における為替相場は1ドル109円である。

（借方）　買掛金　　　　　　　　1,000　　　　（貸方）　為替差損益　　　　　　1,000

② 決算後に上記買掛金を当座預金より支払った。決済時の為替相場は1ドル108円である。

（借方）　買掛金　　　　　　109,000　　　　（貸方）　当座預金　　　　　　108,000

　　　　　　　　　　　　　　　　　　　　　　　　　　為替差損益　　　　　　　1,000

例題2

次の資料に基づいて、為替差損益の金額を計算しなさい。

なお、決算日における為替相場は1ドル109円とする。

勘定科目	取引時の為替相場	外貨による保有額	円換算額
外国通貨	110円	1,000ドル	110,000円
売 掛 金	108円	800ドル	86,400円
買 掛 金	107円	500ドル	53,500円
前 受 金	111円	700ドル	77,700円

① 外国通貨

決算時における円換算　→　1,000ドル×109円＝109,000円

（借方）　為替差損益　　　　　　1,000　　　　（貸方）　現　　金　　　　　　　1,000

② 売掛金

決算時における円換算　→　800ドル×109円＝87,200円

（借方）　売掛金　　　　　　　　　800　　　　（貸方）　為替差損益　　　　　　　800

③ 買掛金

決算時における円換算　→　500ドル×109円＝54,500円

（借方）　為替差損益　　　　　　1,000　　　　（貸方）　買掛金　　　　　　　　1,000

④ 前受金

決算時における円換算　→　700ドル×109円＝76,300円

仕訳不要

❷　為替予約

　為替予約とは、将来において、外貨と円を交換する際に適用される為替相場を、現時点で契約する（予約する）取引をいいます。

　為替予約をしておくと、将来時点における外国為替相場の状況によらず、予約した条件で外国通貨との交換が行われますので、その後の外国為替相場の変動の影響（為替リスク）を受け

なくてすむようになります。

　為替予約がされた外貨建取引を処理する場合には、予約した条件で円換算した金額で記帳します（振当処理）。したがって、決算前に決算を迎えた場合においても、為替相場の変動による換算替えを行う必要はありません。

　なお、為替予約については、外貨建取引と同時に行われる場合だけでなく、取引後に行われる場合もあります。

　※振当処理とは、外貨建取引と為替予約を一つの取引として処理する方法をいいます。このほか、為替予約の処理方法として外貨建取引と為替予約を個々の取引として処理する独立処理があります。

一口メモ

　＊「**直物為替相場**」とは、外国通貨と自国通貨との受け渡し（交換）が、通貨の売買契約成立の日または成立後二営業日以内に行われる場合に適用される為替相場をいいます。

　＊「**先物為替相場**」とは、将来の一定の日に、契約時に定めた一定条件で外国通貨と自国通貨との受け渡し（交換）を行う場合に適用される為替相場をいいます。

例題

①　3月1日、A社は、アメリカの法人であるY社より商品1,000ドルを掛けで仕入れた。取引日における為替相場は1ドル109円であり、この買掛金の決済は4月30日に行う予定である。また、この買掛金に対して仕入と同時に為替予約を行った（予約時の先物為替相場は1ドル108円であり振当処理による）。

　　　（借方）　仕　　入　　　　　　108,000　　　　（貸方）　買掛金　　　　　　　108,000

②　3月31日、決算時の為替相場は1ドル108円である。

　　　　　仕訳なし

③　4月30日、上記の買掛金を当座預金より支払った。決済時の為替相場は1ドル110円である。

　　　（借方）　買掛金　　　　　　　108,000　　　　（貸方）　当座預金　　　　　　108,000

Q 問題

　次の一連の取引について仕訳を行いなさい。なお、仕訳が不要な場合は、「仕訳不要」と記載すること。

①　3月8日、A社は、アメリカの法人であるZ社に対して商品1,000ドルを発注し、輸入代金の一部300ドルを手付金として当座預金から振り込んだ。なお、取引日における直物為替相場は1ドル108円である。

②　3月31日の決算日における直物為替相場は1ドル107円である。

③　4月10日、①の商品1,000ドルを受け取り、手付金300ドルを差し引いた残額を掛けと

した。

　なお、取引日における直物為替相場は1ドル110円である。

④　5月10日、アメリカの法人であるY社からより商品2,000ドルの注文を受け、輸出に先立って、輸出代金の一部600ドルが円建てで当座預金に振り込まれた。なお、取引日における為替相場は1ドル111円である。

⑤　5月11日、①の買掛金700ドルを当座預金から振り込んだ。なお、取引日における為替相場は1ドル112円である。

⑥　5月25日、Y社に発送していた商品2,000ドルが到着した旨の連絡を受けた。先に受け取っていた手付金600ドルを差し引いた残額を掛けとした。なお、取引日における為替相場は1ドル107円である。

⑦　5月31日、Y社から買掛金1,400ドルが当座預金口座に振り込まれた。

　なお、取引日における為替相場は1ドル105円である。

A 解答

①	(借方)	前払金	32,400	(貸方)	当座預金	32,400
②	仕訳不要					
③	(借方)	仕　入	109,400	(貸方)	前払金	32,400
					買掛金	77,000
④	(借方)	当座預金	66,600	(貸方)	前受金	66,600
⑤	(借方)	買掛金	77,000	(貸方)	当座預金	78,400
		為替差損益	1,400			
⑥	(借方)	前受金	66,600	(貸方)	売　上	216,400
		売掛金	149,800			
⑦	(借方)	当座預金	147,000	(貸方)	売掛金	149,800
		為替差損益	2,800			

解説

①　取引発生日の為替相場で仕訳します。

②　前払金については、決算時に換算替えを行いません。

③　買掛金は直物為替相場で換算し、前払金との合計額を仕入額とします。

④　取引発生日の為替相場で仕訳します。

⑤　取引時と決済時の為替相場の変動から生じる決済差額は、為替差損益として処理します。

⑥　売掛金は直物為替相場で換算し、前受金との合計額を売上額とします。

⑦　取引時と決済時の為替相場の変動から生じる決済差額は、為替差損益として処理します。

Step3

XIV

税効果会計 [日商**2**級]

～ むつかしそうだけど、「税効果会計」の考え方がわかれば理解できます ～

　税効果会計とは、企業会計上の利益に合理的に対応した法人税等が計上されるように企業会計と税法の相違を調整し、企業会計において法人税等の額を適切に期間配分できるようにする会計処理の仕方のことです。

　ここでは、一時差異の項目中、①引当金、②減価償却、③その他有価証券の評価差額について説明します。

　※日商簿記検定2級の出題範囲は、上記①から③の項目に限定されています。

〈一時差異と永久差異〉

　企業会計と税法の相違から生じる主な差異には、次表に掲げる一時差異と永久差異があります。

①一時差異	一時差異には、将来の税負担を減少させる効果があるため、税効果会計の適用対象となります。 ・引当金の損金不算入額 ・減価償却費の損金算入限度超過額 ・その他有価証券評価損の損金不算入額 ・棚卸資産評価損の損金不算入額 ・積立金方式による固定資産圧縮記帳額　など
②永久差異	永久差異は、将来の税負担を増減させる影響をもたないため、税効果会計の適用対象になりません。 ・交際費の損金算入限度超過額 ・寄附金の損金不算入額 ・受取配当金の益金不算入額　など

❶ 引当金に係る税効果会計

　税務上、各種引当金の繰入額については、一定の限度額までしか損金算入が認められていないため、引当金を設定した（繰り入れた）額について、税務上の損金不算入額が生じる場合があります。この場合の損金不算入額は、将来、その差異が解消するときに課税所得を減少させる効果があるため税効果会計を適用します。

　具体的には、調整すべき法人税等の金額を算定し、法人税等調整額勘定の「貸方」に記入するとともに繰延税金資産勘定の「借方」に記入することになります。

一口メモ

※「**法人税等調整額**」とは、税効果会計を適用して、課税所得を基に算定された法人税等の額を企業
会計上のあるべき法人税等の金額に調整するための勘定です。

《**前提条件**》

法人税の実効税率（実質的な税負担率）は30％とし、費用の中に税法上損金とならない引当
金の繰入限度超過額が100含まれているとします。

➡ 税効果会計適用後では、法人税等調整額を計上することにより、企業会計上の税負担率
が法人税率に一致します。

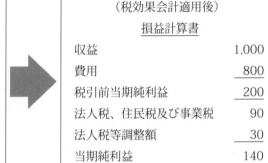

（税効果会計適用前） 損益計算書	
収益	1,000
費用	800
税引前当期純利益	200
法人税、住民税及び事業税	90
当期純利益	110
※（200＋100）×30%	

（税効果会計適用後） 損益計算書	
収益	1,000
費用	800
税引前当期純利益	200
法人税、住民税及び事業税	90
法人税等調整額	30
当期純利益	140

※法人税等調整額は、損益計算書上、法人税、住民税及び事業税の次に表示します。

例題

上記の場合における、決算時（差異の発生時）と差異の解消時の処理を示しなさい。

① 決算時

調整額を法人税等から減額させるために次の仕訳を行います。

（借方）　繰延税金資産　　　　　30　　　　　（貸方）　法人税等調整額　　　　30
※100（損金不算入額）× 30%（実効税率）＝ 30（調整額）

② 差異の解消時

翌期以降に貸倒引当金が取り崩され、差異が解消された場合には、発生時の逆仕訳を行い
ます。

（借方）　法人税等調整額　　　　30　　　　　（貸方）　繰延税金資産　　　　　30

❷ 減価償却に係る税効果会計

税務上の法定耐用年数より短い耐用年数を用いて減価償却を行ったような場合には、税務上
の損金不算入額が生じます。この場合の損金不算入額は、将来、その差異が解消するときに課

税所得を減少させる効果があるため、税効果会計を適用します。具体的には、調整すべき法人税等の金額を算定し、法人税等調整額勘定の貸方に記入するとともに繰延税金資産勘定の借方に記入することになります。

例題

　決算において、機械について税法上損金に算入できる限度額の40,000円を超えて50,000円の減価償却費を計上した。この場合における、税効果会計に関する仕訳を行いなさい。なお、法人税等の実効税率は30％とする。

① 決算時

　調整額を法人税等から減額させるために次の仕訳を行います。

　　　（借方）　繰延税金資産　　　　　3,000　　　　（貸方）　法人税等調整額　　　　　3,000
　　　※損金不算入額（50,000円－40,000円）　×　30％（実効税率）　＝　3,000（調整額）

② 差異の解消時

　翌期に、機械を売却や除却するなどして差異が解消された場合には、発生時の逆仕訳を行います。ただし、法人税等の調整は期末に行うため、前期に発生した差異の解消と当期に発生した差異の処理は一括して行います。

　なお、翌期において売却等が行われず、差異が解消しなかった場合は、処理は行いません。

　　　（借方）　法人税等調整額　　　　3,000　　　　（貸方）　繰延税金資産　　　　　　3,000

❸　その他有価証券評価差額に係る税効果会計

　その他有価証券は、企業会計上期末に時価により評価し直しますが、税務上は取得価額で評価しなければなりません。したがって、その他有価証券を時価に評価替えした場合は、評価差額について税効果会計を適用する必要があります。

　この場合、その他有価証券評価差額は、直接貸借対照表の純資産の部に計上（全部純資産直入法）されるため、損益計算に影響はなく課税所得との差異は生じません。そこで、その他有価証券評価差額に係る、繰延税金資産または繰延税金負債については、その評価差額から控除して計上します。

例題

① 差異の発生時

　イ　評価益の場合

　　決算期末に、その他有価証券に100,000円の評価益が生じた。なお、法人税の実効税率は、30％とする。

　　（借方）　その他有価証券　100,000　　（貸方）　その他有価証券評価差額金　70,000
　　　　　　　　　　　　　　　　　　　　　　　　　　繰延税金負債　　　　　　30,000

　ロ　評価損の場合

　決算期末に、その他有価証券に100,000円の評価損が生じた。なお、法人税の実効税率
は、30%とする。

　　（借方）　その他有価証券評価差額金　70,000　　（貸方）　その他有価証券　100,000
　　　　　　　繰延税金資産　　　　　　30,000

② 翌期首の処理

　その他有価証券の評価替えをした場合、その評価差額は翌期首には洗替処理され、その他
有価証券の帳簿価額を取得価額に振り戻します（洗替処理）。これに合わせて、税効果会計の
仕訳についても逆仕訳をして振り戻します。

　イ　評価益の場合

　　（借方）　その他有価証券評価差額金　70,000　　（貸方）　その他有価証券　100,000
　　　　　　　繰延税金負債　　　　　　30,000

　ロ　評価損の場合

　　（借方）　その他有価証券　100,000　　（貸方）　その他有価証券評価差額金　70,000
　　　　　　　　　　　　　　　　　　　　　　　　　　繰延税金資産　　　　　　30,000

Q 問題 1

次の取引に係る税務効果会計の仕訳を示しなさい。なお、法人税の実効税率は30%とする。

① 決算において貸倒引当金200,000円を設定したが、法人税法上、全額損金不算入となった。

② 前期に損金不算入とされた貸倒引当金相当額が当期において貸倒れとなったため全額取り崩された（損金算入）。

A 解答

① （借方）　繰延税金資産　　60,000　　（貸方）　法人税等調整額　60,000
② （借方）　法人税等調整額　60,000　　（貸方）　繰延税金資産　　60,000

Q 問題 2

次の取引に係る税務効果会計の仕訳を示しなさい。なお、法人税の実効税率は30%とする。
決算において減価償却費を計上したが、100,000円が法人税法上損金不算入となった。

A 解答

（借方）　繰延税金資産　30,000　　（貸方）　法人税等調整額　30,000

Q 問題 3

次の取引に係る税務効果会計の仕訳を示しなさい。なお、法人税の実効税率は30％とし、その他有価証券の処理については、全部純資産直入法を採用している。

① 決算にあたり、期中に1,000,000円で取得したA株式について期末評価を行ったところ、時価800,000円となった。

② 翌期首にA株式について洗替処理を行った。

A 解答

		(借方)			(貸方)		
①		その他有価証券評価差額金	140,000		その他有価証券	200,000
		繰延税金資産	60,000			
②		その他有価証券	200,000		その他有価証券評価差額金	140,000
					繰延税金資産	60,000

Step4

帳簿の整理と『財務諸表』の作成の仕方を学ぶ

～決算整理と財務諸表の作成～

決算とは、会社の会計年度の末日における財政状態や当該会計年度の経営成績を明らかにするために『貸借対照表』や『損益計算書』などの財務諸表を作成する一連の手続きです。

《ステップ4》では、具体的な決算の方法と決算を終えて作成される『財務諸表』について学びます。

XV
決算

〜 会社の会計年度の経営成績や財政状態を明らかにする重要な作業です。
この作業は、しっかりと身につけましょう 〜

❶ 決算整理

(1) 決算手続

　決算手続は、一定期間における財務諸表を作成するため、期末において当期純利益または当期純損失を確定させるための一連の手続です。

　決算手続の流れは、次の「① ⇒ ⑦」のとおりです。

```
①  試算表の作成 ─────────────────┐
②  棚卸表の作成および各勘定の残高確認              │
③  決算整理仕訳 ──────────────────┤
                                           ┌──┐
④  決算振替仕訳                              │精│
                                           │算│
⑤  総勘定元帳の締切り                        │表│
                                           └──┘
⑥  繰越試算表の作成                            │
⑦  財務諸表の作成 ◀──────────────────┘
   (損益計算書、貸借対照表、株主資本等変動計算書、キャッシュ・フロー計算書)
```

　精算表を作成すれば、「正しい純損益の算出」と「財政状態を明らかにする」という決算の目的は達成されますが、簿記の手続はあくまで、取引があると仕訳し、次に総勘定元帳に転記し、最後に総勘定元帳を締め切ることにより初めて完了します。

(2) 決算整理仕訳

　総勘定元帳の各勘定残高を表にしたものが残高試算表です。残高試算表を作成すると、次は、資産・負債を実地調査して棚卸表を作成します。棚卸表の金額と各勘定残高の金額が異なる場合に、各勘定残高の修正すべき事項が決算整理事項であり、それに基づいて決算整理仕訳を行います。決算整理仕訳は、当然のことながら、総勘定元帳の各勘定口座に転記します。これによって、それぞれの勘定科目は正しい残高になります。

〈主な決算整理事項〉

(1) 現金過不足勘定の整理

(2) 銀行勘定の調整

(3) 当座借越の処理

(4) 貸倒れの見積り（貸倒引当金の設定）

(5) 有価証券の評価替え

(6) 売上原価の算定等（期末商品棚卸高の算定）

(7) 郵便切手・収入印紙等の貯蔵品への振替

(8) 有形固定資産・無形固定資産の償却（減価償却）

(9) 満期保有目的証券の評価（償却原価法）

(10) 負債性引当金の設定

(11) 外貨建資産・負債の換算替え

(12) 収益・費用の前払い・前受けと未収・未払いの計上

(13) 法人税・住民税・事業税・消費税等の計上

(14) 税効果会計の適用

◆主な決算整理仕訳の整理

決算整理事項	決算整理仕訳	
	借方勘定科目	貸方勘定科目
1　現金過不足勘定の整理		
①貸方残（現金過剰で原因不明）	現　金　過　不　足	雑　　　　　　　　　　益
②借方残（現金不足で原因不明）	雑　　　　　　　　損	現　金　過　不　足
2　期末商品棚卸高（売上原価の計算を仕入勘定で行う）		
①　期首棚卸高の振替え	仕　　　　　　　　入	繰　越　商　品
②　期末棚卸高の振替え	繰　越　商　品	仕　　　　　　　　入
3　貸倒れの見積り（差額補充法）	貸　倒　引　当　金　繰　入	貸　倒　引　当　金
4　減価償却		
①　直接法	減　価　償　却　費	有形固定資産の勘定科目
②　間接法	減　価　償　却　費	減　価　償　却　累　計　額
5　郵便切手など期末未消費高	貯　　蔵　　品	通　　信　　費
6　収益・費用の前払い・前受け		
①　費用の前払計上	前払費用の勘定科目	費　用　の　勘　定　科　目
②　収益の前受計上	収　益　の　勘　定　科　目	前受収益の勘定科目
7　収益・費用の未収・未払い		
①　費用の未払計上	費　用　の　勘　定　科　目	未払費用の勘定科目
②　収益の未収計上	未収収益の勘定科目	収　益　の　勘　定　科　目

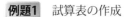 例題1　試算表の作成

　次の期首貸借対照表（Ｉ）と１月における期中取引高（Ⅱ）に基づいて、月末の合計残高試算表を完成させなさい。

（Ｉ）期首貸借対照表

貸 借 対 照 表
○年1月1日

資　産	金　額	負債及び資本	金　額
現　　　　金	138,000	支 払 手 形	100,000
当 座 預 金	256,000	買　　掛　　金	182,000
受 取 手 形	250,000	未　　払　　金	24,000
売　掛　金	350,000	借　　入　　金	180,000
有 価 証 券	125,000	貸 倒 引 当 金	18,000
商　　　　品	60,000	減価償却累計額	45,000
未 収 入 金	20,000	資　　本　　金	800,000
備　　　　品	150,000		
	1,349,000		1,349,000

（Ⅱ）１月中の取引高

1　補助簿に記入されている１月中の取引

　（1）現金出納帳

（収　入）		（支　出）	
ア　商品の売上高	35,000円	ア　給料の支払高	80,000円
イ　売掛金の回収高	120,000円	イ　通信費の支払高	14,000円
ウ　有価証券の売却高	40,000円	ウ　当座預金への預入れ	100,000円
（売却した有価証券の帳簿価額　35,000円）			

　（2）当座預金出納帳

（預　入）		（引　出）	
ア　売掛金の回収高	330,000円	ア　買掛金の支払高	142,000円
イ　受取手形の取立高	110,000円	イ　支払手形の決済高	100,000円
ウ　受取手形の割引高	59,000円	ウ　前期に購入した有価	24,000円
（額面　60,000円　割引料　1,000円）		証券の代金の支払高	
エ　現金の預入れ	100,000円	エ　借入金の元利支払高	95,000円
オ　前期に売却した備品		（利息分5,000円）	
の代金受取高	20,000円	オ　商品の仕入高	65,000円
		カ　家賃の支払高	18,000円

(3) 仕 入 帳

ア　小切手振出しによる仕入　　65,000円
イ　掛けによる仕入　　　　　　256,000円
ウ　約束手形振出しによる仕入　100,000円
エ　仕入戻し高（掛仕入分）　　 16,000円

(4) 売 上 帳

ア　現金による売上　　　　　　　35,000円
イ　掛けによる売上　　　　　　 480,000円
ウ　手形の受入れによる売上　　 160,000円

2　上記補助帳簿に記入されていないその他の取引高

(1) 買掛金支払のため振り出した約束手形振出高　　90,000円
(2) 売掛金回収により受け取った約束手形　　　　　80,000円
(3) 得意先倒産による売掛金の貸倒高　　　　　　　10,000円

合 計 残 高 試 算 表
○年1月31日

借方残高	借方合計	勘定科目	貸方合計	貸方残高
		現　　　　金		
		当 座 預 金		
		受 取 手 形		
		売 　掛　 金		
		有 価 証 券		
		繰 越 商 品		
		未 収 入 金		
		備　　　　品		
		支 払 手 形		
		買 　掛　 金		
		未 　払　 金		
		借 　入　 金		
		貸 倒 引 当 金		
		減価償却累計額		
		資 　本　 金		
		売　　　　上		
		仕　　　　入		
		給　　　　料		
		支 払 家 賃		
		通 　信　 費		
		支 払 利 息		
		手 形 売 却 損		
		（　　　　　）		

解答

合 計 残 高 試 算 表
○年1月31日

借方残高	借方合計	勘定科目	貸方合計	貸方残高
139,000	333,000	現　　　　金	194,000	
431,000	875,000	当 座 預 金	444,000	
320,000	490,000	受 取 手 形	170,000	
290,000	830,000	売 　掛　 金	540,000	
90,000	125,000	有 価 証 券	35,000	
60,000	60,000	繰 越 商 品		
	20,000	未 収 入 金	20,000	
150,000	150,000	備 　　　品		
	100,000	支 払 手 形	290,000	190,000
	248,000	買 　掛　 金	438,000	190,000
	24,000	未 　払　 金	24,000	
	90,000	借 　入　 金	180,000	90,000
	10,000	貸 倒 引 当 金	18,000	8,000
		減価償却累計額	45,000	45,000
		資 　本　 金	800,000	800,000
		売 　　　上	675,000	675,000
405,000	421,000	仕 　　　入	16,000	
80,000	80,000	給 　　　料		
18,000	18,000	支 払 家 賃		
14,000	14,000	通 　信　 費		
5,000	5,000	支 払 利 息		
1,000	1,000	手 形 売 却 損		
		（有価証券売却益）	5,000	5,000
2,003,000	3,894,000		3,894,000	2,003,000

例題取引の仕訳例 　横線が引いてある勘定科目は二重仕訳です。

1　補助簿に記入されている期中取引高

（1）現金出納帳

〈収入〉（借方）　現　　金　　195,000　　　（貸方）　売―――上―――35,000(a)

売 掛 金　120,000

有 価 証 券　35,000

有 価 証 券
売　　却　　益　5,000

〈支出〉（借方）　給　　料　　80,000　　　（貸方）　現　　　金　　194,000

通 信 費　　14,000

~~当 座 預 金　　100,000~~(b)

（2）当座預金出納帳

〈預入〉（借方）　当 座 預 金　　619,000　　　（貸方）　売 掛 金　　330,000

手形売却損　　1,000　　　　　　　　　　　受 取 手 形　　110,000

受 取 手 形　　60,000

~~現　　　金　　100,000~~(b)

未 収 入 金　　20,000

〈引出〉（借方）　買 掛 金　　142,000　　　（貸方）　当 座 預 金　　444,000

支 払 手 形　　100,000

未 払 金　　24,000

借 入 金　　90,000

支 払 利 息　　5,000

~~仕　　　入　　65,000~~(c)

支 払 家 賃　　18,000

（3）仕入帳

〈仕入〉（借方）　仕　　　入　　421,000　　　（貸方）　~~当 座 預 金　　65,000~~(c)

買 掛 金　　256,000

支 払 手 形　　100,000

〈戻し〉（借方）　買 掛 金　　16,000　　　（貸方）　仕　　　入　　16,000

（4）売上帳

（借方）　~~現　　　金　　35,000~~(a)　　　（貸方）　売　　　上　　675,000

売 掛 金　　480,000

受 取 手 形　　160,000

2　補助簿に記入されていないその他の取引高

(1)	(借方)	買 掛 金	90,000	(貸方)	支 払 手 形	90,000
(2)	(借方)	受 取 手 形	80,000	(貸方)	売 掛 金	80,000
(3)	(借方)	貸倒引当金	<u>10,000</u>	(貸方)	売 掛 金	<u>10,000</u>
		合　　計	2,745,000			2,745,000
		二 重 仕 訳	△200,000			△200,000
			<u>2,545,000</u>			<u>2,545,000</u>

例題2

次の決算整理仕訳を各勘定口座に転記しなさい。なお、以下の①②③…は転記の順序を示しています。転記は通常、仕訳ごとに借方勘定口座から行いますが、考え方を理解するために番号順に転記してみてください。

12/31	(借方)	仕　　　入	1,200,000	②	(貸方)	繰 越 商 品	1,200,000	①
		繰 越 商 品	1,500,000	④	(貸方)	仕　　　入	1,500,000	③
	(借方)	支 払 利 息	126,000	⑤	(貸方)	未 払 利 息	126,000	⑥
	(借方)	未 収 利 息	80,000	⑧	(貸方)	受 取 利 息	80,000	⑦
	(借方)	前 払 家 賃	18,000	⑩	(貸方)	支 払 家 賃	18,000	⑨
	(借方)	受 取 手 数 料	12,000	⑪	(貸方)	前 受 手 数 料	12,000	⑫

```
              繰越商品                              受取手数料
1/1前期繰越    1,200,000 |                                      |        72,000


               仕  入                               支払家賃
総仕入高       27,200,000 | 仕入戻し高    38,000     160,000 |


              受取利息                              支払利息
                        |  130,000      120,000 |


              未収利息                              未払利息
                        |                        |


              前払家賃                              前受手数料
                        |                        |
```

解答

繰越商品					受取手数料		
1/1前期繰越	1,200,000	12/31仕入	1,200,000①		12/31前受手数料 12,000⑪		72,000
12/31仕入	1,500,000④						

仕　　入					支払家賃		
総仕入高	27,200,000	仕入戻し高	38,000		160,000	12/31前払家賃	18,000⑨
12/31繰越商品	1,200,000②	12/31繰越商品	1,500,000③				

受取利息					支払利息		
			130,000		120,000		
		12/31未収利息	80,000⑦		12/31未払利息	126,000⑤	

未収利息					未払利息		
12/31受取利息	80,000⑧					12/31支払利息	126,000⑥

前払家賃					前受手数料		
12/31支払家賃	18,000⑩					12/31受取手数料	12,000⑫

(3) 月次決算

　企業は、原則として、1事業年度に1回決算を行いますが、毎月の経営成績や財政状態を明らかにするために、通常毎月決算を行います。これを月次決算といいます。

　月次決算における会計処理は、年次決算の場合と基本的には同様ですが、減価償却費や引当金の繰入などの費用については、1か月分だけを見積もり計上し、年次決算時に適正な額を計算し、月次決算において計上していた見積額との差額を修正します。

　なお、月次決算による財務諸表は、経営管理に役立てるなどのために作成されるものですが、銀行から融資を受ける際には提出を求められます。

例題

　月次決算にあたり備品の減価償却費および賞与引当金の計上を行った。なお、備品の年間減価償却費は300,000円（間接法による）であり、賞与の支給見込額は600,000円（支給対象期間6月）である。

（借方）	減 価 償 却 費	25,000	（貸方）	減価償却累計額	25,000
	賞与引当金繰入	100,000		賞 与 引 当 金	100,000

解説

減価償却費　…………　300,000円　×　1/12カ月　＝　25,000円

賞与引当金繰入　……　600,000円　×　1/6か月　＝　100,000円

※年次決算時に月次決算において計上していた見積額との間に差額がある場合は修正しますが、一致していれば特段の処理は行ないません。

(4) 決算振替仕訳

　決算整理仕訳を転記して各勘定科目が正しい残高になったところで、帳簿を締め切るための仕訳をします。

　収益は、売上、受取手数料、受取家賃、受取地代、受取利息などの勘定科目ですが、それぞれの勘定科目に分かれて記帳されています。また費用も、仕入、給料、支払家賃、保険料、雑費、支払利息などの各勘定科目に分かれて記帳されています。これを損益勘定に振り替えます。

　損益勘定は、収益および費用を集計するための勘定科目です。収益および費用の各勘定の残高をすべて損益勘定に集めます。そのために次のような仕訳をします。

① 　収益の各勘定残高を損益勘定貸方に振り替える仕訳

　（借方）　収 益 の 諸 勘 定　×××　　　（貸方）　損　　　　　益　×××

② 　費用の各勘定残高を損益勘定借方に振り替える仕訳

　（借方）　損　　　　　益　×××　　　（貸方）　費 用 の 諸 勘 定　×××

　このような仕訳をし、転記すると①の仕訳で収益の各勘定口座はすべて残高がゼロとなり、収益の各勘定口座の残高は損益勘定貸方に移ります。また、②の仕訳で費用の各勘定口座はすべて残高がゼロになり、その残高は損益勘定の借方に移ります。

例題

　収益および費用の当期の各勘定科目は次のとおりであった。損益勘定に振り替える仕訳を行い、転記をしなさい。

　（注）繰越利益剰余金勘定は、次問で必要なため記載しています。

	売 上		
売上戻り高	25,000	総売上高	32,500,000

	受取手数料		
12/31前受手数料	12,000		72,000

	受取利息		
			130,000
		12/31未収利息	80,000

	仕 入		
総仕入高	27,200,000	仕入戻し高	38,000
12/31繰越商品	1,200,000	12/31繰越商品	1,500,000

	給 料	
4,570,000		

	支払家賃		
	160,000	12/31前払家賃	18,000

	消耗品費		
	45,000	12/31消耗品	15,000

	損 益	

	支払利息	
	120,000	
12/31未払利息	126,000	

	繰越利益剰余金		
		1/1前期繰越	1,000,000

解答

仕訳は次のとおりです。

(借方)	売 上	32,475,000	(貸方)	損 益	32,745,000
	受取手数料	60,000			
	受取利息	210,000			
(借方)	損 益	31,850,000	(貸方)	仕 入	26,862,000
				給 料	4,570,000
				支払家賃	142,000
				消耗品費	30,000
				支払利息	246,000

　この仕訳を転記すると、次のようになります。転記するときは、たとえば、①売上勘定の借方に32,475,000、相手科目を「損益」と記入すると、②損益勘定の貸方に32,475,000、相手科目を「売上」のように、一つずつ個別に、それぞれの残高を損益勘定に移すつもりで記入します。

売　上			
売上戻り高	25,000	総売上高	32,500,000
12/31損益	32,475,000		

受取手数料			
12/31前受手数料	12,000		72,000
12/31損益	60,000		

受取利息			
12/31損益	210,000		130,000
		12/31未収利息	80,000

仕　入			
総仕入高	27,200,000	仕入戻し高	38,000
12/31繰越商品	1,200,000	12/31繰越商品	1,500,000
		12/31損益	26,862,000

給　料			
	4,570,000	12/3	4,570,000

支払家賃			
	160,000	12/31前払家賃	18,000
		12/31損益	142,000

消耗品費			
	45,000	12/31消耗品	15,000
		12/31損益	30,000

損　益			
12/31仕入	26,862,000	12/31売上	32,475,000
給料	4,570,000	受取手数料	60,000
支払家賃	142,000	受取利息	210,000
消耗品費	30,000		
支払利息	246,000		

支払利息			
	120,000	12/31損益	246,000
12/31未払利息	126,000		

繰越利益剰余金			
		1/1前期繰越	1,000,000

　上記の決算振替仕訳転記後は、売上、受取手数料、受取利息の収益の各勘定は、借方に相手科目「損益」として振り替えられ、それぞれの残高はゼロとなります。

　一方、仕入、給料、支払家賃、消耗品費、支払利息の費用の各勘定も、貸方に相手科目「損益」として振り替えられ、それぞれの残高はゼロになります。

　また、損益勘定は、貸方に収益、借方に費用の各勘定の残高が集められます。

　損益勘定の貸方合計は32,745,000円、借方合計は31,850,000円です。つまり、収益総額が32,745,000円、費用総額は31,850,000円です。差額は895,000円で、収益の方が上回っているので、純利益になります。

　この損益勘定の貸借差額は、繰越利益剰余金勘定に振り替えます。

③　損益勘定貸借差額を繰越利益剰余金勘定に振り替える仕訳

㋐ 損益勘定借方（費用）＜損益勘定貸方（収益）

（借方）　損　　　　　益　　　×××　　　（貸方）　繰越利益剰余金　　　×××

㋺ 損益勘定借方（費用）＞損益勘定貸方（収益）

　（借方）　繰 越 利 益 剰 余 金　　×××　　　　（貸方）　損　　　　　益　　×××

＊個人事業者の場合は繰越利益剰余金勘定ではなく、資本金勘定に振り替えます。

Q 問 題

　②の**例題**の損益勘定の貸借差額を繰越利益剰余金勘定に振り替えなさい。また、収益、費用、損益の各勘定を締め切りなさい。

A 解 答

　（借方）　損　　　　　益　　895,000　　　　（貸方）　繰 越 利 益 剰 余 金　　895,000

　損益勘定は貸方が32,745,000で借方は31,850,000ですから、借方に895,000とすれば、損益勘定貸借の金額が一致します。

〈収益・費用・損益勘定の締切り〉

　収益、費用、損益の各勘定は、締め切ると次ページのようになります。いずれの勘定口座も、借方の合計と貸方の合計が一致します。

売上

売上戻り高	25,000	総売上高	32,500,000
12/31損益	32,475,000		
	32,500,000		32,500,000

受取手数料

12/31前受手数料	12,000		72,000
12/31損益	60,000		
	72,000		72,000

受取利息

12/31損益	210,000		130,000
		12/31未収利息	80,000
	210,000		210,000

仕入

総仕入高	27,200,000	仕入戻し高	38,000
12/31繰越商品	1,200,000	12/31繰越商品	1,500,000
		12/31損益	26,862,000
	28,400,000		28,400,000

給料

	4,570,000	12/31損益	4,570,000

支払家賃

	160,000	12/31前払家賃	18,000
		12/31損益	142,000
	160,000		160,000

消耗品費

	45,000	12/31消耗品	15,000
		12/31損益	30,000
	45,000		45,000

損益

12/31仕入	26,862,000	12/31売上	32,475,000
給料	4,570,000	受取手数料	60,000
支払家賃	142,000	受取利息	210,000
消耗品費	30,000		
支払利息	246,000		
12/31繰越利益剰余金	895,000		
	32,745,000		32,745,000

支払利息

	120,000	12/31損益	246,000
12/31未払利息	126,000		
	246,000		246,000

繰越利益剰余金

		1/1前期繰越	1,000,000
		12/31損益	895,000

※個人事業者の場合は、損益勘定の差額895,000円を資本金勘定に振り替えます。

（借方）　損益　　　895,000　　　　　（貸方）　資本金　　　　895,000

(5) 残高確定手続

　貸借対照表を構成する諸勘定を締め切る方法には、**英米式決算法**と大陸式決算法の二つの方法があり、一般的には英米式決算法がとられています。

　英米式決算法では、決算期末における資産・負債・純資産の諸勘定の残高とは貸借反対側に「次期繰越」と記入し、同時に次期繰越とは貸借反対側に「前期繰越」と記入して勘定を締め切ります。この場合、「次期繰越」の記入は、赤字で行います。なお、これらの諸勘定を締め切るときには他の勘定への振替をしないため仕訳を行うことはありません。

①　資産勘定の締切り

　資産の勘定残高は借方です。したがって、残高をゼロにするためには貸方に残高金額を記入します。記入の手順は、まず、貸方に赤字で次期繰越と記入します（イ）。次に、借方を合計して貸方にも同じ金額を記入します（ロ）。その金額から貸方の合計を引いた差額が、次期繰越額です（ハ）。そして、翌期首の1月1日付で前期繰越の処理をします。これを開始記入といいます（ニ）。

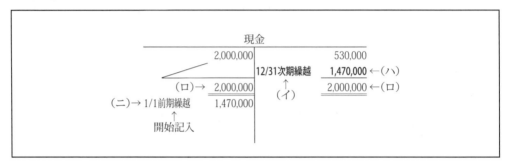

②　負債・純資産勘定の締切り

　負債の各勘定および純資産勘定の残高は貸方です。したがって、赤字で借方に次期繰越とし、開始記入は黒字で貸方に前期繰越とします。

	借入金				繰越利益剰余金		
12/31次期繰越	3,000,000		3,000,000	12/31次期繰越	1,895,000	1/1前期繰越	1,000,000
		1/1前期繰越	3,000,000			12/31損益	895,000
					1,895,000		1,895,000
						1/1前期繰越	1,895,000

問 題

期末12月31日の資産・負債の各勘定および純資産勘定は次のとおりです。帳簿を締め切りなさい。なお、各勘定口座は、便宜上まとめて表示しています。

現金

	2,000,000		530,000

繰越商品

1/1前期繰越	1,200,000	12/31仕入	1,200,000
12/31仕入	1,500,000		

消耗品

12/31消耗品費	15,000

貸付金

4,000,000

未収利息

12/31受取利息	30,000

前払家賃

12/31支払家賃	18,000

借入金

3,000,000

未払利息

12/31支払利息	126,000

前受手数料

12/31受取手数料	12,000

資本金

1/1前期繰越	2,000,000

繰越利益剰余金

1/1前期繰越	1,000,000
12/31損益	895,000

A 解答

現金

	2,000,000		530,000
		12/31次期繰越	**1,470,000**
	2,000,000		2,000,000
1/1前期繰越	1,470,000		

繰越商品

1/1前期繰越	1,200,000	12/31仕入	1,200,000
12/31仕入	1,500,000	**12/31次期繰越**	**1,500,000**
	2,700,000		2,700,000
1/1前期繰越	1,500,000		

消耗品

12/31消耗品費	15,000	12/31次期繰越	15,000
1/1前期繰越	15,000		

貸付金

	4,000,000	12/31次期繰越	**4,000,000**
1/1前期繰越	4,000,000		

未収利息

12/31受取利息	30,000	12/31次期繰越	30,000
1/1前期繰越	30,000		

前払家賃

12/31支払家賃	18,000	12/31次期繰越	18,000
1/1前期繰越	18,000		

借入金

12/31次期繰越	**3,000,000**		3,000,000
		1/1前期繰越	3,000,000

未払利息

12/31次期繰越	**126,000**	12/31支払利息	126,000
		1/1前期繰越	126,000

前受手数料

12/31次期繰越	**12,000**	12/31受取手数料	12,000
		1/1前期繰越	12,000

資本金

12/31次期繰越	**2,000,000**	1/1前期繰越	2,000,000
		1/1前期繰越	2,000,000

繰越利益剰余金

12/31次期繰越	1,895,000	1/1前期繰越	1,000,000
		12/31損益	895,000
	1,895,000		1,895,000
		1/1前期繰越	1,895,000

(6) 繰越試算表の作成

帳簿の締切りが終わると、資産・負債の各勘定および純資産勘定の繰越額を集めて繰越試算表を作成します。繰越試算表によって資産総額と負債および純資産合計の貸借の一致を確かめます。

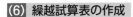 **問題**

前問の例により、繰越試算表を作成しなさい。

繰越試算表

借方	勘定科目	貸方
1,470,000	現　　　　　　　　金	

解答

繰越試算表

借方	勘定科目	貸方
1,470,000	現　　　　　　　　金	
1,500,000	繰　越　商　品	
15,000	消　耗　品	
4,000,000	貸　付　金	
30,000	未　収　利　息	
18,000	前　払　家　賃	
	借　入　金	3,000,000
	未　払　利　息	126,000
	前　受　手　数　料	12,000
	資　本　金	2,000,000
	繰越利益剰余金	1,895,000
7,033,000		7,033,000

〈参考〉 **大陸式決算法**（日商簿記検定の出題範囲からは除かれています。）

英米式決算法では、帳簿決算の締切りは決算日の日付で次のように行いました。

① ㋑費用および収益の各勘定の残高は損益勘定に振り替え、各勘定を締め切り、次に、㋺損益勘定の残高（当期純利益または当期純損失）を繰越利益剰余金勘定に振り替え、損益勘定を締め切ります。

② ㋑資産、負債および純資産の各勘定の残高は、各勘定で「次期繰越」と記入し、各勘定を締め切ります。次に、㋺翌期首の日付で各勘定に「前期繰越」と記入します。

一方、大陸式決算法では①の手順は英米式決算法と同じですが、②については次によります。

㋑ 資産、負債および純資産の各勘定の残高は、決算日に残高勘定に振り替えたうえ、各勘定と残高勘定を締め切ります。

㋺ 翌期首の日付で残高勘定から各勘定に振り替え、残高勘定を締め切ります。

㋑の決算日の処理
・資産の各勘定の残高の仕訳

（借方）　残　　　高　×××　　　（貸方）　資産の各勘定　×××
　　　　　（各勘定の残高の合計額）　　　　　　（各勘定の残高の個別列挙）

・負債および純資産勘定の残高の仕訳

（借方）　負債の各勘定　×××　　　（貸方）　残　　　高　×××
　　　　　純資産の各勘定　×××　　　　　　　　（各勘定の残高の合計額）
　　　　　（各勘定の残高を個別列挙）

㋺の翌期首の処理
㋑の反対仕訳を行います。

(7) 製造業における決算　日商**2**級

商品売買業では、商品を仕入先より仕入れ、それをそのまま得意先に販売します。これに対して、製造業では、仕入先より材料を仕入れ、それに加工を加え製品を製造し、得意先に販売します。なお、製造途中の段階の未完成の製品を仕掛品といいます。

製造業においては、仕入に相当する製造原価の額を算定するため原価計算制度がとられています。この制度では、製造原価は、材料費、労務費、経費に分類され、さらに製品を製造する

ために使われたことが明らかな費用は製造直接費、明らかでない費用は製造間接費に分類されます。また、製品の製造原価を予定額を使用して先に配賦（予定配賦）した場合、実際の額との間に原価差異が生じることがあります。

製造業においては、これらの特有の処理を踏まえて財務諸表を作成することから、損益計算書や貸借対照表の表示方法などに若干の相違があります。

(8) **製造業における転記** ◁日商**2**級▷

仕掛品勘定では、借方に、前期繰越高と、当期の材料費、労務費、経費、製造間接費が、貸方に次期繰越高が記入され、差額として当期製品製造原価（完成高）が算定されます。

製品勘定では、借方に前期繰越高と当期製品製造原価が、貸方に次期繰越高が記入され、差額として当期売上原価が算定されます。

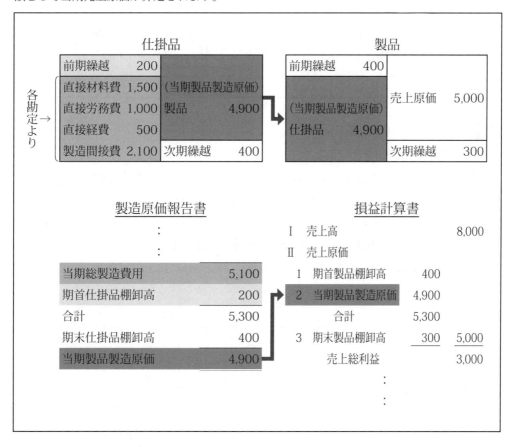

(9) **製造業における財務諸表** ◁日商**2**級▷

損益計算書では、売上原価の内訳の表示の際、商品販売業における「期首商品棚卸高」が「期首製品棚卸高」に、「期末商品棚卸高」が「期末製品棚卸高」にそれぞれ変わります。

さらに、「当期商品仕入高」が「当期製品製造原価」に変わります。

また、貸借対照表では、商品販売業における「商品」に相当する棚卸資産として、「材料」、「仕掛品」、「製品」として表示されます。

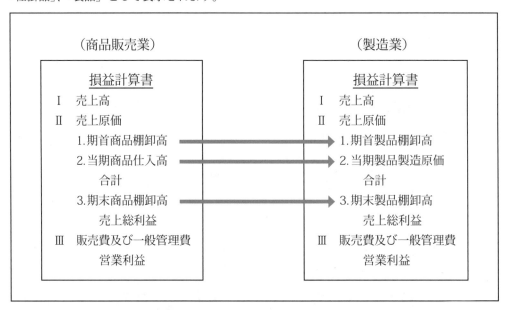

Q 問題 1 仕訳―決算振替仕訳

次の決算に関する取引を仕訳しなさい。

(1) 当期の利益および費用は以下のとおりである。よって、決算振替仕訳を示しなさい。

| 売 上 846,000 | 仕 入 533,000 | 給 料 166,000 |
| 支払家賃 48,000 | 貸倒引当金繰入 7,000 | 雑 費 18,000 |

(2) 決算の結果、当期純利益157,000円を繰越利益剰余金勘定に振り替えた。

(3) 決算の結果、当期純損失69,000円を繰越利益剰余金勘定に振り替えた。

		借方科目	金　額	貸方科目	金　額
(1)	①				
	②				
	③				
(2)					
(3)					

A 解答

		借方科目	金　額	貸方科目	金　額
(1)	①	売　　　　上	846,000	損　　　　益	846,000
	②	損　　　　益	772,000	仕　　　　入	533,000
				給　　　料	166,000
				支 払 家 賃	48,000
				貸倒引当金繰入	7,000
				雑　　　費	18,000
	③	損　　　　益	74,000	繰越利益剰余金	74,000
(2)		損　　　　益	157,000	繰越利益剰余金	157,000
(3)		繰越利益剰余金	69,000	損　　　　益	69,000

Q 問題 2　仕訳─売上原価勘定に関する決算整理仕訳、決算振替仕訳

　当社は、商品売買に係る取引を、仕入勘定、売上勘定および繰越商品勘定を用いて記帳し、決算時に売上原価勘定で売上原価を算定している。

　期首商品棚卸高が700,000円、当期商品仕入高が11,500,000円、期末商品棚卸高が500,000円であった。これについて売上原価算定に関連する決算整理仕訳を示しなさい。

借方科目	金　額	貸方科目	金　額

A 解答

借方科目	金　額	貸方科目	金　額
売 上 原 価	700,000	繰 越 商 品	700,000
売 上 原 価	11,500,000	仕　　　　入	11,500,000
繰 越 商 品	500,000	売 上 原 価	500,000
損　　　　益	11,700,000	売 上 原 価	11,700,000

Q 問題 3　定額法による減価償却

　次の固定資産台帳に基づいて定額法により減価償却を行い、①から⑥の（　）に記入しなさい。なお、減価償却費は月割計算によること。決算日は毎年12月31日である。

Step4

[固定資産台帳]

	取得日	取得原価	耐用年数	残存価額
備品A	×1年9月1日	300,000円	5年	取得原価の10%
備品B	×3年4月20日	400,000円	4年	0（ゼロ）
備品C	×5年7月30日	210,000円	3年	0（ゼロ）

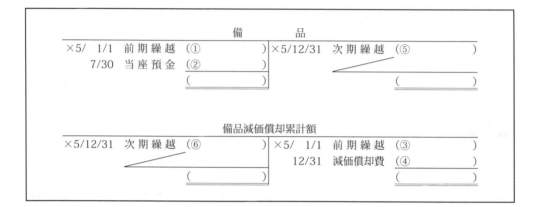

A 解答

① 700,000	② 210,000	③ 355,000
④ 189,000	⑤ 910,000	⑥ 544,000

以下のように、備品ごとに時系列を追って計算します。

なお、備品勘定の借方「7/30　当座預金」から、備品Cが当期中（×5年）の取得であることが分かります。

1. 備品A：$\dfrac{(300,000-30,000)}{5年}$ ＝ 54,000（1年分の償却費）…A

$A \times \dfrac{4}{12}$ ＝ 18,000（取得年の償却費）

	×1年	×2年	×3年	×4年	×5年
備品期末残高：300,000	9/1 ▼	▼	▼	▼	▼
減価償却費：	18,000	54,000	54,000	54,000	54,000
減価償却累計額期末残高：	/18,000	/72,000	/126,000	/180,000	/234,000

2. 備品B： $\dfrac{400{,}000}{4\text{年}} = 100{,}000$（1年分の償却費）…B

$$B\times \dfrac{9}{12} = 75{,}000\text{（取得年の償却費）}$$

	×3年	×4年	×5年
備品期末残高：400,000	4/20 ▼	▼	▼
減価償却費：	75,000	100,000	100,000
減価償却累計額期末残高：	/75,000	/175,000	/275,000

3. 備品C： $\dfrac{210{,}000}{3\text{年}} = 70{,}000$（1年分の償却費）…C

	×5年
備品期末残高：210,000	7/30 ▼
減価償却費：$C\times \dfrac{6}{12} = 35{,}000$	35,000
減価償却累計額期末残高：	/35,000

4. 上記から、③備品減価償却累計額勘定貸方の「×5/1/1前期繰越」金額は、×4年の備品
   Aと備品Bの期末残高の合計額と同じですから、180,000＋175,000＝355,000となります。
   　また、④の「12/31減価償却費」の金額は、×5年の備品A、B、Cの減価償却の合計額
   54,000＋100,000＋35,000＝189,000となります。
   　⑥備品減価償却累計額勘定借方の「×5/12/31次期繰越」金額は、355,000＋189,000＝
   544,000となります。

Q 問題 4　収益・費用の前払い・前受けと未収・未払い

(1)　当期中の受取利息に関連する諸勘定の記入は、以下のとおりであった。各勘定に記入さ
   れた取引を推定し、（　）に適切な勘定科目または金額を記入しなさい。会計期間は、1月1
   日から12月31日までの1年間とする。

受 取 利 息

12/31	損 益	( )	1/1	( )	( )
			8/1 現 金	( )	
			12/31	( )	4,240
		( )			( )

未 収 利 息

12/31	( )	( )	12/31 次期繰越		4,240

前 受 利 息

1/1	( )	( )	1/1 前期繰越		2,360

損 益

		12/31 ( )	21,600

(2) 当社は、当期の4月1日に、店舗として使用する目的で契約期間を2年とする建物の貸借契約（年額600,000円）を結んだ。この契約に基づき、家賃は4月1日と10月1日に、半年分300,000円を現金で前払いしている。当期の支払家賃勘定と前払家賃勘定の記入をしなさい（決算年1回、12月31日）。

支 払 家 賃

4/1	( )	( )	12/31	( )	( )
10/1	( )	( )	〃	( )	( )
		( )			( )

前 払 家 賃

12/31	( )	( )	12/31	( )	( )

解答

（1）　受取利息・未収利息・前払利息

```
                          受 取 利 息
②12/31  損      益  (21,600)  │  1/1  （前受利息）   (2,360)①
                             │  8/1  現     金  (15,000)④
                             │ 12/31 （未収利息）    4,240 ③
                    ────────  │              ────────
                      21,600  │                21,600


                          未 収 利 息
③12/31 （受取利息）  (4,240)  │ 12/31  次 期 繰 越      4,240
                    ────────  │              ────────


                          前 受 利 息
①1/1  （受取利息）   (2,360)  │  1/1  前 期 繰 越      2,360
                    ────────  │              ────────


                          損        益
                             │ 12/31 （受取利息）     21,600 ②
```

 解説

　解き方としては、日付・相手科目・金額によって対応する勘定科目を見つけ、これによって取引を推定することです。

① 　まず、前受利息勘定貸方に「1/1　前期繰越2,360」とあります。これは前期末の決算で、受取利息の前受分を繰り延べたものです。前期末の仕訳は「（借方）受取利息2,360/（貸方）前受利息2,360」ですから、期首に再振替仕訳（逆仕訳）をします。

　（仕訳）　1/1　　（借方）前受利息　2,360　　（貸方）受取利息　2,360

② 　12月31日の勘定記入を見ると、借方、貸方にそれぞれ2つずつあります。ただし受取利息勘定の借方は相手科目「損益」となっているため、特定できます。

　（仕訳）　12/31　（借方）受取利息　21,600　（貸方）損益　　　21,600

　これは期末に受取利息勘定残高を損益勘定に振り替える仕訳です。

③ 　12月31日の勘定記入のもう一つは、次のようになります。

　（仕訳）　12/31　（借方）未収利息　4,240　（貸方）受取利息　4,240

　これは今期末に受取利息の未収分を計上したことを示します。

④ 　最後に受取利息勘定貸方、8月1日、相手科目「現金」の金額は合計から逆算して求めます。

(2) 支払い家賃・前払い家賃

```
                           支 払 家 賃
  4/1  （現  金）  （300,000）│12/31  （前払家賃）  （150,000）
 10/1  （現  金）  （300,000）│  〃   （損   益）  （450,000）
                   （600,000）│               （600,000）


                           前 払 家 賃
 12/31 （支払家賃）  （150,000）│12/31  （次期繰越）  （150,000）
```

❷ 精算表

簿記の日常の流れは、「取引→仕訳→転記→試算表」です。そして決算においては、試算表に始まり、「決算整理→決算振替→元帳の締切（残高確定）」を経て、損益計算書と貸借対照表を作成します。残高試算表から損益計算書および貸借対照表を作成する手続を一覧表で示すものを精算表といいます。

(1) 精算表の作成手順

精算表の作成手順をまとめると、以下のとおりです。

> **精算表の作成手順**
>
> 「精算表」の作成は、以下の「(1) ⇒ (6)」の順に行います。
> (1) 期末修正事項に関する記入をする。
> (2) 修正記入欄の合計を計算し、貸借金額の一致を確かめる。
> (3) (1) に関する勘定科目はすでに貸借対照表欄・損益計算書欄に記入しているので、(1) 以外の勘定科目の残高を貸借対照表欄または損益計算書欄に移記する。
> ① 現金～資本金（繰越利益剰余金）→貸借対照表欄
> ② 売上以下→損益計算書欄
> (4) 損益計算書欄の合計を計算し、貸借差額を当期純利益（または当期純損失）として追加記入する。
> (5) (4) の当期純利益（純損失）を貸借対照表欄に貸借反対に移記する。
> (6) 貸借対照表欄の合計を計算し、貸借金額の一致を確かめる。

(2) 精算表の構造

　精算表の構造はいたって簡単で、試算表の残高に、修正記入欄の金額を加減して、貸借対照表欄または損益計算書欄に記入するだけです。

**精算表の構造のポイント**

(1) 資産項目　　　T/B残高＋修正記入欄借方－貸方⇒B/S借方

(2) 負債項目　　　T/B残高＋修正記入欄貸方－借方⇒B/S貸方

(3) 純資産項目　　T/B残高＋修正記入欄貸方－借方⇒B/S貸方

(4) 収益項目　　　T/B残高＋修正記入欄貸方－借方⇒P/L貸方

(5) 費用項目　　　T/B残高＋修正記入欄借方－貸方⇒P/L借方

(6) 修正による追加項目　修正記入欄借方⇒※P/LまたはB/S借方

　　　　　　　　　　　　修正記入欄貸方⇒※P/LまたはB/S貸方

　※P/LかB/Sかは相手科目がB/S科目であればP/L、P/L科目であればB/Sです。

　※T/Bとは、試算表（Trial Balance）のことです。複式簿記で仕訳したデータが仕訳帳から総勘定元帳（元帳）に正しく転記されているかを確認するための集計表のことです。

例題　次の精算表を完成しなさい。修正記入欄の記入は終了しています。

精 算 表

勘定科目	試算表 借方	試算表 貸方	修正記入 借方	修正記入 貸方	損益計算書 借方	損益計算書 貸方	貸借対照表 借方	貸借対照表 貸方
現　　　　金	2,200,000							
受 取 手 形	2,500,000							
売 　掛 　金	1,500,000							
有 価 証 券	3,800,000							
繰 越 商 品	1,000,000		1,300,000	1,000,000				
建　　　　物	8,000,000							
支 払 手 形		2,600,000						
買 　掛 　金		1,816,000						
貸 倒 引 当 金		50,000		90,000				
減価償却累計額		1,250,000		360,000				
資 　本 　金		10,000,000						
繰越利益剰余金		1,500,000						
売　　　　上		24,500,000						
受 取 手 数 料		100,000		70,000				
仕　　　　入	18,500,000		1,000,000	1,300,000				
給　　　　料	3,780,000							
支 払 家 賃	500,000		30,000					
支 払 保 険 料	36,000			20,000				
貸倒引当金繰入			90,000					
減 価 償 却 費			360,000					
未 払 家 賃				30,000				
前 払 保 険 料			20,000					
未 収 手 数 料			70,000					
	41,816,000	41,816,000						

解答

精算表

勘定科目	試算表 借方	試算表 貸方	修正記入 借方	修正記入 貸方	損益計算書 借方	損益計算書 貸方	貸借対照表 借方	貸借対照表 貸方
現　　　金	2,200,000						2,200,000	
受 取 手 形	2,500,000						2,500,000	
売 　掛　 金	1,500,000						1,500,000	
有 価 証 券	3,800,000				④(イ)→		3,800,000	
繰 越 商 品	1,000,000		1,300,000	1,000,000			1,300,000	
建　　　物	8,000,000						8,000,000	
支 払 手 形		2,600,000						2,600,000
買 　掛　 金		1,816,000						1,816,000
貸 倒 引 当 金		50,000		90,000	④(イ)→			140,000
減価償却累計額		1,250,000		360,000				1,610,000
資　 本　 金		10,000,000						10,000,000
繰越利益剰余金		1,500,000						1,500,000
売　　　上		24,500,000				24,500,000	} ←④(ロ)	
受 取 手 数 料		100,000		70,000		170,000		
仕　　　入	18,500,000		1,000,000	1,300,000	18,200,000			
給　　　料	3,780,000				3,780,000			
支 払 家 賃	500,000		30,000		530,000			
支 払 保 険 料	36,000			20,000	16,000	←④(ロ)		
貸倒引当金繰入			90,000		90,000			
減 価 償 却 費			360,000		360,000			
未 払 家 賃				30,000				30,000
前 払 保 険 料			20,000				20,000	
未 収 手 数 料			70,000				70,000	
当 期 純 利 益	←⑤(ハ)				1,694,000	←⑤(ロ)	⑥→	1,694,000
	41,816,000	41,816,000	2,870,000	2,870,000	24,670,000	24,670,000	19,390,000	19,390,000

②　　　　　　　⑤(イ)　　　　　⑦

解説

①　修正記入欄の記入は終了しているので、その後の記入をします。

②　修正記入欄の借方合計、貸方合計を計算し一致しているかどうかを確かめます。→②

③　修正記入欄に記入した勘定科目は、残高試算表欄の残高に修正記入欄の金額をプラスまたはマイナスして、その結果を損益計算書欄または貸借対照表欄に移記します。

④　(イ)　現金から繰越利益剰余金までの資産・負債・純資産の各勘定の試算表残高を、貸借対照表欄に移記します。→④(イ)

　　(ロ)　売上以下の費用・収益の各勘定の試算表残高を損益計算書欄に移記します。→④(ロ)

⑤　損益計算書欄で当期純利益（純損失）の計算をします。

　　(イ)　借方合計と貸方合計の両方を計算し、多い方の金額を合計欄に記入します。→⑤(イ)

(ロ) (イ)の合計に合致するように、借方または貸方の最下行に貸借差額を記入します。→⑤(ロ)

(ハ) (ロ)が借方なら当期純利益、貸方なら当期純損失を勘定科目欄に記入します。→⑤(ハ)

⑥ ⑤(ロ)の当期純利益の金額を、貸借対照表欄に貸借反対に移記します。→⑥

⑦ 貸借対照表欄の借方・貸方合計を計算し、一致しているかどうかを確かめます。→⑦

　この例では、損益計算書欄の貸方（収益）の合計が24,670,000で、借方（費用）の合計は22,976,000で、差額1,694,000を借方に記入しますが、これが当期純利益です。

　また、損益計算書欄の（費用）の合計が貸方（収益）の合計を上回れば、当期純損失です。これを、損益計算書欄の貸方と貸借対照表欄の借方に記入します。

　当期純利益は、損益計算書欄の文字と金額を赤字で書きますが、貸借対照表欄の金額は黒字で書きます。ここでは、赤字は太字で表示しています。

　なお、帳簿の決算手続きにおいては、当期純利益（または当期純損失）の金額が純資産の勘定（繰越利益剰余金）に振り替えられますが、精算表ではその振替記入がされないため、貸借対照表欄の資本の勘定は期首（および期中）の金額を示すこととなる一方、貸借対照表欄においても当期純利益（または当期純損失）が示されます。

Q 問題 1 次の各精算表に適当な金額を記入しなさい。（以下、（2）〜（7）同じ）

（1）売上原価の計算

①

精算表

勘定科目	試算表（T/B）		修正記入		損益計算書（P/L）		貸借対照表（B/S）	
	借方	貸方	借方	貸方	借方	貸方	借方	貸方
繰越商品	200,000						150,000	
仕　入					1,850,000			

②

精算表

勘定科目	試算表（T/B）		修正記入		損益計算書（P/L）		貸借対照表（B/S）	
	借方	貸方	借方	貸方	借方	貸方	借方	貸方
繰越商品			320,000	250,000				
仕　入					3,800,000			

A 解答

①

精 算 表

勘定科目	試算表（T/B）		修正記入		損益計算書（P/L）		貸借対照表（B/S）	
	借方	貸方	借方	貸方	借方	貸方	借方	貸方
繰 越 商 品	200,000		(ハ)150,000	200,000	(イ)		150,000	
仕　　　入	(ホ)1,800,000		(ロ)200,000	150,000	(ニ)1,850,000			

（一）——（+）

②

精 算 表

勘定科目	試算表（T/B）		修正記入		損益計算書（P/L）		貸借対照表（B/S）	
	借方	貸方	借方	貸方	借方	貸方	借方	貸方
繰 越 商 品	250,000 (イ)		320,000	250,000			320,000 (ロ)	
仕　　　入	(ホ)3,870,000		(ハ)250,000	320,000	(ニ)3,800,000			

解説

① この精算表での売上原価の計算は、仕入勘定で行います。

　(イ)繰越商品勘定の試算表欄借方に200,000とあります。これを仕入勘定に振り替えるために修正記入欄の貸方に記入するとともに、(ロ)仕入勘定の修正記入欄の借方に記入します。(ハ)繰越商品勘定の貸借対照表欄借方に150,000とあるのは期末棚卸高です。仕入勘定からの振替えのため修正記入欄の借方に記入するとともに、(ニ)仕入勘定の修正記入欄の貸方に記入します。

　(ホ)仕入勘定の試算表欄残高は、損益計算書の借方の金額に修正記入欄の金額をプラス・マイナスして求めます。

② (イ)繰越商品勘定の修正記入欄の貸方は期首棚卸高、(ロ)借方は期末棚卸高です。

　(ハ)、(ニ)修正記入欄の繰越商品勘定と仕入勘定は、必ず"たすき"になるように記入します。

　(ホ)仕入勘定の試算表欄残高は①の(ホ)と同様に逆算して求めます。

(2) 貸倒引当金の設定

①

精 算 表

勘定科目	試算表（T/B）		修正記入		損益計算書（P/L）		貸借対照表（B/S）	
	借方	貸方	借方	貸方	借方	貸方	借方	貸方
貸 倒 引 当 金		3,600		1,000				
貸倒引当金繰入								

②

精 算 表

勘定科目	試算表（T/B）		修正記入		損益計算書（P/L）		貸借対照表（B/S）	
	借方	貸方	借方	貸方	借方	貸方	借方	貸方
貸 倒 引 当 金								28,000
貸倒引当金繰入					5,000			

A 解答

①

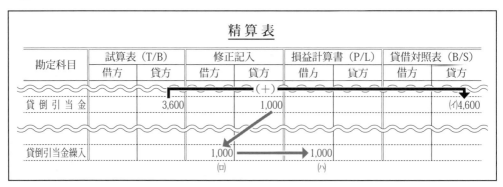

精 算 表

勘定科目	試算表（T/B）		修正記入		損益計算書（P/L）		貸借対照表（B/S）	
	借方	貸方	借方	貸方	借方	貸方	借方	貸方
貸 倒 引 当 金		3,600		1,000				(イ)4,600
貸倒引当金繰入			1,000 (ロ)		1,000 (ハ)			

②

精 算 表

勘定科目	試算表（T/B）		修正記入		損益計算書（P/L）		貸借対照表（B/S）	
	借方	貸方	借方	貸方	借方	貸方	借方	貸方
貸倒引当金		(ハ)23,000		5,000	(ロ)			28,000
貸倒引当金繰入			(イ)5,000		5,000			

!解説

① (イ)貸倒引当金勘定の貸借対照表欄の貸方は試算表欄の残高に修正記入欄の金額をプラスして求めます。

　　(ロ)貸倒引当金勘定の相手科目は貸倒引当金繰入です。修正記入欄の借方に追加記入します。

　　(ハ)貸倒引当金繰入は費用ですから、損益計算書欄の借方に移記します。

② (イ)貸倒引当金繰入勘定の損益計算書に金額があれば、修正記入欄にも記入します。

　　(ロ)貸倒引当金繰入勘定の相手科目は貸倒引当金です。修正記入貸方に5,000を追加記入します。

　　(ハ)貸倒引当金の試算表欄の残高は逆算して求めます。

(3) 減価償却

①

精 算 表

勘定科目	試算表（T/B）		修正記入		損益計算書（P/L）		貸借対照表（B/S）	
	借方	貸方	借方	貸方	借方	貸方	借方	貸方
備　　品	600,000						600,000	
減価償却累計額		180,000						240,000
減価償却費								

②

精算表								
勘定科目	試算表（T/B）		修正記入		損益計算書（P/L）		貸借対照表（B/S）	
	借方	貸方	借方	貸方	借方	貸方	借方	貸方
備　　　品	300,000						300,000	
減価償却累計額		40,000						
減価償却費					120,000			

A 解答

①

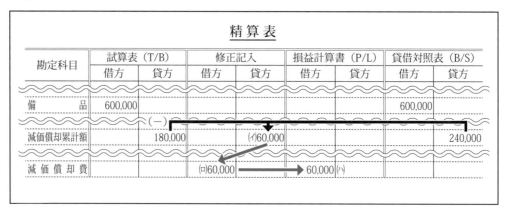

②

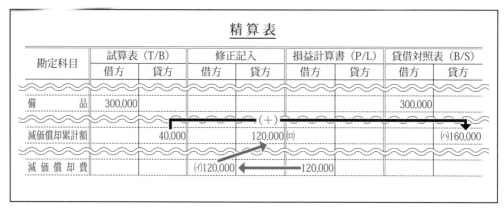

!解説

① (イ)減価償却累計額勘定の試算表欄の貸方残高が180,000、貸借対照表欄の貸方残高が240,000で、差引60,000の増加ですから、修正記入欄の貸方に60,000と記入します。

(ロ)相手科目は減価償却費です。

(ハ)減価償却費は費用ですから、損益計算書欄の借方に移記します。

② (イ)減価償却費勘定の損益計算書欄の借方に金額がありますから、修正記入欄の借方に戻します。

(ロ)相手科目は減価償却累計額ですから、修正記入欄の貸方に120,000と記入します。

(ハ)減価償却累計額は、試算表欄の貸方の残高40,000にロの120,000をプラスして貸借対照表欄の貸方の金額160,000を求めます。

(4) 未払利息費用の未払い

精 算 表

勘定科目	試算表（T/B）		修正記入		損益計算書（P/L）		貸借対照表（B/S）	
	借方	貸方	借方	貸方	借方	貸方	借方	貸方
支 払 利 息					38,000			
未 払 利 息				14,000				

A 解答

精 算 表

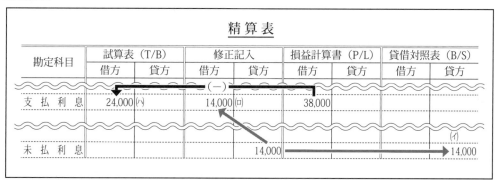

勘定科目	試算表（T/B）		修正記入		損益計算書（P/L）		貸借対照表（B/S）	
	借方	貸方	借方	貸方	借方	貸方	借方	貸方
支 払 利 息	24,000(ハ)		14,000(ロ)		38,000			
未 払 利 息				14,000				14,000(イ)

!解説

(イ)未払利息勘定の修正記入欄14,000を、貸借対照表欄の貸方に移記します。

(ロ)未払利息勘定の相手科目は、支払利息勘定です。

(ハ)支払利息の試算表欄の残高は逆算して求めます。

（5）　前払保険料（費用の前払い）

精 算 表

勘定科目	試算表（T/B）		修正記入		損益計算書（P/L）		貸借対照表（B/S）	
	借方	貸方	借方	貸方	借方	貸方	借方	貸方
保 険 料					12,000			
（　　）保険料							18,000	

A 解答

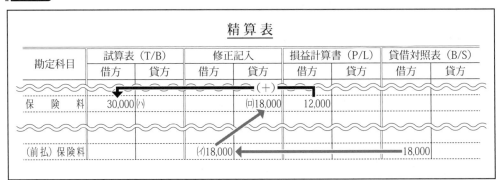

精 算 表

勘定科目	試算表（T/B）		修正記入		損益計算書（P/L）		貸借対照表（B/S）	
	借方	貸方	借方	貸方	借方	貸方	借方	貸方
保 険 料	30,000(ハ)			(ロ)18,000	12,000			
（前払）保険料			(イ)18,000				18,000	

解説

(イ)貸借対照表欄の借方18,000は修正記入欄に戻します。（　　）保険料は、貸借対照表欄の借方に18,000と残高があるので資産です。（　　）内は資産ですから「前払」です。

(ロ)相手科目は、保険料勘定です。

(ハ)保険料勘定の試算表欄の借方残高は逆算して求めます。

（6）　未払利息（収益の未収）

精 算 表

勘定科目	試算表（T/B）		修正記入		損益計算書（P/L）		貸借対照表（B/S）	
	借方	貸方	借方	貸方	借方	貸方	借方	貸方
受 取 利 息		10,000				25,000		
未 収 利 息								

A 解答

精算表

勘定科目	試算表 (T/B) 借方	試算表 (T/B) 貸方	修正記入 借方	修正記入 貸方	損益計算書 (P/L) 借方	損益計算書 (P/L) 貸方	貸借対照表 (B/S) 借方	貸借対照表 (B/S) 貸方
受 取 利 息	(−) 10,000			15,000	(イ)	25,000		
未 収 利 息			(ロ)15,000				15,000(ハ)	

解 説

(イ) 受取利息勘定の試算表欄の残高より損益計算書欄の残高の方が多いので、差額がプラスされ
たことになります。したがって、修正記入欄の貸方に15,000と記入します。

(ロ) 受取利息勘定の相手科目は未収利息です。修正記入欄の借方に15,000と記入します。

(ハ) 未収利息は貸借対照表欄の借方に移記します。

(7) 前受手数料 (収益の前受け)

精算表

勘定科目	試算表 (T/B) 借方	試算表 (T/B) 貸方	修正記入 借方	修正記入 貸方	損益計算書 (P/L) 借方	損益計算書 (P/L) 貸方	貸借対照表 (B/S) 借方	貸借対照表 (B/S) 貸方
受 取 手 数 料						80,000		
前 受 手 数 料								20,000

A 解答

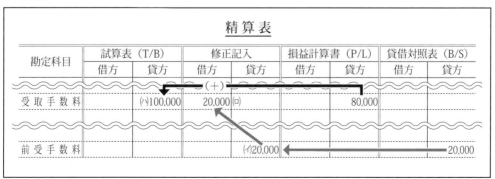

精算表

勘定科目	試算表 (T/B) 借方	試算表 (T/B) 貸方	修正記入 借方	修正記入 貸方	損益計算書 (P/L) 借方	損益計算書 (P/L) 貸方	貸借対照表 (B/S) 借方	貸借対照表 (B/S) 貸方
受 取 手 数 料		(ハ)100,000	20,000	(ロ)	(+)	80,000		
前 受 手 数 料				(イ)20,000				20,000

解説

(イ)前受手数料勘定の貸借対照表欄の貸方の金額20,000を修正記入欄の貸方に戻します。

(ロ)相手科目は受取手数料です。修正記入欄の借方に20,000と記入します。

(ハ)受取手数料の試算表欄の残高は逆算して求めます。損益計算書欄の貸方に80,000、修正記入欄の借方に20,000とありますから、プラスすると試算表欄の貸方の金額が計算でき、100,000となります。

問題 2 　精算表作成

　次の精算表を完成しなさい。ただし、売上原価の計算は「仕入」の行で行うこと。また、決算日現在、決算整理事項のほかに、次の未記帳事項があった。

1. 現金過不足のうち決算日までに受取手数料の記入もれのみ判明した。

2. 得意先から受け取っていた約束手形70,000円を取引銀行で割り引き、割引料2,000円を差し引かれ、残額を当座預金としていたが、その処理が未記帳であった。

3. 仮払金は、従業員出張旅費の概算払いであるが、すでに従業員が帰社し、残金3,000円の返金があったが、未記帳となっていた。なお、旅費は販売費勘定で処理する。

4. 株式を50,000円で売却していたが未整理であった。売却代金は未収である。

精算表

勘定科目	試算表 借方	試算表 貸方	修正記入 借方	修正記入 貸方	損益計算書 借方	損益計算書 貸方	貸借対照表 借方	貸借対照表 貸方
現　　　金	346,000						349,000	
現 金 過 不 足		4,000	4,000					
当 座 預 金	239,000							
受 取 手 形	254,000						184,000	
売 　掛　 金	316,000						316,000	
（　　　）								
有 価 証 券				38,000				
繰 越 商 品	137,000							
仮 　払 　金	50,000							
建　　　物	1,400,000						1,400,000	
備　　　品	200,000						200,000	
支 払 手 形		90,000						90,000
買 　掛 　金		183,000						183,000
貸 倒 引 当 金		2,000		13,000				
建物減価償却累計額								
備品減価償却累計額		90,000						120,000
資 　本 　金		1,500,000						1,500,000
繰越利益剰余金		300,000						300,000
売　　　上		3,181,000						
受 取 手 数 料						26,000		
受 取 利 息		2,000						
仕　　　入	1,640,000				1,595,000			
販 　売 　費	648,000							
給 　　　料	584,000				584,000			
保 　険 　料				8,000	24,000			
手 形 売 却 損	8,000							
	5,920,000	5,920,000						
雑 　　　益				500				
貸倒引当金繰入								
有価証券売却益				12,000				
減 価 償 却 費					90,000			
前 受 手 数 料				5,500				
（　　）利息							1,000	
（　　）保険料								
当 期 純（　　）								
合 　　　計			610,500	610,500				

A 解答

精算表

勘定科目	試算表 借方	試算表 貸方	修正記入 借方	修正記入 貸方	損益計算書 借方	損益計算書 貸方	貸借対照表 借方	貸借対照表 貸方
現　　　金	346,000		③　3,000				349,000	
現 金 過 不 足		4,000	①　4,000					
当 座 預 金	239,000		②68,000				②307,000	
受 取 手 形	254,000			②　70,000			184,000	
売　掛　金	316,000						316,000	
未 収 入 金			④　50,000				50,000	
有 価 証 券	☆66,000			④　38,000			☆28,000	
繰 越 商 品	137,000		⑥182,000	⑤137,000			⑥182,000	
仮　払　金	50,000			③　50,000				
建　　　物	1,400,000						1,400,000	
備　　　品	200,000						200,000	
支 払 手 形		90,000						90,000
買　掛　金		183,000						183,000
貸 倒 引 当 金		2,000		⑦　13,000				⑦　15,000
建物減価償却累計額		☆540,000		⑧　60,000				☆600,000
備品減価償却累計額		90,000		⑧　30,000				120,000
資　本　金		1,500,000						1,500,000
繰越利益剰余金		300,000						300,000
売　　　上		3,181,000				3,181,000		
受 取 手 数 料		⑨28,000	⑨　5,500	①　3,500		26,000		
受 取 利 息		2,000		⑩　1,000		3,000		
仕　　　入	1,640,000		⑤137,000	⑥182,000	1,595,000			
販　売　費	648,000		③　47,000		③695,000			
給　　　料	584,000				584,000			
保　険　料	⑪32,000			⑪　8,000	24,000			
手 形 売 却 損	8,000		②　2,000		②　10,000			
	5,920,000	5,920,000						
雑　　　益				①　500		①　500		
貸倒引当金繰入			⑦　13,000		⑦　13,000			
有価証券売却益				④　12,000		④　12,000		
減 価 償 却 費			⑧　90,000		90,000			
前 受 手 数 料				⑨　5,500				⑨　5,500
（未 収）利 息			⑩　1,000				1,000	
（前 払）保 険 料			⑪　8,000				⑪　8,000	
当 期 純（利 益）					★211,500			★211,500
合　　　計			610,500	610,500	3,222,500	3,222,500	3,025,000	3,025,000

！解説

　整理記入欄は、決算整理仕訳の記入欄です。必ず貸借が一致するように記入します。解答の①～⑪を参考に、整理記入欄を完成させるとともに、それぞれに関係する科目を、そのつど完成させます。

　以上の記入が終われば、試算表の合計金額から差額を求めて、有価証券および建物減価償却累計額の試算表残高が算出されます（☆印）。また、売上の金額を損益計算書欄に移記し、損益計算書の貸借金額の差額から当期純利益を求めます（★印）。

Q 問題 3　精算表の作成

　東横商事株式会社の第3期（自△年10月1日至○年9月30日）の期末残高は、解答用紙の精算表の試算表欄のとおりである。下記の資料によって精算表を完成しなさい。

〔資料1〕決算にあたって、調査の結果、次のことが判明した。

（1）売掛金のうち10,000円は得意先が倒産したため回収不能となった。

（2）建設仮勘定は営業所の新築のもので、○年4月1日に完成し、引渡しを受けていた。

（3）A社株式につき配当金領収証8,000円を受け取っていたが、記帳していなかった。

〔資料2〕決算整理事項は、次のとおりであった。

（1）売上債権の期末残高に対して2%の貸倒れを見積もる（差額補充法）。

（2）売買目的有価証券の内訳は次のとおりであり、時価（時価法）によって評価する。

銘　柄	帳簿価額	時　価
A社株式	240,000円	210,000円
B社株式	130,000円	150,000円
C社社債	100,000円	95,000円

（3）商品の期末棚卸高は、次のとおりである。

	帳簿棚卸数量	実地棚卸数量	原　価	正味売却価額
A品	60個	55個	3,000円	2,800円
B品	150個	145個	1,400円	1,400円

　　なお、棚卸減耗費および商品評価損は営業外費用とする。売上原価の計算は「仕入」の行で行う。

（4）減価償却は、次の要領で行う。

　　建　物：償却方法　定額法、耐用年数　30年、残存価額　取得原価の10%

　　備　品：償却方法　定率法、償却率　25%

　　　（注）期中取得の建物の減価償却は、月割計算による。

（5）創立費は会社設立時に支出したもので、当初の支出額は200,000円で、5年間で毎期均

　等額を償却している。

（6）　保険料のうち12,000円は、新築の建物の引き渡しを受けたとき、向こう1年間の火災保険料を支払ったものである。

（7）　借入金のうち200,000円は、○年8月1日に利率年6％、借入期間1年の契約で借り入れたものである。

　　なお、利息は返済時に元金とともに支払うことになっている。利息の計算は月割によること。

（8）　退職給付引当金の当期繰入額を9,000円計上する。

精算表

勘定科目	試算表 借方	試算表 貸方	修正記入 借方	修正記入 貸方	損益計算書 借方	損益計算書 貸方	貸借対照表 借方	貸借対照表 貸方
現　　　　金	190,000							
受 取 手 形	200,000							
売　掛　金	910,000							
売買目的有価証券	470,000							
繰 越 商 品	360,000							
建　　　　物	1,000,000							
備　　　　品	200,000							
建 設 仮 勘 定	400,000							
創　立　費	120,000							
買　掛　金		410,000						
借　入　金		600,000						
退職給付引当金		18,000						
貸 倒 引 当 金		26,000						
建物減価償却累計額		60,000						
備品減価償却累計額		50,000						
資　本　金		2,000,000						
利 益 準 備 金		20,000						
任 意 積 立 金		70,000						
繰越利益剰余金		96,000						
売　　　　上		5,100,000						
受 取 配 当 金		12,000						
仕　　　　入	3,400,000							
給　　　　料	1,120,000							
保　険　料	72,000							
支 払 利 息	20,000							
	8,462,000	8,462,000						
貸倒引当金繰入								
有価証券（　　）								
棚 卸 減 耗 損								
（　　　　）								
減 価 償 却 費								
創立費（　　）								
退 職 給 付 費 用								
（　　　）保険料								
（　　　　）利息								
当期純（　　）								

A 解答

精算表

勘定科目	試算表 借方	試算表 貸方	修正記入 借方	修正記入 貸方	損益計算書 借方	損益計算書 貸方	貸借対照表 借方	貸借対照表 貸方
現　　　　金	190,000		8,000				198,000	
受 取 手 形	200,000						200,000	
売 掛 金	910,000			10,000			900,000	
売買目的有価証券	470,000			15,000			455,000	
繰 越 商 品	360,000		390,000	360,000			357,000	
				22,000				
				11,000				
建　　　　物	1,000,000		400,000				1,400,000	
備　　　　品	200,000						200,000	
建 設 仮 勘 定	400,000			400,000				
創 立 費	120,000			40,000			80,000	
買 掛 金		410,000						410,000
借 入 金		600,000						600,000
退職給付引当金		18,000		9,000				27,000
貸 倒 引 当 金		26,000	10,000	6,000				22,000
建物減価償却累計額		60,000		36,000				96,000
備品減価償却累計額		50,000		37,500				87,500
資 本 金		2,000,000						2,000,000
利 益 準 備 金		20,000						20,000
任 意 積 立 金		70,000						70,000
繰越利益剰余金		96,000						96,000
売　　　　上		5,100,000				5,100,000		
受 取 配 当 金		12,000		8,000		20,000		
仕　　　　入	3,400,000		360,000	390,000	3,370,000			
給　　　　料	1,120,000				1,120,000			
保 険 料	72,000			6,000	66,000			
支 払 利 息	20,000		2,000		22,000			
	8,462,000	8,462,000						
貸倒引当金繰入			6,000		6,000			
有価証券(評価損)			15,000		15,000			
棚 卸 減 耗 損			22,000		22,000			
(商品評価損)			11,000		11,000			
減 価 償 却 費			73,500		73,500			
創立費 (償却)			40,000		40,000			
退職給付費用			9,000		9,000			
(前払) 保険料			6,000				6,000	
(未 払) 利 息				2,000				2,000
当期純 (利益)					365,500			365,500
			1,352,500	1,352,500	5,120,000	5,120,000	3,796,000	3,796,000

解 説

　以下、損益計算書をP/L、貸借対照表をB/Sと略称します。

[資料1]

(1) 〈仕訳〉（借方）貸倒引当金　　　10,000　　（貸方）売　掛　金　　　10,000

(2) 〈仕訳〉（借方）建　　物　　400,000　　（貸方）建設仮勘定　　400,000

(3) 〈仕訳〉（借方）現　　金　　　　8,000　　（貸方）受取配当金　　　8,000

[資料2]

(1) ①受取手形、売掛金残高をB/S欄に記入します。受取手形は200,000円、売掛金は900,000円となります。

　②次に貸倒引当金設定額の計算をします。

　〈計算〉（200,000円＋900,000円）×2％＝22,000円

　　　　　22,000円－（26,000円－10,000円）＝6,000円

　〈仕訳〉（借方）貸倒引当金繰入　　6,000　　（貸方）貸倒引当金　　　6,000

(2) 〈有価証券の評価額〉　A株式210,000円＋B株式150,000円＋C社債95,000円

　　　　　　　　　　　　＝455,000円

　① この455,000円を有価証券勘定B/S借方に記入し、②試算表残高との差額15,000円が有価証券評価損となります。

　〈仕訳〉（借方）有価証券評価損　　15,000　　（貸方）売買目的有価証券　15,000

(3) まず、①繰越商品勘定の試算表残高を仕入勘定に振り替え、②期末帳簿棚卸高で仕入勘定から繰越勘定に振り替えます。

　〈期末帳簿棚卸高〉　A品　60個×3,000円＝180,000円

　　　　　　　　　　　B品 150個×1,400円＝210,000円

　　　　　　　　　　　　　　　　　　　　　　390,000円

　〈仕訳〉（借方）仕　　入　　360,000　　（貸方）繰越商品　　　360,000

　〈仕訳〉（借方）繰越商品　　390,000　　（貸方）仕　　入　　　390,000

　次に、棚卸減耗損および商品評価損の計算ですが、棚卸減耗損、すなわち数量減の計算が先で、商品評価損は、「今ある数量についての単価の減」だと考えます。また、どちらも営業外費用ですから、それぞれの科目で処理します。

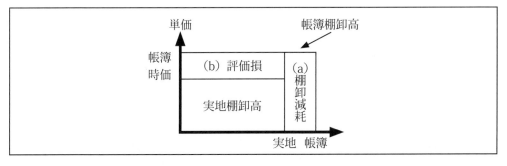

〈(a) 棚卸減耗損〉　　A品　5個×3,000円＝15,000円

B品　5個×1,400円＝ 7,000円

22,000円

〈(b) 商品評価損〉　　A品　55個× 200円＝11,000円

〈仕訳〉（借方）棚卸減耗損　　 22,000　　（貸方）繰越商品　　　 22,000

〈仕訳〉（借方）商品評価損　　 11,000　　（貸方）繰越商品　　　 11,000

最後に実地棚卸高を繰越商品勘定B/S借方に記入します。

〈実地帳簿棚卸高〉　A品　 55個×2,800円＝154,000円

B品 145個×1,400円＝203,000円

357,000円

(4)　〈計算〉 旧建物 $\dfrac{1,000,000円-100,000円}{30年}$ ＝ 30,000円

$\left.\begin{array}{c} \\ \\ \end{array}\right\}$ 36,000円

新建物 $\dfrac{400,000円-40,000円}{30年} \times \dfrac{6月}{12月}$ ＝ 6,000円

備　品　（200,000円－50,000円）×25% ＝ 37,500円

減価償却費　　 73,500円

〈仕訳〉（借方）減価償却費　　 73,500　　（貸方）建物減価償却累計額 36,000

備品減価償却累計額 37,500

(5)　〈計算〉 200,000円÷5年＝40,000円

〈仕訳〉（借方）創立費償却　　 40,000　　（貸方）創立費　　　　　 40,000

(6)　保険料を新築引渡しの時期、つまり4月1日に1年分を支払っていることから、9月30日までの半年分は当期分で、残りの半年分が翌期分の前払いです。

〈仕訳〉（借方）前払保険料　　 6,000　　（貸方）保険料　　　　　 6,000

(7)　8月1日に借り入れ、利息を支払っていないので、2か月分が未払いです。

〈計算〉 200,000円×6%× $\dfrac{2月}{12月}$ ＝ 2,000円

〈仕訳〉（借方）支払利息　　　 2,000　　（貸方）未払利息　　　　 2,000

(8)　〈仕訳〉（借方）退職給付費用　 9,000　　（貸方）退職給付引当金　 9,000

❸　財務諸表

　帳簿の締切が終わると、最後に財務諸表を作成します。財務諸表は、会社法では計算書類といいますが、企業の会計に関する制度としては、会社法と金融商品取引法の2つがあります。
　財務諸表で最も重要なものは、企業の財政状態を表す貸借対照表と経営成績を明らかにする損益計算書ですが、このほかにも株主資本等変動計算書、キャッシュ・フロー計算書、個別注記表が作成されています。

(1)　財務3表　◀日商1級▶

　財務諸表は複数の書類から構成されています。その中でも、「貸借対照表」、「損益計算書」に「キャッシュ・フロー計算書」を加えたいわゆる財務3表が重要とされています。

損益計算書（P/L）	損益計算書は、企業の1会計期間のすべての収益（売上）と、これに対応するすべての費用を記載した、経営成績を表す計算書です。
貸借対照表（B/S）	貸借対照表は、企業の一定時期における資産、負債、純資産の状況（資金の調達と運用の仕方）を示す計算書です。
キャッシュ・フロー計算書（C/S）	キャッシュ・フロー計算書は、企業の一会計期間において企業にどれだけの資金が流入し、どれだけの資金が流出していったかというキャッシュ・フローの状況を記載した計算書です。

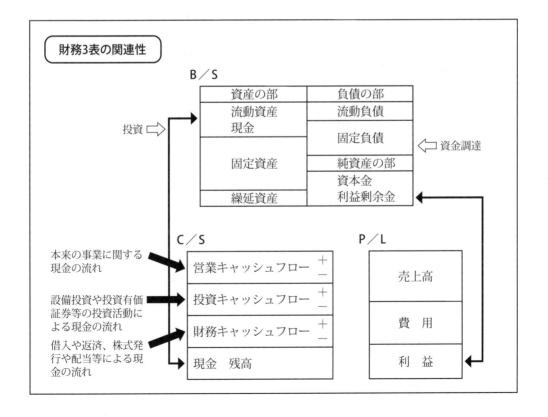

(2) 財務諸表の作成 ◁日商**2**級▷

　貸借対照表は英米式決算法においては各勘定残高もしくは繰越試算表を、損益計算書は損益勘定を基に作成します。したがって、繰越試算表と貸借対照表、損益勘定と損益計算書は実質的には同じものとなりますが、貸借対照表と損益計算書は、表示の仕方などにおいて次のような相違があります。

① 表示形式

　財務諸表表の表示形式には勘定式と報告式があります。

　勘定式は、勘定口座の形式を用い、借方項目と貸方項目に分けて財務諸表を作成する方式です。また、報告式は、上から下に損益（売上、売上原価、販売費及び一般管理費、営業外損益、特別損益）ないし資産・負債・純資産を順次記載する方式です。

② 区分表示

　勘定科目を、例えば、損益計算書であれば、「売上原価」、「販売費及び一般管理費」、「営業外費用」など一定の性質ごとに区分して財務諸表を作成します。

③ 表示科目

　財務諸表は、外部に公表するために作成します。したがって、開示上準拠する法令において表示科目が定められている場合には、勘定科目から表示科目への組み換えが必要です。なお、勘定科目と表示科目が異なるものとしては、次のようなものがあります。

ア　貸借対照表

〔勘定科目〕		〔表示科目〕
現金、当座預金など	⇒	現金及び預金
売買目的有価証券	⇒	有価証券
繰越商品	⇒	商品
その他有価証券、満期保有目的債券	⇒	投資有価証券
子会社株式、関連会社株式	⇒	関係会社株式
前払保険料など	⇒	前払費用
前受地代など	⇒	前受収益
未払給料など	⇒	未払費用
未収利息など	⇒	未収収益

　注記事項としては、次のようなものがあります。　◁日商**1**級▷

- ・　会計方針の変更
- ・　重要な後発事項
- ・　リース取引
- ・　担保資産
- ・　偶発債務
- ・　関係会社に対する売上高

- ・　関係会社に対する営業費用
- ・　関連当事者との取引
- ・　税効果会計
- ・　金融商品
- ・　有価証券
- ・　デリバティブ取引
- ・　退職給付
- ・　自己株式
- ・　配当
- ・　減損損失　など

イ　損益計算書

〔勘定科目〕		〔表示科目〕
売上	⇒	売上高
仕入 （または売上原価）	⇒	売上原価 {期首商品棚卸高 当期商品仕入高 期末商品棚卸高
有価証券評価損益	⇒	有価証券評価益 または 有価証券評価損
為替差損益	⇒	為替差益 または 為替差損

(3) 貸借対照表の作成

　貸借対照表は、会社の一定の時期（たとえば○年3月31日現在）における財政状態を表す計算書です。貸借対照表の形式には、勘定式と報告式があります。

　なお、報告式の貸借対照表は勘定式のように左右対称に表示しないだけで、区分表示の仕方は基本的には同じです。

例題

　次の残高勘定に基づき、勘定式と報告式の貸借対照表を作成しなさい。

		残　　　高	
現金預金	500,000	支払手形	800,000
受取手形	700,000	買掛金	2,500,000
売掛金	1,000,000	未払利息	159,000
有価証券	1,500,000	貸倒引当金	51,000
繰越商品	1,200,000	建物減価償却累計額	620,000
短期貸付金	3,000,000	備品減価償却累計額	300,000
前払保険料	60,000	長期借入金	5,000,000
建物	3,000,000	資本金	7,000,000
備品	1,000,000	繰越利益剰余金	530,000
土地	5,000,000		
	16,960,000		16,960,000

〈勘定式〉

貸 借 対 照 表
(○年3月31日)

資　産　の　部		金　額	負債及び純資産の部	金　額
Ⅰ　流動資産			（負債の部）	
1 現金預金		500,000	Ⅰ　流動負債	
2 受取手形	700,000		1 支払手形	800,000
3 売掛金	1,000,000		2 買掛金	2,500,000
	1,700,000		3 未払利息	159,000
貸倒引当金	51,000	1,649,000	Ⅱ　固定負債	
4 有価証券		1,500,000	1 長期借入金	5,000,000
5 商品		1,200,000	負債合計	8,459,000
6 短期貸付金		3,000,000	（純資産の部）	
7 前払保険料		60,000	Ⅰ　株主資本	
Ⅱ　固定資産			1 資本金	7,000,000
1 建物	3,000,000		2 利益剰余金	
減価償却累計額	620,000	2,380,000	繰越利益剰余金	530,000
2 備品	1,000,000		純資産合計	7,530,000
減価償却累計額	300,000	700,000		
3 土地		5,000,000		
資産合計		15,989,000	負債及び純資産合計	15,989,000

（注）貸倒引当金は、一括して控除する方法によっています。

〈報告式〉

貸 借 対 照 表

（○年3月31日）

資産の部

I　流動資産			
1 現金預金			500,000
2 受取手形		700,000	
3 売掛金		1,000,000	
		1,700,000	
貸倒引当金		51,000	1,649,000
4 有価証券			1,500,000
5 商品			1,200,000
6 短期貸付金			3,000,000
7 前払保険料			60,000
流動資産合計			7,909,000
II　固定資産			
1 建物		3,000,000	
減価償却累計額		620,000	2,380,000
2 備品		1,000,000	
減価償却累計額		300,000	700,000
3 土地		5,000,000	
固定資産合計			8,080,000
資産合計			15,989,000

負債の部

I　流動負債			
1 支払手形		800,000	
2 買掛金		2,500,000	
3 未払利息		159,000	
流動負債合計			3,459,000
II　固定負債			
1 長期借入金		5,000,000	
固定負債合計			5,000,000
負債合計			8,459,000

純資産の部

I　株主資本			
1 資本金			7,000,000
2 利益剰余金			
繰越利益剰余金		530,000	
利益剰余金合計			530,000
純資産合計			7,530,000
負債及び純資産合計			15,989,000

（注）貸倒引当金は、一括して控除する方法によっています。

(4) 損益計算書の作成

　損益計算書は、会社の1会計期間（1事業年度）のすべての収益とこれに対応するすべての費用を記載して、経営成績を表す計算書です。損益計算書にも、勘定式と報告式があります。

　勘定式の損益計算書は借方に費用の各勘定（売上原価、販売費および一般管理費、営業外費用、特別損失）を、貸方に収益の各勘定を記載し、左右対称で表す形式です。報告式の損益計算書は、損益の計算の区分ごとに縦に連続して並べる形式です。

例題

　次の損益勘定に基づいて、報告式の損益計算書（X1年〇月1日～X2年〇月31日）を作成しなさい。

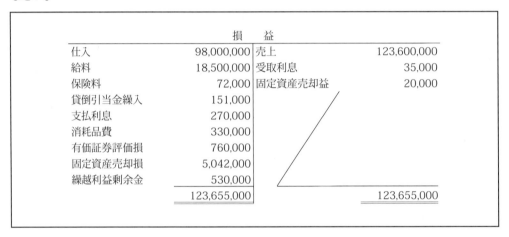

	損	益	
仕入	98,000,000	売上	123,600,000
給料	18,500,000	受取利息	35,000
保険料	72,000	固定資産売却益	20,000
貸倒引当金繰入	151,000		
支払利息	270,000		
消耗品費	330,000		
有価証券評価損	760,000		
固定資産売却損	5,042,000		
繰越利益剰余金	530,000		
	123,655,000		123,655,000

　なお、仕入勘定の内訳は、以下のとおりである。

- ・当期純仕入高　　99,000,000
- ・期末商品棚卸高　　4,000,000
- ・期首商品棚卸高　　3,000,000

また、法人税、住民税及び事業税は考慮しないこととする。

損　益　計　算　書

（自x1年〇月1日～至x2年〇月31日）

			123,600,000
Ⅰ　売上高			
Ⅱ　売上原価			
1 期首商品棚卸高		3,000,000	
2 当期商品仕入高		99,000,000	
小計		102,000,000	
3 期末商品棚卸高		4,000,000	98,000,000
売上総利益			25,600,000
Ⅲ　販売費及び一般管理費			
1 給料		18,500,000	
2 保険料		72,000	
3 貸倒引当金繰入		151,000	
4 消耗品費		330,000	19,053,000
営業利益			6,547,000
Ⅳ　営業外収益			
1 受取利息			35,000
Ⅴ　営業外費用			
1 支払利息		270,000	
2 有価証券評価損		760,000	1,030,000
経常利益			5,552,000
Ⅵ　特別利益			
1 固定資産売却益			20,000
Ⅶ　特別損失			
1 固定資産売却損			5,042,000
当期純利益			530,000

Q 問題 1　財務諸表作成───期末修正事項により

　次の東北商店株式会社の決算整理前の残高試算表と期末修正事項に基づいて、貸借対照表および損益計算書を完成しなさい。

残高試算表
X1年12月31日

借　方	勘定科目	貸　方
36,100	現　　　　　金	
	現 金 過 不 足	2,100
300,000	売　掛　金	
54,000	繰 越 商 品	
64,000	備　　　　　品	
	買　掛　金	127,000
	貸 倒 引 当 金	1,500
	減価償却累計額	28,000
	資　本　金	200,000
	繰越利益剰余金	20,800
	売　　　　　上	830,000
	雑　収　入	35,000
647,000	仕　　　　　入	
84,000	給　　　料	
45,500	支 払 家 賃	
13,800	通　信　費	
1,244,400		1,244,400

期末修正事項

(1)　現金過不足の原因を調査したところ、現金売上の記入もれであることがわかった。

(2)　売掛金に対して2％の貸倒れを見積もる（差額補充法）。

(3)　期末商品棚卸高は63,000円である。

(4)　備品に対し、残存価額ゼロ、耐用年数8年として定額法により減価償却を行う。

(5)　郵便切手の期末未使用高は1,600円である。なお、購入時には通信費勘定で処理されている。

(6)　支払家賃45,500円のうちに、家賃の前払額3,500円が含まれている。

貸借対照表

東北商店株式会社　　　　　　　　X1年12月31日現在

資　　産	金　　額	負債及び純資産	金　　額
現　　　　金	（　　　　）	買　掛　金	（　　　）
売　掛　金	（　　　）	資　本　金	（　　　）
（　　　　）	（　　　）（　　　）	（　　　　）	（　　　）
商　　　品	（　　　）		
（　　　　）	（　　　）		
（　　　　）	（　　　）		
備　　　品	（　　　）		
（　　　　）	（　　　）（　　　）		
	（　　　）		（　　　）

損益計算書

東北商店株式会社　　　　　　　X1年1月1日からX1年12月31日まで

費　　用	金　　額	収　　益	金　　額
売　上　原　価	（　　　）	売　上　高	（　　　）
給　　　　料	（　　　）	雑　収　入	（　　　）
支　払　家　賃	（　　　）		
（　　　　）	（　　　）		
（　　　　）	（　　　）		
通　信　費	（　　　）		
（　　　　）	（　　　）		
	（　　　）		（　　　）

解答

貸借対照表

東北商店株式会社　　　　　　　X1年12月31日現在

資　産	金　額		負債及び純資産	金　額
現　　　　金		(36,100)	買　掛　金	(127,000)
売　掛　金	(300,000)		資　本　金	(200,000)
（貸倒引当金）	(6,000)	(294,000)	繰越利益剰余金	(99,200)
商　　　　品		(63,000)		
（貯蔵品）		(1,600)		
（前払家賃）		(3,500)		
備　　　　品	(64,000)			
（減価償却累計額）	(36,000)	(28,000)		
		(426,200)		(426,200)

損益計算書

東北商店株式会社　　　　　　X1年1月1日からX1年12月31日まで

費　用	金　額	収　益	金　額
売上原価	(638,000)	売　上　高	(832,100)
給　料	(84,000)	雑　収　入	(35,000)
支払家賃	(42,000)		
（減価償却費）	(8,000)		
（貸倒引当金繰入）	(4,500)		
通　信　費	(12,200)		
（当期純利益）	(78,400)		
	(867,100)		(867,100)

解説

この問題も精算表と同様に考え、解いてみましょう（以下、損益計算書をP/L、貸借対照表をB/Sと略します。）。

勘定科目	試算表	修正記入	損益計算書（P/L）	貸借対照表（B/S）

(1)　仕訳　（借方）現金過不足　2,100　　（貸方）売　上　　2,100

この結果、P/L売上高が830,000+2,100＝832,100となります。

(2)　①B/S売掛金に300,000、②売掛金の下に「貸倒引当金」とし、2％の6,000、③差引294,000と記入します。次に、貸倒引当金の試算表残高をみると1,500ですから、④6,000－1,500＝4,500がP/Lの貸倒引当金繰入の金額になります。

(3)　P/Lの売上原価は、仕入647,000＋期首商品棚卸高54,000－期末商品棚卸高63,000＝

638,000です。B/Sの商品は63,000と記入します。

（4）　計算　　$\dfrac{64,000円}{8年}=8,000円$

　　　仕訳　　（借方）　減価償却費　8,000　　　　　（貸方）　減価償却累計額　　　　8,000

　　　P/Lの減価償却費は8,000です。減価償却累計額はB/Sの備品の下に「減価償却累計額」

　　　と記載し、残高試算表の28,000+当期の減価償却累計額8,000＝36,000を記入します。

（5）　B/Sの商品の下に郵便切手の期末未使用高を「貯蔵品」とし、1,600を記入し、P/Lの通

　　　信費は13,800－1,600＝12,200と記入します。

（6）　P/Lの支払家賃は45,500－3,500＝42,000となり、B/Sの備品の上に「前払家賃」とし、

　　　3,500と記入します。

Q 問題 2

　金沢商事株式会社の次の（1）残高試算表と（2）決算整理事項等に基づいて、貸借対照表と損益計算書を完成しなさい。なお、会計期間は、○年1月1日から12月31日までである。

（1）　残高試算表

残高試算表
○年12月31日

（単位：千円）

借　方	勘 定 科 目	貸　方
330	現　　　　　金	
20	現 金 過 不 足	
400	当 座 預 金	
500	受 取 手 形	
610	売 　掛　 金	
500	有 価 証 券	
50	繰 越 商 品	
1,000	貸 　付　 金	
2,000	建　　　　　物	
1,500	土　　　　　地	
	支 払 手 形	150
	買 　掛　 金	200
	仮 　受　 金	10
	貸 倒 引 当 金	2
	建物減価償却累計額	100
	資 　本　 金	4,000
	繰 越 利 益 剰 余 金	1,000
	売　　　　　上	15,000
	受 取 地 代	360
	受 取 配 当 金	20
11,500	仕　　　　　入	
2,000	給　　　　　料	
190	旅 費 交 通 費	
70	水 道 光 熱 費	
80	保 　険　 料	
42	通 　信　 費	
30	支 払 手 数 料	
20	租 税 公 課	
20,842		20,842

(2)　決算整理事項等

1　仮受金は、売掛金の回収であることが判明した。

2　現金過不足20千円は調査したが、期末現在不明である。

3　有価証券の簿価500千円のうち200千円については、150千円で売却していることが判明した。なお、代金は未収である。

4　期末商品棚卸高は60千円である。

5　受取手形および売掛金の期末残高に対して、3％の貸倒引当金を設定する（差額補充法）。

6　建物について、残存価額を取得原価の10％、耐用年数を20年で定額法により減価償却を行う。

7　貸付金1,000千円は、○年9月1日に、年利率3％貸付期間6か月で、利息は満期日に元本と一括して支払うこととしている。

8　保険料は、建物に対する火災保険料で、毎年9月1日に12か月分として支払っている。

9　地代の前受分は30千円である。

10　収入印紙の期末未使用高は5千円である。なお、購入時には、租税公課勘定で処理されている。

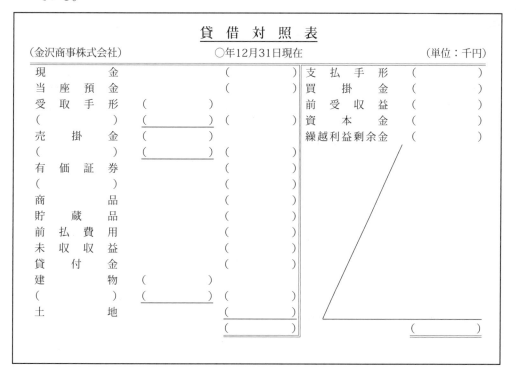

貸 借 対 照 表

（金沢商事株式会社）　　　　　　　　　○年12月31日現在　　　　　　　　　（単位：千円）

現　　　　　金		（　　　　）	支 払 手 形	（　　　　）
当 座 預 金		（　　　　）	買 掛 金	（　　　　）
受 取 手 形	（　　　）		前 受 収 益	（　　　　）
（　　　）	（　　　）	（　　　　）	資 本 金	（　　　　）
売 掛 金	（　　　）		繰越利益剰余金	（　　　　）
（　　　）	（　　　）	（　　　　）		
有 価 証 券		（　　　　）		
（　　　）		（　　　　）		
商　　　　品		（　　　　）		
貯 蔵 品		（　　　　）		
前 払 費 用		（　　　　）		
未 収 収 益		（　　　　）		
貸 付 金		（　　　　）		
建　　　　物	（　　　）			
（　　　）	（　　　）	（　　　　）		
土　　　　地		（　　　　）		
		（　　　　）		（　　　　）

損 益 計 算 書

（金沢商事株式会社）　　　　　○年1月1日から○年12月31日まで　　　　　（単位：千円）

売 上 原 価	(	)	売 上 高	15,000
給 料	(	)	受 取 地 代	( )
貸 倒 引 当 金 繰 入	(	)	( )	( )
減 価 償 却 費	(	)	受 取 配 当 金	( )
旅 費 交 通 費	(	)		
水 道 光 熱 費		70		
保 険 料	(	)		
通 信 費		42		
支 払 手 数 料		30		
租 税 公 課	(	)		
有価証券（　　）	(	)		
（　　　　　）	(	)		
当 期 純 （　　）	(	)		
	(	)		( )

貸 借 対 照 表

（金沢商事株式会社）　　　　　○年12月31日現在　　　　　（単位：千円）

現 金		(330)	支 払 手 形	(150)
当 座 預 金		(400)	買 掛 金	(200)
受 取 手 形	(500)		前 受 収 益	(30)
（貸倒引当金）	(15)	(485)	資 本 金	(4,000)
売 掛 金	(600)		繰越利益剰余金	(2,284)
（貸倒引当金）	(18)	(582)		
有 価 証 券		(300)		
（未 収 入 金）		(150)		
商 品		(60)		
貯 蔵 品		(5)		
前 払 費 用		(32)		
未 収 収 益		(10)		
貸 付 金		(1,000)		
建 物	(2,000)			
（減価償却累計額）	(190)	(1,810)		
土 地		(1,500)		
		(6,664)		(6,664)

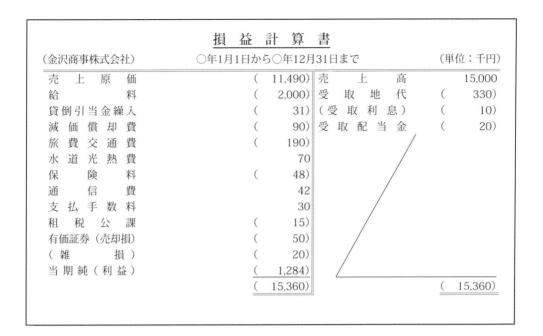

解説

決算整理事項について仕訳をします。精算表の修正記入欄の記入と同じ方法によります。

精算表を261ページ《**参考**》に示しておきましたので比較してみてください。

決算整理事項の仕訳は以下のとおりです。

1　仮受金：　　　（借方）仮　受　金　　　10　　　（貸方）売　掛　金　　　10

2　現金過不足：　（借方）雑　　　損　　　20　　　（貸方）現金過不足　　　20

3　有価証券：　　（借方）未 収 入 金　　150　　　（貸方）有 価 証 券　　200

　　　　　　　　　　　　　有価証券売却損　　50※

　　　※　売価150－簿価200＝△50（売却損）

4　期末商品棚卸高・売上原価を仕入勘定で計算

　　　　　　（借方）仕　　　入　　　50　　　（貸方）繰 越 商 品　　　50……期首商品棚卸高

　　　　　　（借方）繰 越 商 品　　　60　　　（貸方）仕　　　入　　　60……期末商品棚卸高

5　貸倒引当金：　　（借方）貸倒引当金繰入　　31※　　　（貸方）貸倒引当金　　31
　　　※（受取手形500＋売掛金610－10）×3％＝33

　　　　差額補充法につき、補充額は　33円－貸倒引当金残高2円＝31円

6　減価償却費：　　（借方）減価償却費　　　90※　　　（貸方）建物減価償却累計額　90

　　　※減価償却費　建物の取得原価2,000×（1－0.1）×$\frac{1}{20}$＝90

7　受取利息：　　　　（借方）　未収利息　　　　10※　　　　（貸方）　受取利息　　　　10

※貸付金1,000×3％×$\frac{4か月}{12か月}$＝10　9月1日〜12月31日の4か月です。

8　保険料：　　　　　（借方）　前払保険料　　　32※　　　　（貸方）　保　険　料　　　32

※毎年9月1日に12か月分を支払っているため、保険料80は1月から8月までの8か月分＋12か月分の20か月分です。また、翌年8月31日分まで支払っているので80×$\frac{8か月}{20か月}$＝32が前払保険料となります。

9　受取地代：　　　　（借方）　受取地代　　　　30※　　　　（貸方）　前受地代　　　　30

※　地代の前受分30を受取地代勘定から減額して前受地代勘定に振り替えます。

10　貯蔵品：　　　　（借方）　貯　蔵　品　　　5※　　　　（貸方）　租税公課　　　　5

※　収入印紙の期末未使用高5を租税公課勘定から貯蔵品勘定に振り替えます。

《**参考**》　精算表を作成すると、次ページの表のようになります。

《参考》

精算表

（単位：千円）

勘定科目	試算表 借方	試算表 貸方	修正記入 借方	修正記入 貸方	損益計算書 借方	損益計算書 貸方	貸借対照表 借方	貸借対照表 貸方
現　　金	330						330	
現 金 過 不 足	20			20				
当 座 預 金	400						400	
受 取 手 形	500						500	
売 掛 金	610			10			600	
有 価 証 券	500			200			300	
貸 付 金	1,000						1,000	
未 収 入 金			150				150	
繰 越 商 品	50		60	50			60	
建　　物	2,000						2,000	
土　　地	1,500						1,500	
支 払 手 形		150						150
買 掛 金		200						200
仮 受 金		10	10					
貸 倒 引 当 金		2		31				33
建物減価償却累計額								
備品減価償却累計額		100		90				190
資 本 金		4,000						4,000
繰越利益剰余金		1,000						1,000
売　　上		15,000				15,000		
受 取 地 代		360	30			330		
受 取 配 当 金		20				20		
仕　　入	11,500		50	60	11,490			
給　　料	2,000				2,000			
旅 費 交 通 費	190				190			
水 道 光 熱 費	70				70			
支 払 保 険 料	80			32	48			
通 信 費	42				42			
支 払 手 数 料	30				30			
租 税 公 課	20			5	15			
	20,842	20,842						
雑　　損			20		20			
貸倒引当金繰入			31		31			
有価証券売却損			50		50			
減 価 償 却 費			90		90			
受 取 利 息				10		10		
未 収 利 息			10				10	
前 受 地 代				30				30
前 払 保 険 料			32				32	
貯 蔵 品			5				5	
当期純（利益）					1,284			1,284
			538	538	15,360	15,360	6,887	6,887

(5) 株主資本等変動計算書 ◀日商**2**級▶

株主資本等変動計算書は、貸借対照表における純資産の一会計期間における変動を明らかにするために作成される書類です。

株主資本等変動計算書の様式には、株主資本等（純資産）の項目を横に並べる形式と縦に並べる形式とがあります。

当期変動額は、株主資本にあっては当期変動額を変動事由ごとに記載し、その他の項目については、純額で記載します。

株主資本等変動計算書
自×年×月×日至×年×月×日

| | | 株主資本 | | | | | | | | 評価・換算差額等 | | |
| | | 資本剰余金 | | | 利益剰余金 | | | | | | | |
	資本金	資本準備金	その他資本剰余金	資本剰余金合計	利益準備金	その他利益剰余金 ○○積立金	繰越利益剰余金	利益剰余金合計	株主資本合計	その他有価証券評価差額金	評価・換算差額等合計	純資産合計
当期首残高	×××	×××	×××	×××	×××	×××	×××	×××	×××	×××	×××	×××
当期変動額												
新株の発行	×××	×××		×××					×××			×××
剰余金の配当等					×××		△×××	△×××	△×××			△×××
当期純利益							×××	×××	×××			×××
×××××												
株主資本以外の項目の当期変動額（純額）										×××	×××	×××
当期変動額合計	×××	×××		×××	×××		×××	×××	×××	×××	×××	×××
当期末残高	×××	×××	×××	×××	×××	×××	×××	×××	×××	×××	×××	×××

例題

次の資料に基づいて、X1年4月1日からX2年3月31日期における株主資本等変動計算書を作成しなさい。

〈資料〉

1　前期の株主資本等変動計算書における当期末残高（貸借対照表の純資産の部）は次のとおりであった。

　　　資本金　　2,000,000円　資本準備金　300,000円　その他資本剰余金　250,000円
　　　利益準備金　200,000円　別途積立金　100,000円　繰越利益剰余金　　250,000円

2　6月30日に開催された株主総会において、繰越利益剰余金を財源として剰余金の配当等を次のとおり決定した。

　　　配当金　100,000円　　利益準備金　10,000円　　別途積立金　100,000円

3　○年3月31日、決算において、150,000円の当期純利益を計上した。

株主資本等変動計算書
自X1年4月1日至X2年3月31日

	資本金	株主資本								株主資本合計	評価・換算差額等		純資産合計
		資本剰余金			利益剰余金				利益剰余金合計		その他有価証券評価差額金	評価・換算差額等合計	
		資本準備金	その他資本剰余金	資本剰余金合計	利益準備金	その他利益剰余金		利益剰余金合計					
						別途積立金	繰越利益剰余金						
当期首残高	2,000,000	300,000	250,000	550,000	200,000	100,000	250,000	550,000	3,100,000				3,100,000
当期変動額													
剰余金の配当等					10,000		△110,000	△100,000	△100,000				△100,000
別途積立金						100,000	△100,000		—				—
当期純利益							150,000	150,000	150,000				150,000
株主資本以外の項目の当期変動額（純額）													
当期変動額合計					10,000	100,000	△60,000	50,000	50,000				50,000
当期末残高	2,000,000	300,000	250,000	550,000	210,000	200,000	190,000	600,000	3,150,000				3,150,000

解説

1　前期の株主資本等変動計算書にある当期末残高の数値を、当期首残高に移します。

2　まず、仕訳を行います。

　① 剰余金の配当

　　（借方）繰越利益剰余金　110,000　　（貸方）未払配当金　100,000
　　　　　　　　　　　　　　　　　　　　　　　　利益準備金　10,000

　　※ 未払配当金は、株主資本等変動計算書を作成する上では関係ありません。

　② 別途積立金の積立て

　　（借方）繰越利益剰余金　100,000　　（貸方）別途積立金　100,000

　③ 当期純利益の振替え

　　（借方）損　益　150,000　　（貸方）繰越利益剰余金　150,000

3　上記2の仕訳をもとに株主資本等変動計算書の該当欄に記載します。なお、減少の場合は、金額の頭に「△」を付けます。

4　それぞれの合計欄を計算し、最後に当期末残高を記載すれば完成です。

Q 問題

宝商事株式会社の第10期（X5年4月1日よりX6年3月31日）における次の資料に基づき解答欄の株主資本等変動計算書を完成しなさい。なお、純資産が減少になる場合は、金額の前に△を付すこと。また、金額は千円単位で解答しなさい。

1　第9期末における純資産の残高は次のとおりである。

　　　　資本金　　12,000,000円　　資本準備金　1,000,000円　　その他資本剰余金　800,000円

　　　　利益準備金　　800,000円　　別途積立金　　500,000円　　繰越利益剰余金　2,150,000円

　　　　その他有価証券評価差額金　80,000円

2　X5年6月25日に開催された第9期株主総会で、次の議案が可決承認された。

（1）　その他資本剰余金の準備金組み入れ

　　　利益配当を行うにあたり、その他資本剰余金の全額を資本準備金に組み入れる。

（2）　剰余金の配当および処分

　　　繰越利益剰余金を財源として、次のとおり配当および処分を行う。

　　　　　配当金　1,000,000円　　別途積立金　500,000円　　利益準備金　会社法の定める必要額

3　X5年10月1日に増資を行い、新たに株式200株（払込金額@30,000円）を発行し、全株式について払い込みを受け、払込金額を当座預金に預けた。なお資本組入額は会社法で定めのある最低限度額とした。

4　その他有価証券は、前期に長期に保有することを目的に取得した株式であり、その時価などの資料は下記のとおりである。なお税効果会計は考慮しなくてよい。

	取得原価	前期末時価	当期末時価
㈱山城産業株式	450,000円	430,000円	460,000円
内野商会㈱株式	250,000円	350,000円	310,000円

5　X6年3月31日、決算において、当期純利益1,856,000円と確定した。

株主資本等変動計算書　　　　　　　　単位：千円

	株主資本								評価・換算差額等		純資産合計
	資本金	資本剰余金			利益剰余金			株主資本合計	その他有価証券評価差額金	評価・換算差額等合計	
		資本準備金	その他資本剰余金	資本剰余金合計	利益準備金	その他利益剰余金	利益剰余金合計				
						別途積立金	繰越利益剰余金				
当期首残高											
当期変動額											
新株の発行											
剰余金の準備金組入											
剰余金の配当等											
当期純利益											
株主資本以外の項目の当期変動額											
当期変動額合計											
当期末残高											

A 解答

株主資本等変動計算書　　　　　　　　　単位：千円

	株主資本										評価・換算差額等		純資産合計
	資本金	資本剰余金			利益剰余金				株主資本合計		その他有価証券評価差額金	評価・換算差額等合計	
		資本準備金	その他資本剰余金	資本剰余金合計	利益準備金	その他利益剰余金		利益剰余金合計					
						別途積立金	繰越利益剰余金						
当期首残高	12,000	1,000	800	1,800	800	500	2,150	3,450	17,250	80	80	17,330
当期変動額												
新株の発行	3,000	3,000		3,000				0	6,000		0	6,000
剰余金の準備金組入		800	△800	0				0	0		0	0
剰余金の配当等					100	500	△1,600	△1,000	△1,000		0	△1,000
当期純利益							1,856	1,856	1,856		0	1,856
株主資本以外の項目の当期変動額								0	0	△10	△10	△10
当期変動額合計	3,000	3,800	△800	3,000	100	500	256	856	6,856	△10	△10	6,846
当期末残高	15,000	4,800	0	4,800	900	1,000	2,406	4,306	24,106	70	70	24,176

! 解説

（1）　当期首残高をまず記入します。

（2）　その他資本剰余金全額の資本準備金組入れ

　　　　　（借方）　その他資本剰余金　800,000　　　　　（貸方）　資本準備金　　　　　800,000

（3）　繰越利益剰余金を財源に配当および処分

　　　　　（借方）　繰越利益剰余金　1,600,000　　　　（貸方）　未払配当金　　　1,000,000

　　　　　　　　　　　　　　　　　　　　　　　　　　　　　　別途積立金　　　　500,000

　　　　　　　　　　　　　　　　　　　　　　　　　　　　　　利益準備金　　　　100,000（※）

　　　　※配当金×10％＝1,000,000×10％＝100,000…A

　　　　資本金×1/4－（資本準備金＋利益準備金）

　　　　＝12,000,000×1/4－（1,000,000＋800,000＋800,000）＝4,000,000…B

　　　　利益準備金積立額　A＜B　　　　よって100,000円

（4）　新株の発行

　　会社法では、株式の払込金額の全額を資本金とするのが原則ですが、株式の払込金額の2分の1以上を資本金とし、残額は資本準備金とすることもできます。今回は後者になります。

　　　　　（借方）　当座預金　　　　　6,000,000　　　（貸方）　資本金　　　　　3,000,000

　　　　　　　　　　　　　　　　　　　　　　　　　　　　　　資本準備金　　　　3,000,000

(5)　その他有価証券について

　　その他有価証券は時価で評価しますが、その評価差額の計上方法は全部純資産直入法を用います。そして翌期首に洗替処理するので、まず前期の評価差額を振り戻す処理をします。

　　　　（借方）　その他有価証券評価差額金80,000　　（貸方）　その他有価証券　　80,000

　　期末は時価で評価します。

　　　　　　㈱山城産業株式　　時価＞所得原価　　460,000－450,000＝10,000

　　　　　　内野商会㈱株式　　時価＞所得原価　　310,000－250,000＝60,000

　　　　（借方）　その他有価証券　70,000　　　（貸方）　その他有価証券評価差額金　70,000

　　　　　　差額10,000円を株主資本以外の項目の当期変動額としてその他有価証券評価差額金を減額します。

(6)　当期純利益の振替

　　　　（借方）　損益　　　　　　　　1,856,000　　　（貸方）　繰越利益剰余金　1,856,000

　　当期純利益として、繰越利益剰余金を増額します。

(6)　キャッシュ・フロー計算書　◀日商1級▶

　キャッシュ・フロー計算書（Cash Flow Statement、略称C/SまたはC/F）は、企業の一会計期間において企業にどれだけの資金が流入し、どれだけの資金が流出していったかというキャッシュ・フローの状況を記載した計算書です。

①　キャッシュ・フロー計算書の構造

　キャッシュ・フロー計算書は、「営業活動によるキャッシュ・フロー」、「投資活動によるキャッシュ・フロー」、「財務活動によるキャッシュ・フロー」の3つに区分して表示します。

①　営業活動によるキャッシュ・フローの区分

　「営業活動によるキャッシュ・フロー」は、その企業の事業が、どれくらいの資金を生み出しているのかを示しています。商品の売上や仕入、人件費の支出など営業損益計算の対象となった取引のほか、投資活動および財務活動以外の取引によるキャッシュ・フローが区分表示されます。

②　投資活動によるキャッシュ・フローの区分

　「投資活動によるキャッシュ・フロー」は、設備投資や、事業への投資といった投資活動による現金の流れを示しています。固定資産の取得や売却、有価証券などの取得や売却などによるキャッシュ・フローが区分表示されます。

③　財務活動によるキャッシュ・フローの区分

　「財務活動によるキャッシュ・フロー」は、企業の資金調達や返済方法などの現金の流れを示しています。株式の発行や配当金の支払、資金の借入や返済など資金調達などによるキャッシュ・フローが区分表示されます。

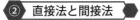

② 直接法と間接法

「営業活動によるキャッシュ・フロー」の区分表示の方法については、直接法と間接法の二通りの表示方法があります。なお、実務では、間接法が多く採用されています。

〈直接法〉

営業収入	55,000
商品の仕入支出	△ 22,000
人件費の支出	△ 2,500
経費の支出	△ 5,000
小計	25,500
法人税等の支払額	△ 9,000
営業活動によるキャッシュ・フロー	16,500

〈間接法〉

税引前当期純利益	18,000
減価償却費	1,500
有価証券売却損	2,500
売上債権の増加額	△ 1,500
棚卸資産の減少額	2,000
仕入債務の増加額	3,000
小計	25,500
法人税等の支払額	△ 9,000
営業活動によるキャッシュ・フロー	16,500

コメント

　上記の直接法と間接法による「営業活動によるキャッシュフロー」の各金額は、あくまで例示です。

　なお、いずれの方法によっても、「小計」の金額は一致し、それから下の項目についても、同じになります。

キャッシュフロー計算書（間接法） （金額）

I	営業活動によるキャッシュ・フロー	
	税引前当期純利益	×××
	減価償却費	×××
	貸倒引当金の増加額	×××
	受取利息及び受取配当金	×××
	支払利息	△×××
	有形固定資産売却益	△×××
	売上債権の増加額	△×××
	仕入債務の減少額	△×××
	棚卸資産の減少額	×××
	小計	×××
	利息及び配当金の受取額	×××
	利息の支払額	△×××
	法人税等の支払額	△×××
	営業活動によるキャッシュ・フロー	×××
II	投資活動によるキャッシュ・フロー	
	有形固定資産の取得による支出	△×××
	有形固定資産の売却による収入	×××
	有価証券の取得による支出	△×××
	有価証券の売却による収入	×××
	投資活動によるキャッシュ・フロー	×××
III	財務活動によるキャッシュ・フロー	
	借入による収入	×××
	借入金の返済による支出	△×××
	財務活動によるキャッシュ・フロー	×××
IV	現金及び現金同等物の増加額	×××
V	現金及び現金同等物の期首残高	×××
VI	現金及び現金同等物の期末残高	×××

例題

次の資料に基づき、間接法によりキャッシュ・フロー計算書を作成しなさい。

貸借対照表　　（単位：円）

資産	前期末	当期末	負債・純資産	前期末	当期末
現金預金	180	380	支払手形	70	85
受取手形	70	120	買掛金	105	120
売掛金	250	300	借入金	300	80
貸倒引当金	△70	△90	未払法人税等	45	80
商品	300	250	資本金	600	650
有価証券	100	80	繰越利益剰余金	230	340
未収利息	10	15			
建物	910	690			
減価償却累計額	△400	△390			
	1,350	1,355		1,350	1,355

※未収利息はすべて受取利息に係るものとする。

1　建物（取得原価600円、減価償却累計額200円）を370円で売却した。

2　有価証券（取得価額40円）を50円で売却した。

3　借入金の当期返済額は250円である。

4　当期に増資50円を行った。

5　当期に配当金30円を現金で支払った（利益準備金の積立ては考慮しない）。

（注）受取利息は「営業活動によるキャッシュ・フロー」の区分に記載し、配当金の支払額は「財務活動によるキャッシュ・フロー」の区分に記載すること。

損益計算書　　（単位：円）

Ⅰ	売上高			5,800
Ⅱ	売上原価			4,300
	売上総利益			1,500
Ⅲ	販売費及び一般管理費			
	給料		480	
	貸倒引当繰入		20	
	減価償却費		190	
	その他の費用		580	1,270
	営業利益			230
Ⅳ	営業外収益			
	受取利息		30	
	有価証券売却益		10	40
	経常利益			270
Ⅴ	特別損失			
	固定資産売却損			30
	税引前当期純利益			240
	法人税等			100
	当期純利益			140

解答

キャッシュフロー計算書

（単位:円）

I　営業活動によるキャッシュフロー		
	税引前当期純利益	240
	減価償却費	190
	貸倒引当金の増加額	20
	受取利息	△30
	有価証券売却益	△10
	固定資産売却損	30
	売上債権の増加額	△100
	棚卸資産の減少額	50
	仕入債務の増加額	30
	小　計	420
	利息及び配当の受取額	25
	法人税等の支払額	△65
営業活動によるキャッシュフロー		380
II　投資活動によるキャッシュフロー		
	有価証券の取得による支出	△20
	有価証券の売却による収入	50
	有形固定資産の取得による支出	△380
	有形固定資産の売却による収入	370
投資活動によるキャッシュフロー		20
III　財務活動によるキャッシュフロー		
	借入による収入	30
	借入金の返済による支出	△250
	株式の発行による収入	50
	配当金の支払額	△30
財務活動によるキャッシュフロー		△200
IV　現金及び現金同等物の増加額		200
V　現金及び現金同等物の期首残高		180
VI　現金及び現金同等物の期末残高		380

解説

　間接法によるキャッシュフロー計算書は、貸借対照表（B/S）や損益計算書（P/L）を利用して営業活動によるキャッシュフローを簡便的に作成する方法です。

〈**営業活動によるキャッシュフロー**〉　税引前当期純利益を基として調整します。

　①　現金などの変動を伴わないものの調整

　　　P/Lより減価償却費・貸倒引当金の増加（貸倒引当金繰入額）⇒加算

　②　投資活動・財務活動に関連する項目の調整

　　　P/Lでの営業外収益・費用、特別利益・損失の項目

　　　　受取利息・有価証券売却益　⇒減算

　　　　固定資産売却損　⇒加算

③　営業活動による資産・負債の増減額

　　損益計算には影響しないが、現金等の残高には影響している資産や負債の増減額

　　（B/Sの当期末残高―前期末残高）

　　　　売上債権（受取手形　50増加・売掛金　50増加）100増加⇒減算

　　　　棚卸資産（商品　50減少）　⇒加算

　　　　仕入債務（支払手形　15増加・買掛金　15増加）30増加⇒加算

④　投資活動や財務活動には含まれない現金等の増減

　　投資活動、財務活動各キャッシュフローに含まれないもの

　　利息・配当の受取額⇒　受取利息30　未収利息前期末残高10　当期末残高15

　　　　　　　　　　　　当期入金額　30＋10－15＝25

　　法人税等の支払額⇒法人税等　100　未払法人税等前期末残高　45当期末残高　80

　　　　　　　　　　　　当期支払額　100+45-80＝65

〈投資活動によるキャッシュフロー〉

①　有価証券の取得による支出　…当期中に40を売却

　　　前期末残高　100　当期末残高　80　取得額Xとすると　100－40＋X＝80　X＝20

②　有形固定資産の取得による支出…当期中に取得原価600を売却

　　　建物前期末残高910　当期末残高690　取得額Yとすると　910－600＋Y＝690

　　　　　　　　　　　　　　　　　　　　　　　　　　　　　Y＝380

〈財務活動によるキャッシュフロー〉

①　借入による収入…当期中の借入金返済額　250

　　　前期末残高300　当期末残高80　当期借入額Zとすると 300-250+Z＝80　Z＝30

②上記キャッシュフロー計算書のⅤおよびⅥは、それぞれ「⇒」の数字を記入します。

　　Ⅴ　現金及び現金同等物の期首残高⇒現金預金の前期末残高

　　Ⅵ　現金及び現金同等物の期末残高⇒現金預金の当期末残高

Step5

本支店会計・連結会計を学ぶ

～複数の株式会社がある場合の会計処理～

「本支店会計」とは、単一の会社ではあるが、本店と支店がある場合に、それぞれの本店や支店が作成した財務諸表を一つにまとめ上げることをいいますが、「連結会計」は、親会社と子会社、関連会社といった複数の独立した会社を一つの会社とみなして、各社の財務諸表を一つにまとめあげることをいいます。

財務諸表を一つにまとめるという点で両者は類似していますが、前者は一つの会社であるのに対して、後者は一つ一つの会社が資本金を有する独立した会社である点が異なります。

そこで、《ステップ5》では、この「本支店会計」と「連結会計」の仕訳から決算までを作業の流れに沿ってその作成過程を学ぶことにします。

XVI

本支店会計 日商2級

~ 帳簿上で行われる決算手続きと帳簿外で行われる本支店合併財務諸表の
手続きとの違いに注意しましょう ~

❶ 本支店会計

(1) 本支店間取引

　企業の規模が大きくなると支店を開設する場合があります。この場合、支店の取引を記帳する方法には、大きく分けて次の2つの方法があります。

　① 本店が支店の取引を含めてすべての取引を記帳し、支店は補助簿だけを記帳する方法

　② 支店が独立した帳簿組織を持ち、支店の取引はすべて支店が記帳する方法

　支店独自の取引が多くなったり、あるいは支店独自の経営成績を明瞭に把握するためには、②の方法で記帳する必要があります。これを支店会計の独立といいます。

　支店会計が独立すると、本支店間の取引の記帳や本支店を合わせた会社全体の財務諸表の作成などについて、特有の会計手続が必要となります。これらを本支店会計といいます。

(2) 本支店間での取引

　支店会計が独立している場合、支店と本店とは別の帳簿組織を持ち記録します。支店と本店の取引は、本店では支店勘定、支店では本店勘定を設けて記録します。なお、支店においても本店と同様、資産・負債・収益・費用の勘定が設けられますが、純資産の勘定は設けられません。

《本支店間での取引》

① 支店に対する本店財産の移管
② 送金
③ 商品などの発送
④ 債権・債務の決済の代行
⑤ 費用の立替
⑥ 収益の受取代行

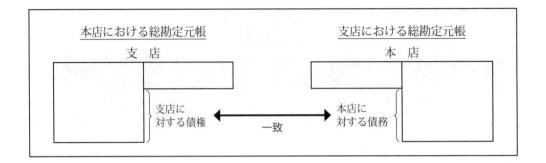

○本支店間の仕訳例

	本　　店				支　　店			
	借方		貸方		借方		貸方	
本店財産の支店への移管（例示）	支店	×××	現金	×××	現金	×××	本店	×××
			備品	×××	備品	×××		
本店から支店に現金を送金	支店	×××	現金	×××	現金	×××	本店	×××
本店の買掛金を支店が現金で支払う	買掛金	×××	支店	×××	本店	×××	現金	×××
本店が支店に商品を送付	支店	×××	仕入	×××	仕入	×××	本店	×××
本店が支店の売掛金を現金で回収した	現金	×××	支店	×××	本店	×××	売掛金	×××
本店が支店の家賃を現金で支払う	支店	×××	現金	×××	支払家賃	×××	本店	×××

例題

　甲府工業株式会社は、千葉支店の開設にあたり、次の資産を本店から移管し記帳させることとした。この取引を仕訳しなさい。

・現　　金　　1,000,000円　　・備　　品　　2,000,000円

・当座預金　　3,000,000円　　・消耗品　　200,000円

・商　　品　　2,500,000円

・本店（借方）支　　店　　8,700,000　　　（貸方）現　　金　　1,000,000

　　　　　　　　　　　　　　　　　　　　　　　　　当座預金　　3,000,000

　　　　　　　　　　　　　　　　　　　　　　　　　繰越商品　　2,500,000

　　　　　　　　　　　　　　　　　　　　　　　　　備　　品　　2,000,000

　　　　　　　　　　　　　　　　　　　　　　　　　消耗品　　200,000

・支店（借方）現　　金　　　　1,000,000　　（貸方）本　　店　　　　8,700,000

　　　　　　　当座預金　　　　3,000,000

　　　　　　　繰越商品　　　　2,500,000

　　　　　　　備　　品　　　　2,000,000

　　　　　　　消 耗 品　　　　 200,000

Q 問題　次の取引を仕訳しなさい。

① 本店は小切手300,000円を振り出し、支店はただちに当座預金口座に入金した。

② 本店は商品500,000円（原価）を送付し、支店はこれを受け取った。

③ 本店は支店の家賃100,000円を現金で支払い、支店はその通知を受けた。

④ 支店は本店の得意先から売掛金300,000円を現金で受け取り、本店はその通知を受けた。

⑤ 支店は上記④の300,000円を小切手を振り出し、本店はただちに当座預金口座に入金した。

⑥ 本店は支店の買掛金200,000円を小切手を振り出して支払った。支店はその通知を受けた。

A 解答

〔本店の仕訳〕

①	（借方）	支　　店	300,000	（貸方）	当座預金	300,000
②	（借方）	支　　店	500,000	（貸方）	仕　　入	500,000
③	（借方）	支　　店	100,000	（貸方）	現　　金	100,000
④	（借方）	支　　店	300,000	（貸方）	売 掛 金	300,000
⑤	（借方）	当座預金	300,000	（貸方）	支　　店	300,000
⑥	（借方）	支　　店	200,000	（貸方）	当座預金	200,000

〔支店の仕訳〕

①	（借方）	当座預金	300,000	（貸方）	本　　店	300,000
②	（借方）	仕　　入	500,000	（貸方）	本　　店	500,000
③	（借方）	支払家賃	100,000	（貸方）	本　　店	100,000
④	（借方）	現　　金	300,000	（貸方）	本　　店	300,000
⑤	（借方）	本　　店	300,000	（貸方）	当座預金	300,000
⑥	（借方）	買 掛 金	200,000	（貸方）	本　　店	200,000

! 解説

　本支店間の取引では、相手科目は、本店では支店勘定、支店では本店勘定です。本店勘定と支店勘定の残高は、必ず一致します。

① 本店は小切手を振り出したので当座預金が減少し、支店は当座預金口座に入金したので当座預金が増加します。

② 商品を原価で送付したときは、本店の仕入が減少し、その減少分だけ支店の仕入が増加します。

③ 支店の家賃は支店の費用ですから、本店は現金が減少し、支店は支払家賃が発生します。

④ 支店は現金が増加しますが、本店の売掛金ですので相手科目は本店とします。
　本店は売掛金が減少し、相手科目は支店となります。

⑤ 支店は小切手を振り出したので当座預金が減少し、本店は当座預金が増加します。

❷ 支店相互間の取引

複数の支店がある場合、支店相互間の取引の記帳の方法には、①支店分散計算制度と、②本店集中計算制度の二つの方法があります。

(1) 支店分散計算制度

支店間の取引を、支店どうしで直接取引が行われたものとして、それぞれ○○支店勘定を設けて記帳する方法です。

○支店間の仕訳例

	A支店				B支店			
	借方		貸方		借方		貸方	
A支店からB支店に現金を送金	B支店	×××	現金	×××	現金	×××	A支店	×××
B支店の買掛金をA支店が現金で支払う	B支店	×××	現金	×××	買掛金	×××	A支店	×××
A支店からB支店に商品を送付	B支店	×××	仕入	×××	仕入	×××	A支店	×××
A支店がB支店の売掛金を現金で回収した	現金	×××	B支店	×××	A支店	×××	売掛金	×××
A支店がB支店の家賃を現金で支払う	B支店	×××	現金	×××	支払家賃	×××	A支店	×××

※支店分散計算制度では、支店は相手支店を勘定科目として仕訳を行い、本店では仕訳を行いません。

例題 山口支店は、浦和支店へ商品500,000円（原価）を送付し、浦和支店はこれを受け取った。

・山口支店 （借方）浦和支店 　　500,000 　　（貸方）仕 　入 　　500,000

・浦和支店 （借方）仕 　入 　　500,000 　　（貸方）山口支店 　　500,000

(2) 本店集中計算制度

　支店分散計算制度によると、本店が支店相互間の取引を管理することができません。支店相互間の取引を管理する方法として本店集中計算制度があります。

　本店集中計算制度では、支店間の取引を、すべて本店と取引したものとして記帳します。したがって、支店間の取引は各支店ともすべて相手科目を支店勘定とはしないで本店勘定とします。

　また本店は、それぞれの支店と取引したとして、それぞれに対する債権、債務を○○支店勘定で記帳します。

○支店間の仕訳例

	A支店 借方		A支店 貸方		B支店 借方		B支店 貸方		本店 借方		本店 貸方	
A支店からB支店に現金を送金	本店	×××	現金	×××	現金	×××	本店	×××	B支店	×××	A支店	×××
B支店の買掛金をA支店が現金で支払う	本店	×××	現金	×××	買掛金	×××	本店	×××	B支店	×××	A支店	×××
A支店からB支店に商品を送付	本店	×××	仕入	×××	仕入	×××	本店	×××	B支店	×××	A支店	×××
A支店がB支店の売掛金を現金で回収した	現金	×××	本店	×××	本店	×××	売掛金	×××	A支店	×××	B支店	×××
A支店がB支店の家賃を現金で支払う	本店	×××	現金	×××	支払家賃	×××	本店	×××	B支店	×××	A支店	×××

Q 問題 1　山口支店は、浦和支店へ商品500,000円（原価）を送付し、浦和支店はこれを受け取った。本店は山口支店よりその通知を受けた。

	借方科目	金額	貸方科目	金額
本店の仕訳				
山口支店の仕訳				
浦和支店の仕訳				

A 解答

	借方科目	金額	貸方科目	金額
本店の仕訳	浦和支店	500,000	山口支店	500,000
山口支店の仕訳	本　店	500,000	仕　入	500,000
浦和支店の仕訳	仕　入	500,000	本　店	500,000

Q 問 題 2 次の取引を仕訳しなさい。

① 本店は、仙台支店に商品500,000円を送付、仙台支店はこれを受領した。

② 仙台支店は、現金300,000円を山口支店当座預金口座へ振り込んだ。

③ 山口支店は、仙台支店の買掛金700,000円を小切手を振り出して支払った。本店および仙台支店はこの通知を受けた。

①

	借方科目	金額	貸方科目	金額
本店				
仙台支店				
山口支店				

②

	借方科目	金額	貸方科目	金額
本店				
仙台支店				
山口支店				

③

	借方科目	金額	貸方科目	金額
本店				
仙台支店				
山口支店				

A 解 答

①

	借方科目	金額	貸方科目	金額
本店	仙台支店	500,000	仕 入	500,000
仙台支店	仕 入	500,000	本 店	500,000
山口支店	仕訳なし			

②

	借方科目	金額	貸方科目	金額
本店	山口支店	300,000	仙台支店	300,000
仙台支店	本 店	300,000	現 金	300,000
山口支店	当座預金	300,000	本 店	300,000

③

	借方科目	金額	貸方科目	金額
本店	仙台支店	700,000	山口支店	700,000
仙台支店	買 掛 金	700,000	本 店	700,000
山口支店	本 店	700,000	当座預金	700,000

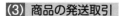
(3) 商品の発送取引

　本支店間または支店間で商品を移送する場合に、その商品の価額が取得原価で行われるときは、引き渡す方も引渡しを受ける方も仕入勘定で処理します。

　しかし、移送する商品の価額を、取得原価によらないで、一定の利益を加算した金額（振替価格）で行うときは、仕入勘定は使用しないで支店へ売上、本店より仕入の勘定科目を用いて処理します。

　また、一定の利益を加算した金額によらないときでも、社内取引を通常の外部の取引と区別するために支店へ売上、本店より仕入の勘定科目を用いて処理することがあります。

例題　次の取引を仕訳しなさい。

　本店は大津支店に原価500,000円の商品を原価の10%の利益を加算した金額で送付し、大津支店はこれを受け取った。

解答

・本　　店　（借方）　大津支店　　　550,000　　　（貸方）　大津支店へ売上　550,000
・大津支店　（借方）　本店より仕入　550,000　　　（貸方）　本　　店　　　550,000

❸ 支店の純損益の処理

　本店と支店は、各々が並行して決算手続を行い個別に決算をして帳簿を締め切ります。このとき、各支店は、算出した純損益を本店勘定に振り替えます。本店は、各支店の純損益を本店の損益勘定に振替記入したうえ、会社全体の純損益を算出して繰越利益剰余金勘定に振り替え、帳簿を締め切ります。

例題　次の取引を仕訳しなさい。
　① 支店は決算の結果、当期純利益500,000円を計上した。
　② 本店は、支店から①の報告を受けた。
　③ 本店は、会社全体の当期純利益3,000,000円を繰越利益剰余金勘定に振り替えた。

解答

① 支店　（借方）　損　益　　　500,000　　　（貸方）　本　　店　　　　500,000
② 本店　（借方）　支　店　　　500,000　　　（貸方）　損　益　　　　　500,000
③ 本店　（借方）　損　益　　　3,000,000　　（貸方）　繰越利益剰余金　3,000,000

❹ 未達事項の整理

　本支店間の取引は、本店勘定と支店勘定の残高は必ず一致しますが、決算日の直前に行われた取引については、商品や現金の送達が決算日の後になったり、売掛金や買掛金の決済の通知が遅れて相手の処理が遅れ、本店勘定と支店勘定の残高が一致しないことがあります。

　したがって、決算にあたっては、本支店間、支店と支店間の取引について未達となっている取引がないかを調べて整理することが必要です（未達事項の整理）。

　なお、未達事項は、通常、決算整理前に未処理となっている本店または支店で修正します。

例題　次の未達整理事項等の仕訳をしなさい。

① 本店から支店への発送商品（振替価格）　　500,000円
② 支店から本店への送金　　　　　　　　　　200,000円
③ 本店で支払った支店の家賃　　　　　　　　 80,000円
④ 本店で入金した支店の売掛金　　　　　　　300,000円
⑤ 支店が立て替えて支払った本店の買掛金　　100,000円

A 解答

①	支店	（借方）	本店より仕入	500,000	（貸方）	本　　店	500,000
②	本店	（借方）	現　　金	200,000	（貸方）	支　　店	200,000
③	支店	（借方）	支払家賃	80,000	（貸方）	本　　店	80,000
④	支店	（借方）	本　　店	300,000	（貸方）	売　掛　金	300,000
⑤	本店	（借方）	買　掛　金	100,000	（貸方）	支　　店	100,000

❺ 内部取引・内部利益の控除　〈日商1級〉

(1) 内部取引の相殺消去

　本支店間の取引は、上記の《例題》のように取引の相手科目を本店勘定、支店勘定を用いて処理します。また、振替価格により商品を本店から支店へ移送したときは、支店では、**本店より仕入**勘定、本店では、**支店へ売上**勘定を用います。未達事項の整理が終わると、その金額は必ず一致します。

　なお、これらの科目の取引は、会社の内部取引で、記帳の技術上用いているものですから、外部に公表する損益計算書や貸借対照表に記載するのは適当ではありません。

　そこで、本支店合併の損益計算書および貸借対照表を作成する際には、①本店勘定と支店勘定や②支店へ売上勘定と本店より仕入勘定は、相殺し消去します。この相殺消去は、仕訳帳や総勘定元帳には仕訳は行わないで、本支店合併の損益計算書および貸借対照表を作成する際に

直接行います。

(2) 内部利益の控除

　本店から支店に商品を移送するときに、本店は取得原価に一定の利益（内部利益）を加えた金額（振替価格）で引き渡すことがありますが、この商品が期末までに売れずに残ると支店の期末棚卸高には内部利益が含まれます。

　ところで、会計処理ではこのような内部利益は認められていません。そこで、決算のときにこの内部利益を控除します。

　支店の期末棚卸高は、本支店の合併した損益計算書および貸借対照表を作成するときに、内部利益を控除した金額を用いて計算することにより行います。

　なお、支店へ売上、本店より仕入の勘定科目は、本支店の合併した損益計算書および貸借対照表を作成するときに、内部取引として期末に相殺消去します。

　たとえば、本店が仕入先Aから商品を10,000円で仕入れ、これに10％の利益を加算して支店に送付したとします。

　このときの仕訳は、

・本店　（借方）　　支　　　　店　11,000　　（貸方）支店へ売上　　　11,000
・支店　（借方）　本店より仕入　11,000　　（貸方）本　　　店　　　11,000

となります。

　しかし、この商品が期末まで売れずに、そのまま支店の期末棚卸高となったとすると、本店から支店に送付した時点で計上された内部利益の1,000円が、そのまま利益として計上されることになります。これでは正しい会計処理とはいえません。

　そこで、支店の期末棚卸高11,000円を適正な期末棚卸高の10,000円に訂正します。

　　この訂正は、本支店合併損益計算書および貸借対照表を作成する際に、期末棚卸高から内部利益を直接控除して行います。

　　なお、内部利益の計算は、次のように行います。

　内部利益＝期末棚卸高－期末棚卸高÷（1＋利益加算率）

　　または

　内部利益＝期末棚卸高×利益加算率÷（1＋利益加算率）

　上記の場合の内部利益は、次のように計算します。

　　11,000円－11,000円÷（1＋0.1）＝1,000円

　　11,000円×0.1÷（1＋0.1）＝1,000円

❻ 本支店合併財務諸表の作成

　本支店の合併損益計算書および合併貸借対照表は、①本支店が別々に損益計算書と貸借対照表を作成して合併する場合と、②本店・支店の残高試算表を基に作成する場合の2つの方法があります。

■本支店会計の簿記一巡の手続き

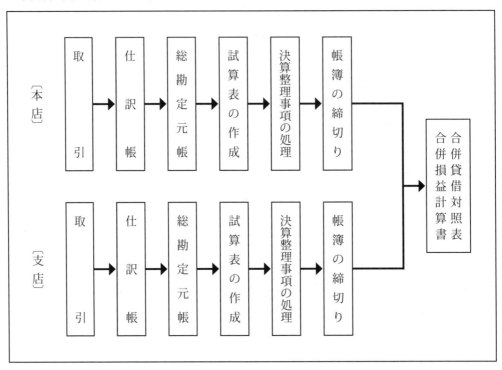

Q問題　大阪商事株式会社の次の資料に基づき、本支店合併の損益計算書と貸借対照表を作成しなさい。

残高試算表

借　　方	本　店	支　店	貸　　方	本　店	支　店
諸　資　産	203,300	50,000	諸　負　債	80,000	15,000
繰 越 商 品	30,000	10,000	資　本　金	120,000	—
支　　　店	45,000	—	本　　　店	—	39,700
仕　　　入	300,000	50,000	売　　　上	392,000	112,000
本店より仕入	—	33,000	支店へ売上	36,300	—
営　業　費	50,000	23,700			
	628,300	166,700		628,300	166,700

付記事項

（1）　期末商品棚卸高　本　店　35,000円

　　　　　　　　　　　　支　店　　7,500円（うち本店からの仕入分5,500円）

（2）　未達事項等　①　本店から支店へ送付した商品3,300円が支店には、まだ未着である。本店から支店への商品の送付は原価に1割を加算している。

　　　　　　　　　　②　本店で支払った支店分営業費2,000円の通知が支店に未達である。

損益計算書

費　　用	金　　額	収　　益	金　　額

貸借対照表

資　　産	金　　額	負債・純資産	金　　額

A 解答

損益計算書

費　　用	金　　額	収　　益	金　　額
期首商品棚卸高	40,000	売　上　高	504,000
仕　入　高	350,000	期末商品棚卸高	45,000
営　業　費	75,700		
当 期 純 利 益	83,300		
	549,000		549,000

貸借対照表

資　　産	金　　額	負債・純資産	金　　額
諸　資　産	253,300	諸　負　債	95,000
商　　　品	45,000	資　本　金	120,000
		当 期 純 利 益	83,300
	298,300		298,300

解説

① 未達整理等

（イ）	支店	（借方）本店より仕入	3,300	（貸方）本　店	3,300
（ロ）	支店	（借方）営業費	2,000	（貸方）本　店	2,000

　　未達事項等を修正すると、支店勘定と本店勘定は45,000円で、支店へ売上と本店より仕入とは36,300円で一致します。しかし、本店の各勘定科目と支店の各勘定科目の金額を単純に合計しても、本店、支店、本店より仕入、支店へ売上などの科目は同じ会社の中の取引です。したがって、公表する損益計算書、貸借対照表にはこれらの勘定科目は消去し記載しません。また、期末商品棚卸高は内部利益を除外して記載します。

　　※内部利益控除のための仕訳は、解答を行ううえで特に必要ないので省略しています。

② 期末商品棚卸高の計算

$$\underset{\text{本店}}{35{,}000\text{円}}+\underset{\text{支店}}{7{,}500\text{円}}+\underset{\text{未着分}}{3{,}300\text{円}}-\underset{\text{内部利益※}}{800\text{円}}=45{,}000\text{円}$$

$$※内部利益＝(\underset{\text{本店より仕入}}{5{,}500\text{円}}+\underset{\text{未着分}}{3{,}300\text{円}}) \times (1-\frac{1}{1+0.1})=800\text{円}$$

　　したがって、期末商品棚卸高45,000円を損益計算書と貸借対照表に記載します。

XVII

連結財務諸表 ◖日商2級◗

~ 連結財務諸表は、親会社・子会社といった支配従属関係にある
企業集団を一つの会計単位として作成します~

　ある企業が他の企業の株式の大部分を所有する（議決権の過半数取得など）などして実質的
に支配しているとき、支配している企業を親会社、支配されている企業を子会社といい、この
ときの両社の関係を支配従属関係といいます。連結財務諸表は、これらの支配従属関係のある
企業集団を一つの会計単位として作成します。

　連結財務諸表は、親会社および子会社の個別財務諸表をもとに、連結に必要な修正仕訳を行
い作成します。これを連結修正仕訳といいます。

　※親会社と子会社がそれぞれ別個に作成する財務諸表を個別財務諸表といいます。

　※連結財務諸表には、連結損益計算書、連結貸借対照表、連結株主資本等変動計算書があります。

❶ 資本連結

〔1〕 支配獲得時の連結手続き

　連結貸借対照表を作成するにあたり、親会社と子会社の貸借対照表をそのまま合算してしま
うと、親会社の子会社に対する投資（子会社株式）と子会社の資本（純資産）を二重に計上す
ることになります。

　したがって、連結貸借対照表を作成するためには、親会社の子会社に対する投資とこれに対
応する子会社の資本を相殺消去する必要があります（投資と資本の相殺消去）。

　なお、投資と資本を相殺消去した際に差額が生じた場合には、その差額をのれんとして処理
し、また、子会社に親会社以外の株主が存在する場合には、これらの株主にも子会社の資本を
振り替えます。この一連の手続きを資本連結といいます。

　※連結財務諸表は、親会社が子会社の支配を獲得した日から作成されます。なお、支配獲得時におけ
　　る連結財務諸表は、連結貸借対照表のみ作成します。

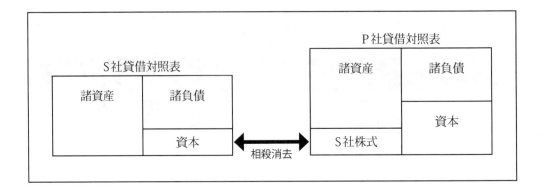

《連結修正仕訳》

(借方)	資本金	×××	(貸方)	S社株式	×××
	資本剰余金	×××			
	利益剰余金	×××			

※親会社をP社（Parent company）、子会社をS社（Subsidiary company）で表します。

例題1

　P社は、決算期末（3月31日）にS社の株式100%を6,000円で取得し、実質的に支配した。この時の連結修正仕訳を行いなさい。なお、S社の決算日はP社と同様である。

　※親会社が子会社の株式の100%を所有している場合の子会社を完全子会社といいます。

	P社貸借対照表				S社貸借対照表		
諸資産	10,000	諸負債	6,000	諸資産	11,000	諸負債	5,000
S社株式	6,000	資本金	5,000			資本金	3,000
		資本剰余金	3,000			資本剰余金	2,000
		利益剰余金	2,000			利益剰余金	1,000
	16,000		16,000		11,000		11,000

(借方)	資本金	3,000	(貸方)	S社株式	6,000
	資本剰余金	2,000			
	利益剰余金	1,000			

(2) 支配獲得後の連結手続き

　資本連結のための手続きは、連結財務諸表の作成のために行われるものであり、親会社や子会社の帳簿や財務諸表には反映されません。したがって、連結財務諸表を作成するつど、過年度に行われた連結修正仕訳を再度行う必要があります。これを開始仕訳といいます。なお、開始仕訳を行うにあたっては、純資産の部の科目は連結株主資本等変動計算書の科目で処理します。

例題2

上記の例題における翌年度の開始仕訳をしなさい。

（借方）	資本金当期首残高	3,000	（貸方）	S社株式	6,000
	資本剰余金当期首残高	2,000			
	利益剰余金当期首残高	1,000			

❷ 非支配株主持分（親会社の所有が100%に満たない場合）

(1) 支配獲得時の連結手続き

　親会社が子会社を実質的に支配している場合において、子会社の資本のうちに親会社以外の株主（非支配株主）がいるときには、これらの株主の持分相当額を非支配株主持分（純資産）へ振り替えます。

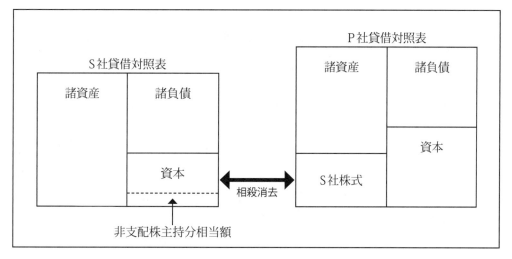

《連結修正仕訳》

（借方）	資本金	×××	（貸方）	S社株式	×××
	資本剰余金	×××		非支配株主持分	×××
	利益剰余金	×××			

例題

　1の(1)の例題において、P社がS社の株式60％を3,600円で取得したとした場合の連結修正仕訳をしなさい。

（借方）	資本金	3,000	（貸方）	S社株式	3,600
	資本剰余金	2,000		非支配株主持分	2,400
	利益剰余金	1,000			

(2) 支配獲得後の連結手続き

① 開始仕訳

　被支配株主がいる場合においても、完全子会社の場合と同様、毎期、連結財務諸表を作成するつど開始仕訳を行います。

例題1

　2の(1)の例題における翌年度の開始仕訳をしなさい。

（借方）	資本金当期首残高	3,000	（貸方）	S社株式	3,600
	資本剰余金当期首残高	2,000		非支配株主持分当期首残高	2,400
	利益剰余金当期首残高	1,000			

② 子会社の当期純利益の非支配株主持分への振替

　非支配株主が存在する場合においては、子会社が計上した当期純損益のうち非支配株主に帰属する部分については、非支配株主持分を増加（または減少）させるとともに非支配株主に帰属する当期純利益（または非支配株主に帰属する当期純損失）として処理します。

例題2

　2の(1)の例題の翌年度においてS社の当期純利益が1,000円（被支配株主に帰属する当期純利益は400円）であった場合の連結修正仕訳をしなさい。

（借方）	非支配株主に帰属する当期純利益	400	（貸方）	非支配株主持分	400

　なお、上記の連結修正仕訳は親会社や子会社の帳簿や財務諸表には記録されないため翌年度（2の(1)の例題では翌々年度）に次の開始仕訳を行います。

（借方）	利益剰余金当期首残高	400	（貸方）	非支配株主持分	400

❸ のれん

(1) 支配獲得時の連結手続き

　親会社の子会社に対する投資と子会社の資本を相殺消去した場合に差額が生じることがあります。この差額が借方に生じたときは、のれん（無形固定資産）として処理し、貸方に生じたときは、負ののれん発生益（収益）として処理します。

《差額が借方に生じた場合》

（借方）	資本金	×××	（貸方）	S社株式	×××
	資本剰余金	×××			
	利益剰余金	×××			
	のれん	×××			

《差額が貸方に生じた場合》

（借方）	資本金	×××	（貸方）	Ｓ社株式	×××
	資本剰余金	×××		負ののれん発生益	×××
	利益剰余金	×××			

(2) 支配獲得後の連結手続き

のれんは、20年以内の効果が及ぶ期間にわたり定額法その他合理的な方法により規則的に償却します。

（借方）	のれん償却	×××	（貸方）	のれん	×××

なお、上記の連結修正仕訳は親会社や子会社の帳簿や財務諸表に反映されないため、翌年度に、次の開始仕訳を行います。

（借方）	利益剰余金当期首残高×××		（貸方）	のれん	×××

例題

支配獲得時においてのれん600円が生じている。なお、のれんは当期から10年間にわたり定額法により償却する。

（借方）	のれん償却	60	（貸方）	のれん	60

❹ 連結会社間取引の処理

(1) 連結会社間での商品売買等

連結会社間で行われる商品売買などの取引は、企業集団内の内部取引として、相殺消去します。

※連結損益計算書では、売上原価の内訳は表示しないことから、連結修正仕訳を行うにあたり、連結損益計算書上の科目である売上高と売上原価の相殺消去を行います。

例題

Ｐ社はＳ社の株式の70％を所有している。Ｐ社の当期の売上高のうち500,000円は、Ｓ社に対するものである。この場合の連結財務諸表の作成に必要な連結修正仕訳をしなさい。

（借方）	売上高	500,000	（貸方）	売上原価	500,000

Step5

(2) 連結会社間での債権債務の処理

連結会社間で行われる商品売買や資金の貸借などの取引が行われたことにより生じた債権債務は相殺消去します。また、この債権に貸倒引当金が設定されている場合には、これについても修正する必要があります。

例題

P社はS社の株式の70％を所有している。P社には決算日においてS社に対する売掛金500,000円があるため、これに対して1％の割合で貸倒引当金を設定していた。この場合の連結財務諸表の作成に必要な連結修正仕訳をしなさい。

（借方）	買掛金	500,000	（貸方）	売掛金	500,000
	貸倒引当金	5,000		貸倒引当金繰入	5,000

(3) 子会社の配当金

子会社が親会社に支払った配当金は内部取引として相殺消去する必要があります。なお、非支配株主に支払った配当金については子会社から現金などが流出していることから、非支配株主持分の減少として処理します。

※連結株主資本等変動計算書を作成する場合は、当該計算書の科目（非支配株主持分当期変動額）で処理します。

例題

P社はS社の株式60％を取得している。S社は当期中に200円の配当をした。この場合の連結財務諸表の作成に必要な連結修正仕訳をしなさい。

（借方）	受取配当金	120	（貸方）	配当金	200
	非支配株主持分	80			
	（非支配株主持分当期変動額）				

❺ 未実現利益の消去

連結会社間で商品などの販売をする場合においては、得意先に販売するときと同様に一定の利益を付加して販売されることがあります。

しかし、連結会社間で仕入れた商品が期末に在庫として残っていた場合、期末商品棚卸高に親会社または子会社が付加した利益が含まれているため、企業集団でみるとその利益が実現しておらず（未実現利益）、これを消去する必要があります。

連結会社間の取引は、親会社が子会社に商品などを販売した結果、未実現利益が親会社に生じる場合（ダウン・ストリーム）と子会社が親会社に商品などを販売した結果、未実現利益が

子会社に生じる場合（アップ・ストリーム）に区分されます。

　※親会社が子会社に商品などを販売することをダウン・ストリーム、反対に、子会社が親会社に商品
　　などを販売することをアップ・ストリームといいます。

(1) 商品販売

① ダウン・ストリーム

　親会社が子会社に販売した商品が子会社に在庫として残っていた場合、親会社が子会社への
商品販売に際して付加した利益は未だ実現していないことから、この未実現利益を棚卸資産か
ら消去するとともに、同額を売上原価に加算します。

例題

　P社はS社の株式60％を取得している。S社の期末棚卸商品にはP社より仕入れた商品
100,000円のうち24,000円が含まれている。なお、P社はすべての商品に20％の利益を付加し
て販売している。この場合の連結財務諸表の作成に必要な連結修正仕訳をしなさい。

（借方）	売上高	100,000	（貸方）	売上原価	100,000
	売上原価	4,000		商品	4,000

② アップ・ストリーム

　子会社が親会社に販売した商品が親会社に在庫として残っていた場合、子会社が親会社への
商品販売に際して付加した利益は未だ実現していないことから、この未実現利益を棚卸資産か
ら消去するとともに、同額を売上原価に加算します。

　ただし、子会社に非支配株主が存在している場合には、未実現の利益の消去により子会社の
当期純利益が減少するため、支配株主に帰属する当期純利益が減少するとともに、同額の非支
配株主持分も減少します。

例題

　P社はS社の株式60％を取得している。P社の期末棚卸商品にはS社より仕入れた商品
200,000円のうち12,000円が含まれている。なお、S社はすべての商品に20％の利益を付加し
て販売している。この場合の連結財務諸表の作成に必要な連結修正仕訳をしなさい。

（借方）	売上高	200,000	（貸方）	売上原価	200,000
	売上原価	2,000		商品	2,000
	非支配株主持分 （非支配株主持分当期変動額）	800		非支配株主に帰属 する当期純利益	800

(2) 土地に含まれる未実現利益の消却

① ダウン・ストリーム

　親会社が保有する土地を子会社に売却した場合において、その土地を子会社が売却せずそのまま保有しているときは、企業集団でみると親会社の固定資産売却益は未だ実現していないことから、連結するにあたって、この未実現利益を消去します。この場合の連結財務諸表の作成に必要な連結修正仕訳をしなさい。

例題

　P社はS社の株式60％を取得している。P社は、S社に帳簿価額1,000,000円の土地を1,100,000円で売却し、S社はその土地を期末現在において保有している。

　　　（借方）　固定資産売却益　　　100,000　　　　（貸方）　土地　　　　　　　　100,000

② アップ・ストリーム

　子会社が保有する土地を親会社に売却した場合において、その土地を親会社が売却せずそのまま保有している場合は、企業集団でみると子会社の固定資産売却益は未だ実現していないことから、連結するにあたって、この未実現利益を消去します。

　ただし、未実現利益が子会社に計上されているため、未実現利益の消去にともない減少する子会社の当期純利益を持分比率に応じて非支配株主にも負担させます。

例題

　P社はS社の株式60％を取得している。S社は、P社に帳簿価額1,000,000円の土地を1,100,000円で売却し、P社はその土地を期末現在において保有している。この場合の連結財務諸表の作成に必要な連結修正仕訳をしなさい。

　　　（借方）　固定資産売却益　　　100,000　　　　（貸方）　土地　　　　　　　　100,000
　　　　　　　　非支配株主持分　　　　40,000　　　　　　　　　非支配株主に帰属　　40,000
　　　　　　　　（非支配株主持分当期変動額）　　　　　　　　　する当期純利益

Q 問題

　次の取引について、連結財務諸表の作成に必要な連結修正仕訳をしなさい。

1　P社は、決算期末（9月30日）にS社の発行する株式の100％を10,000円で取得し、子会社とした。S社の資本金は5,000円、資本剰余金は2,000円、利益剰余金は3,000円である。なお、S社の決算日はP社と同様である。

2　P社は、決算期末（3月31日）に、S社の発行する株式の80％を9,000円で取得し、支配した。S社の資本金は5,000円、資本剰余金は3,000円、利益剰余金は2,000円である。なお、S社の決算日はP社と同様である。

3　上記2の翌期の開始仕訳を行う。

4　P社は、投資と資本の相殺消去手続きにより、上記2で生じたのれん1,000円を10年間で償却する。

5　P社は、前期末（X2年9月30日）にS社の株式の80％を取得している。当期（X3年9月30日）にS社は当期純利益1,000円を計上した。

6　上記5のS社は、当期に500円の配当を実施していた。

7　P社は、S社の70％の株式を所有している。P社は売掛金に対して1％の割合で貸倒引当金を設定しているが、P社は決算日においてS社に対する売掛金300,000円がある。

A 解答

1　（借方）　資本金　　　　　　5,000　　（貸方）　S社株式　　　　　10,000
　　　　　　資本剰余金　　　　2,000
　　　　　　利益剰余金　　　　3,000

2　（借方）　資本金　　　　　　5,000　　（貸方）　S社株式　　　　　9,000
　　　　　　資本剰余金　　　　3,000　　　　　　　非支配株主持分　　2,000
　　　　　　利益剰余金　　　　2,000
　　　　　　のれん　　　　　　1,000
　　　　※非支配株主持分：（5,000＋3,000＋2,000）×（1−0.8）＝2,000
　　　　　のれん：9,000−（5,000＋3,000＋2,000）×0.8＝1,000

3　（借方）　資本金当期首残高　　5,000　　（貸方）　S社株式　　　　　9,000
　　　　　　資本剰余金当期首残高　3,000　　　　　　非支配株主持分　　2,000
　　　　　　利益剰余金当期首残高　2,000　　　　　　当期首残高
　　　　　　のれん　　　　　　1,000

4　（借方）　のれん償却　　　　100　　（貸方）　のれん　　　　　　100

5　（借方）　非支配株主に帰属する　200　　（貸方）　非支配株主持分　　200
　　　　　　当期純利益　　　　　　　　　　　　　　（非支配株主持分当期変動額）
　　　　※S社当期純利益：1,000×0.2＝200

6　（借方）　受取配当金　　　　400　　（貸方）　配当金　　　　　　500
　　　　　　非支配株主持分　　100
　　　　　　（非支配株主持分当期変動額）
　　　　※受取配当金：500×0.8＝400
　　　　　非支配株主持分：500×0.2＝100

7　（借方）　買掛金　　　　300,000　　（貸方）　売掛金　　　　300,000
　　　　　　貸倒引当金　　　3,000　　　　　　　貸倒引当金繰入　3,000

❻ 連結精算表

　連結財務諸表を作成するために必要な連結修正仕訳は、連結会社の帳簿には記帳されていません。そこで連結精算表を作成し、個別財務諸表の金額を基に消去などを行い連結財務諸費用を作成します。

❼ 連結財務諸表

　連結財務諸表（連結損益計算書、連結貸借対照表および連結株主資本等計算書）は、連結会社の個別財務諸表を合計した金額に、開始仕訳および連結修正仕訳などを行い作成します。

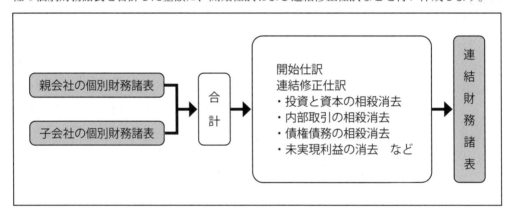

例題1

　P社はX1年9月30日にS社の株式の70％を5,500円で取得し支配を獲得した。次の資料に基づき、当期（X1年10月1日からX2年9月30日）の連結財務諸表を作成しなさい。

　なお、翌期首の連結開始仕訳は行っていない。

　1　X1年9月30日現在のS社の資本金は5,000円、利益剰余金は1,500円であった。

　2　のれんは支配獲得日の翌年度から10年間にわたり定額法で償却する。

　3　当期のP社とS社の個別財務諸表

個別貸借対照表
X2年9月30日　（単位：円）

資　産	P社	S社	負債・純資産	P社	S社
諸　資　産	24,500	10,000	諸　負　債	15,000	3,000
S　社　株　式	5,500	—	資　本　金	10,000	5,000
			利益剰余金	5,000	2,000
	30,000	10,000		30,000	10,000

個別損益計算書
自X1年10月1日至X2年9月30日　（単位：円）

科　目	P社	S社
諸　収　益	20,000	8,000
諸　費　用	18,500	7,500
当期純利益	1,500	500

個別株主資本等変動計算書
自X1年10月1日至X2年9月30日　（単位：円）

		P社	S社
資　本　金	当期首残高	10,000	5,000
	当期末残高	10,000	5,000
利益剰余金	当期首残高	3,500	1,500
	当期変動額		
	当期純利益	1,500	500
	当期末残高	5,000	2,000

解答

◆連結財務諸表

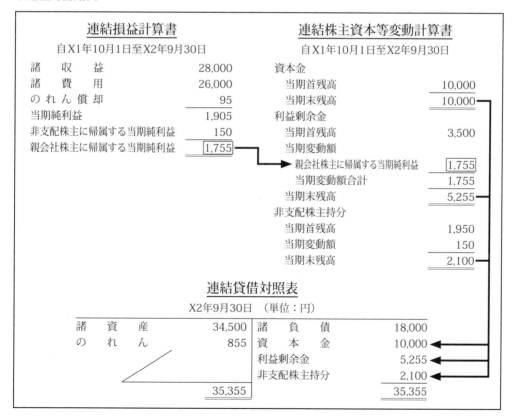

連結損益計算書
自X1年10月1日至X2年9月30日

諸　収　益	28,000
諸　費　用	26,000
のれん償却	95
当期純利益	1,905
非支配株主に帰属する当期純利益	150
親会社株主に帰属する当期純利益	1,755

連結株主資本等変動計算書
自X1年10月1日至X2年9月30日

資本金	
当期首残高	10,000
当期末残高	10,000
利益剰余金	
当期首残高	3,500
当期変動額	
親会社株主に帰属する当期純利益	1,755
当期変動額合計	1,755
当期末残高	5,255
非支配株主持分	
当期首残高	1,950
当期変動額	150
当期末残高	2,100

連結貸借対照表
X2年9月30日　（単位：円）

諸　資　産	34,500	諸　負　債	18,000
の　れ　ん	855	資　本　金	10,000
		利益剰余金	5,255
		非支配株主持分	2,100
	35,355		35,355

解説

1　連結開始仕訳

　　（借方）　資本金当期首残高　　5,000　　　　　（貸方）　S　社　株　式　　5,500
　　　　　　　利益剰余金当期首残高　1,500　　　　　　　　　　非支配株主持分当期首残高　1,950※1
　　　　　　　の　　れ　　ん　　　950

　　※1　（5,000円＋1,500円）×30％＝1,950円

2　のれんの償却

　　（借方）　のれん償却　　　　　　95※2　　　（貸方）　の　　れ　　ん　　　95

　　※2　950円÷10年＝95円

3　子会社の当期純利益の振替え

　　（借方）　非支配株主に帰属する当期純利益　150※3　（貸方）　非支配株主持分当期変動額　150

　　※3　500円×30％＝150円

一口メモ

　連結2年度目以降の開始仕訳に当たっては、過年度の損益項目は、利益剰余金当期首残高、過年度の非支配株主持分変動額は、非支配株主持分当期首残高で処理します。

　例えば、上記の **例題1** の連結2年度目（X2年10月1日からX3年9月30日）の連結開始仕訳は、前期（X1年10月1日からX2年9月30日）の連結開始仕訳とまとめて次のように行います。

　　（借方）　資本金当期首残高　　5,000　　（貸方）　S　社　株　式　　5,500
　　　　　　　利益剰余金当期首残高　1,745 ※4　　　　非支配株主持分当期首残高　2,100 ※5
　　　　　　　の　　れ　　ん　　　855　　　　　　　　※5　1,950円＋150円＝2,100円

　　※4　1,500円＋　95　＋　150　＝1,745円
　　　　　　　　　　　のれん　非支配株主に帰属
　　　　　　　　　　　償却額　する当期純利益

例題2

　次の資料により連結損益計算書と連結貸借対照表を作成しなさい（決算年1回 9月30日）。

1　X2年9月30日の個別財務諸表

損　益　計　算　書
（単位：円）

費　　用	P　社	S　社	収　　益	P　社	S　社
売　上　原　価	60,000	33,000	売　　上　　高	100,000	50,000
販売費及び一般管理費	12,010	8,140	受　取　利　息	20	―
貸倒引当金繰入	50	10	受　取　配　当　金	700	―
減　価　償　却　費	5,800	5,880	固定資産売却益	―	1,000
支　払　利　息	100	50			
法人税、住民税及び事業税	7,900	1,370			
当　期　純　利　益	14,860	2,550			
	100,720	51,000		100,720	51,000

貸　借　対　照　表
（単位：円）

資　　産	P　社	S　社	負債・純資産	P　社	S　社
現　金　預　金	10,000	3,400	支　払　手　形	5,000	3,000
受　取　手　形	9,500	4,000	買　　掛　　金	6,000	3,500
売　　掛　　金	9,000	5,000	長　期　借　入　金	5,000	2,000
商　　　　品	6,000	3,000	未　払　法　人　税　等	7,900	1,370
備　　　　品	1,000	2,000	未　払　費　用	300	100
建　　　　物	50,000	30,000	貸　倒　引　当　金	1,850	800
S　社　株　式	10,000	―	減価償却累計額	16,000	21,580
			資　　本　　金	30,000	10,000
			利　益　剰　余　金	23,450	5,050
	95,500	47,400		95,500	47,400

一口メモ

S社利益剰余金の計算：期首3,500－配当1,000＋当期純利益2,550＝5,050

2　P社はX1年9月30日にS社株式の70％を10,000円で取得した。取得時のS社の資本金は10,000円、利益剰余金は3,500円である。

3　のれんは、10年にわたり定額法により償却する。

4　S社は、X1年12月30日に配当1,000円を行っている。

5　P社はS社へ商品10,000円を売却している。

6　P社の売掛金のうち1,000円は、S社からのものである。

7　P社はS社に対する債権に対しては、貸倒引当金を設定していない。

8　S社の期末商品棚卸高のうち1,500円はP社からの仕入分である。

9　P社はS社に対して仕入原価に20％の利益を加算して商品を販売している。

解答

連 結 損 益 計 算 書

P社 　　　　　　　　　　自X1年10月1日至X2年9月30日 　　　　　　（単位：円）

売　　上　　原　　価	（　83,250）	売　　　　上　　　　高	（　140,000）
販 売 費 及 び 一 般 管 理 費	（　20,150）	受　　取　　利　　息	（　　20）
貸 倒 引 当 金 繰 入	（　　60）	固 定 資 産 売 却 益	（　1,000）
減　価　償　却　費	（　11,680）		
の　れ　ん　償　却	（　　55）		
支　払　利　息	（　150）		
法人税、住民税及び事業税	（　9,270）		
当　期　純　利　益	（　16,405）		
	（　141,020）		（　141,020）
（非支配株主に帰属する当期純利益）	（　765）	当　期　純　利　益	（　16,405）
（親会社株主に帰属する当期純利益）	（　15,640）		
	（　16,405）		（　16,405）

連 結 貸 借 対 照 表

P社 　　　　　　　　　　　　X2年9月30日 　　　　　　　　　（単位：円）

現　　金　　預　　金	（　13,400）	支　　払　　手　　形	（　8,000）
受　　取　　手　　形	（　13,500）	買　　　　掛　　　　金	（　8,500）
売　　　　掛　　　　金	（　13,000）	長　期　借　入　金	（　7,000）
商　　　　　　　　品	（　8,750）	未 払 法 人 税 等	（　9,270）
備　　　　　　　　品	（　3,000）	未　　払　　費　　用	（　400）
建　　　　　　　　物	（　80,000）	貸　倒　引　当　金	（　2,650）
の　　れ　　ん	（　495）	減 価 償 却 累 計 額	（　37,580）
		資　　　　本　　　　金	（　30,000）
		利　益　剰　余　金	（　24,230）
		（ 非 支 配 株 主 持 分 ）	（　4,515）
	（　132,145）		（　132,145）

1　開始仕訳（投資と資本の相殺消去）

　　　　（借方）資本金当期首残高　　　10,000　　　　　（貸方）子 会 社 株 式 10,000
　　　　　　　　利益剰余金当期首残高 3,500　　　　　　　　　非支配株主持分当期首残高　4,050
　　　　　　　　の　　れ　　ん　　　　550

　　　　非支配株主持分当期首残高：（10,000円＋3,500円）×（1－0.7）＝4,050円

　　　　のれん：10,000円－（10,000円＋3,500円）×0.7＝550円

2　のれんの償却

　　　　（借方）のれん償却　　　　　　55　　　（貸方）の　れ　ん　　　　55

　　　　550円÷10年＝55円

3 当期純利益の非支配株主持分への振替え

(借方) 非支配株主に帰属する当期純利益 765　　　　(貸方) 非支配株主持分　　　　765

2,550円×0.3＝765円

4 配当金の修正

(借方) 受 取 配 当 金　　　　700　　　　(貸方) 配 当 金　　　　1,000

非支配株主持分　　　　300

非支配株主持分：1,000×（1−0.7）＝300

受取配当金：1,000×0.7＝700

5 内部取引の相殺消去

(借方) 売 上 高　　　10,000　　　　(貸方) 売 上 原 価　　　10,000

6 債権・債務の相殺消去

(借方) 買 掛 金　　　1,000　　　　(貸方) 売 掛 金　　　1,000

7 期末棚卸商品に含まれる未実現利益の消去

(借方) 売 上 原 価　　　250　　　　(貸方) 商 品　　　250

1,500−（1,500÷1.2）＝250円

8 当期純利益の計算

P社14,860＋S社2,550−のれん償却55−受取配当金700−売上原価250＝16,405

9 利益剰余金の計算

P社利益剰余金23,450＋S社利益剰余金5,050−利益剰余金当期首残高3,500−のれん償却55−非支配株主に帰属する当期純利益765＋配当金1,000−受取配当金700−売上原価250＝24,230

10 非支配株主持分の計算

当期首残高4,050＋当期純利益分765−受取配当金分300＝4,515

Q 問題　次の〈資料〉にもとづいて、X3年3月期（X2年4月1日からX3年3月31日まで）の連結精算表（連結貸借対照表と連結損益計算書）を作成しなさい。

〈資料〉

1．P社はX1年3月31日にS社の発行済株式総数6,000株の70％の株式を、60,000千円で取得し、S社を連結子会社として連結財務諸表を作成している。

なお、X1年3月31日のS社の純資産の部は、次のとおりであった。

資本金　30,000千円　　資本剰余金　5,000千円　　利益剰余金　15,000千円

S社は支配獲得後に配当を行っていない。

のれんは、定額法で10年間わたり償却を行っている。

P社がS社に対して有する当年度末債権債務残高およびX3年3月期の取引高は次のとおりであった。

売掛金	10,000千円
貸付金	1,000千円
未収入金	500千円
未収収益	200千円
売上高	120,000千円
受取利息	20千円

2．S社が当年度末に保有する商品のうち、P社からの仕入分は5,000千円であった。P社はS社に対して商品の原価に25%の利益を付加して販売している。なお、S社の期首の商品残高には、P社から仕入れた商品は含まれていない。

3．P社は当期中に土地（帳簿価額5,000千円）を、S社に対して6,500千円で売却している。なお、S社は当該土地をそのまま保有している。

（単位：千円）

科　目	個別財務諸表		修正・消去		連結財務諸表
	P社	S社	借　方	貸　方	
貸借対照表					
現金預金	29,000	10,300			
受取手形	30,000	10,000			
売掛金	60,000	30,000			
商品	80,000	35,000			
未収入金	2,000	700			
貸付金	5,000	1,000			
未収収益	3,000				
土地	40,000	25,000			
建物	20,000				
建物減価償却累計額	△ 4,000				
（　　　　）					
S社株式	60,000				
資産合計	325,000	112,000			
買掛金	100,000	49,000			
借入金	20,000	1,500			
未払金	3,000	800			
未払費用	2,000	700			
資本金	100,000	30,000			
資本剰余金	40,000	5,000			
利益剰余金	60,000	25,000			
非支配株主持分					
負債・純資産合計	325,000	112,000			
損益計算書					
売上高	1,400,000	617,000			
売上原価	1,000,000	462,000			
販売費及び一般管理費	380,000	150,000			
のれん償却					
受取利息	150	30			
支払利息	200	20			
固定資産売却益	1,500				
当期純利益	21,450	5,010			
非支配株主に帰属する当期純利益					
親会社株主に帰属する当期純利益					

A 解答 （単位：千円）

（単位：千円）

科　目	個別財務諸表 P社	個別財務諸表 S社	修正・消去 借　方	修正・消去 貸　方	連結財務諸表
貸借対照表					
現金預金	29,000	10,300			39,300
受取手形	30,000	10,000			40,000
売掛金	60,000	30,000		10,000	80,000
商品	80,000	35,000		1,000	114,000
未収入金	2,000	700		500	2,200
貸付金	5,000	1,000		1,000	5,000
未収収益	3,000			200	2,800
土地	40,000	25,000		1,500	63,500
建物	20,000				20,000
建物減価償却累計額	△ 4,000				△ 4,000
（　のれん　）			25,000	2,500	20,000
				2,500	
S社株式	60,000			60,000	
資産合計	325,000	112,000	25,000	79,200	382,800
買掛金	100,000	49,000	10,000		139,000
借入金	20,000	1,500	1,000		20,500
未払金	3,000	800	500		3,300
未払費用	2,000	700	200		2,500
資本金	100,000	30,000	30,000		100,000
資本剰余金	40,000	5,000	5,000		40,000
利益剰余金	60,000	25,000	15,000		59,500
			2,500		
			1,497		
			126,523	120,020	
非支配株主持分				15,000	18,000
				1,497	
				1,503	
負債・純資産合計	325,000	112,000	192,220	138,020	382,800
損益計算書					
売上高	1,400,000	617,000	120,000		1,897,000
売上原価	1,000,000	462,000	1,000	120,000	1,343,000
販売費及び一般管理費	380,000	150,000			530,000
のれん償却			2,500		2,500
受取利息	150	30	20		160
支払利息	200	20		20	200
固定資産売却益	1,500		1,500		0
当期純利益	21,450	5,010	125,020		21,460
非支配株主に帰属する当期純利益			1,503		1,500
親会社株主に帰属する当期純利益			126,523	120,020	19,960

解 説

　P社の連結第1年度（X1年4月1日からX2年3月31日まで）の個別財務諸表には、X1年3月31日のS社株式の取得について表現されていないので、まず連結第2年度において連結開始仕訳を行います。

　当期の連結修正仕訳は、この連結開始仕訳を行った後に行います。

　なお、以下の金額は単位を千円として表示しています。

1．連結開始仕訳

（1）　投資と資本

P社持分は持分割合70%なので

　$(30,000 + 5,000 + 15,000) \times 70\% = 35,000$

非支配株主持分は

　$(30,000 + 5,000 + 15,000) - 35,000 = 15,000$

のれんの額は

S社株式取得価額　−　P社持分

$= 60,000 - 35,000 = 25,000$　　　となります。

以上により、

（借方）　資本金当期首残高	30,000	（貸方）　S社株式	60,000
資本剰余金当期首残高	5,000	非支配株主持分当期首残高	15,000
利益剰余金当期首残高	15,000		
のれん	25,000		

（2）　のれんの償却

連結第1年度の連結修正仕訳なので、利益剰余金の減少として処理します。

（借方）　利益剰余金当期首残高	2,500	（貸方）のれん	2,500

　　　　　$25,000 \div 10年 = 2,500$

（3）　S社の当期純利益の非支配株主持分への振り替え

　S社の当期純利益を非支配株主持分へと振り替えます。なお、連結第1年度の連結修正仕訳なので、利益剰余金の減少として処理します。

（借方）利益剰余金当期首残高	1,497	（貸方）非支配株主持分当期首残高	1,497

　　　　　4,990（次図参照）$\times 30\% = 1,497$

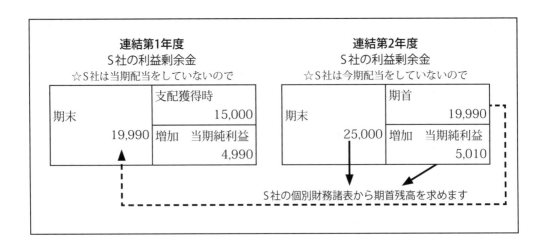

2. 当期の連結修正仕訳

(1) のれんの償却

| (借方) のれん償却 | 2,500 | (貸方) のれん | 2,500 |

25,000÷10年＝2,500

(2) S社の当期純利益の非支配株主持分への振り替え

| (借方) 非支配株主に帰属する当期純利益 | 1,503 | (貸方) 非支配株主持分 | 1,503 |

5,010×30％＝1,503

(3) 売掛金と買掛金の相殺消去

親子会社間の売掛金と買掛金は、内部の債権債務のため、相殺消去します。

| (借方) 買掛金 | 10,000 | (貸方) 売掛金 | 10,000 |

(4) 貸付金と借入金の相殺消去

| (借方) 借入金 | 1,000 | (貸方) 貸付金 | 1,000 |

(5) 未収入金と未払金の相殺消去

| (借方) 未払金 | 500 | (貸方) 未収入金 | 500 |

(6) 未収収益と未払費用の相殺消去

| (借方) 未払費用 | 200 | (貸方) 未収収益 | 200 |

(7) 売上高と仕入高の相殺消去

| (借方) 売上高 | 120,000 | (貸方) 売上原価 | 120,000 |

(8) 受取利息と支払利息の相殺消去

| (借方) 受取利息 | 20 | (貸方) 支払利息 | 20 |

(9) 商品の未実現利益の消去

| (借方) 売上原価 | 1,000 | (貸方) 商品 | 1,000 |

5,000－（5,000÷1.25）＝1,000

（10）　土地売却益の消去

（借方）　固定資産売却益　　　1,500　　　　　（貸方）　土地　　　　　　　1,500

3．親会社株主に帰属する当期純利益を利益剰余金へ移動

連結損益計算書が完成したら、親会社株主に帰属する当期純利益を利益剰余金へ移します。

個別財務諸表の利益剰余金（P社60,000＋S社25,000）	85,000
修正・消去欄　　　借方　（15,000＋2,500＋1,497）	△ 18,997
親会社株主に帰属する当期純利益　　借方	△ 126,523
同上　　　　　　　　　　　　　　　貸方	120,020
連結財務諸表上の利益剰余金	59,500

Step6

『財務三表』の見方・読み方を学ぶ

～ 『財務三表』から会社の現状を知る～

決算書のうちの『財務三表（貸借対照表・損益計算書・キャッシュフロー計算書）』は、会社の経営状況を知る資料として、とりわけ重視されています。その理由は、この「財務三表」によって、会社の資産や売上げ・利益がいくらあったか、会社の資金の流れはどうであったかなど、会社の財政状態や経営成績を知ることができるからです。そして、これらの資料を分析することによって、会社の経営状況を数値化して客観的に把握することができます。

そこで、《ステップ6》では、この『財務三表』を分析することによって、会社の財務体質の健全性、安定性や収益力、成長性などを確認する方法を学びます。

XVIII

財務分析・経営分析

～『財務3表』を総合的に見る方法を身に付けよう～

❶ 財務3表の見方・読み方

　貸借対照表（B/S）、損益計算書（P/L）、キヤツシュフロー（C/F）の3つの表を、一般に財務諸表3表といいますが、この3表は会社の実態を知る上での大切な情報源です。

　財務諸表の分析方法としては、この3表の数値をそのまま用いて分析する実数分析と、他の関連する数値と比較して見る比較分析があります。

　さらに、比較分析には、同業他社などの数値と比較する外部分析と自社の過去の数値と比較する内部分析があります（各種分析項目については後述）。

　なお、会社の財務分析・経営分析に当たっては、次の点から限界があることを前提としておくことが大切です。

---

① 財務諸表には表現されていないものがあります。

　　たとえば、会社の保有している研究・開発の状況や土地、建物、機械の時価額、会社の役員や従業員の資質、取扱商品や製品の良し悪しなどは、会計の数値としては表現されていません。繰延税金資産については、赤字経営が続いている会社では資産価値はありません。また、会社によっては、利益操作のための架空売上計上や不利益項目の不実記載や簿外としていることがあります。

② 財務諸表の数値はあくまでも会社が採用している「会計基準」に基づくもので、異業種間、企業規模では企業実態が異なっており、単純に他の会社と比較することは無理があります。

　　また、会計基準は一つではありません。中小企業においては、税法や中小企業の会計に関する基本要領（中小会計要領）だったり、大会社にあっては、日本会計基準、米国会計基準、国際会計基準（IFRS）、J-IFRS（日本版IFRS）など各企業によって用いている会計基準が異なっています。

③ 財務諸表は一時点（決算日）、一期間（会計期間）をとらえて表現していますが、経済、政治、規制、自然現象など事業活動の環境は毎年異なっており、単純に比較すると危険です。

④ 会社の財務体質はまちまちで、毎期赤字の会社、資金繰りに困っている会社、債

> 務超過の会社など会社によって大きく違います。また、業種も異なります。比較対象会社は、比較分析の目的にできる限り合致する会社を選ばないと無意味です。

❷ 企業の財務体質

会社は、財務上安定していることが大切ですが、各会社の財務分析をすると次のような財務体質パターンが見受けられます。

◆会社の財務体質パターン

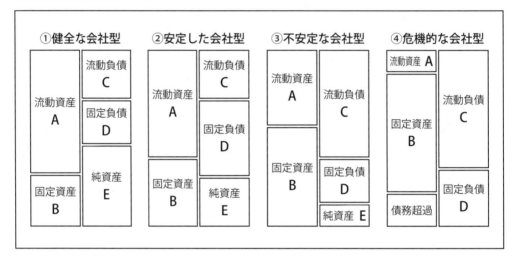

！解 説

① **健全な会社型**

流動資産が流動負債に比べて極めて多く、純資産＋固定負債に比べて極めて多い→負債の返済能力が高く極めて健全な会社型。

② **安定した会社型**

流動資産が流動負債に比べて多く、純資産は少ないが流動負債＋固定負債に比べて流動資産の割合が大きく安定した会社である。ただし、流動資産に不良債権、無形資産、固定負債に高利なものや返済期限が短いものがないか注視すべき会社型。

③ **不安定な会社型**

流動資産は流動負債に比べて少なく純資産は極めて少ない。流動負債、固定負債に返済期限の近いものがあれば、新規の借入れができない場合は、固定資産が多くあるもののその売却には時間がかかり資金繰りに困難な会社型。

④ **危機的な会社型**

流動資産が流動負債に比べて極めて少なく資金繰りに困窮している。いつ破綻倒産してもお

かしくない。債務超過のため自己資本（純資産）を急に調達できるか、流動負債、固定負債の
返済期限の延長がどこまでできるか。早急に対応しなければならない危機的な会社型。

　この企業財務体質パターン分析は、あくまでもある一時点をとらえたもので、長く続くもの
ではありません。政治、経済、社会の変化による影響は激しく、また、突然発生する自然災害
や戦争などの影響を受けて急に体質パターンは変化することがあります。

　現に、このところ、新型コロナの感染拡大により、多くの企業は直撃を受けて財務体質パター
ンは大きく変化しています。これは中小企業だけではなく大企業においても資本不足に陥り
資金繰りに悩み奔走。多額の借入金はできたがその場凌ぎで自己資本比率は大幅に下がり資金
繰りは安定せず、次はどうするかに悩み、企業倒産に怯えている会社が増えています。いわば、
「不安定な会社型」や「危機的な会社型」が増えています。

　取引先の会社の信用判断をするに当たっては、直近の財務諸表からの財務分析や経営分析結
果によるだけではなく、取引先がおかれている現在の状況や将来起こるかもしれない政治、経
済社会などの動きを可能な限り適切に捉えることが大切です。

❸　比較分析項目（指標）

　会社の比較分析は、一般には次ページに掲げる表の分析項目（指標）から幾つかを選び、同
業他社や過去の会計期間（事業年度）と比較して行ないます。なお、算式にある貸借対照表科
目（資産・負債・純資産）については、期首と期末の平均「（期首＋期末）÷２」で計算する方
が妥当な数値が出ます。

◆会社の比較分析

区　分	分析項目（指標）	算　式
企業の活力	総資本営業利益率	営業利益÷総資本（総資産）
	総資本経常利益率	経常利益÷総資本（総資産）
	自己資本純利益率（ROE）	当期純利益÷純資産
	総資本純利益率　（ROA）	当期純利益÷総資本（総資産）
収益性	売上高総利益率	売上総利益÷売上高
	売上高営業利益率	営業利益÷売上高
	売上高経常利益率	経常利益÷売上高
	売上高販売管理費率	販売費及び一般管理費÷売上高
効率性	総資本回転率	売上高÷総資本（総資産）
	固定資産回転率	売上高÷固定資産
	売上債権回転期間（日）	売掛金・受取手形等÷売上高×365
	棚卸資産回転期間（日）	棚卸資産÷売上高（or原価）×365
	買入債務回転期間（日）	買掛金・支払手形等÷売上高×365
安全性	流動比率	流動資産÷流動負債
	当座比率	当座資産÷流動負債
	固定比率	固定資産÷純資産
	自己資本比率	純資産÷総資本（総資産）
健全性	財務レバレッジ	総資本（総資産）÷純資産
	負債比率	負債÷純資産
	有利子負債比率	有利子負債÷純資産
生産性	付加価値比率	付加価値額÷売上高
	機械投資効率	付加価値額÷設備資産
	労働分配率	労務費・人件費÷付加価値額
損益分岐点分析	変動費率	変動費÷売上高
	損益分岐点売上高	固定費÷限界利益率（1－変動費率）
	損益分岐点比率	損益分岐点売上高÷売上高
	経営安全率（安全余裕率）	1－損益分岐点売上高÷売上高

（注）　1　ROE：Return On Equity　　　ROA：Return On Assets

　　　　2　財務レバレッジ：総資本（総資産）が自己資本の何倍になるかを表したもの

　　　　　　なお、自己資本純利益率（ROE）および総資産純利益率（ROA）は次の算式によることがで
　　　　　きます。

　　　　　　自己資本純利益率（ROE）＝売上高純利益率×総資本（総資産）回転率×財務レバレッジ

　　　　　　総資産純利益率（ROA）＝売上高純利益率×総資本（総資産）回転率

　　　　3　付加価値額：労務費＋売上原価の減価償却費＋人件費＋地代家賃＋販売費及び一般管理費
　　　　　の減価償却費＋従業員教育費＋租税公課＋支払利息・割引料＋経常利益

　　　　4　設備資産：機械装置＋船舶、車両運搬具、工具・器具・備品

◆A社の比較分析例　　　　　　　　決算期間（×1年4月1日〜×2年3月31日）

区分	分析項目（指標）	同業者基準値	当期（A）	前期（B）	（A−B）	（A/B）
総合力	総資本営業利益率	1.3%	6.3	6.6	△0.3	95.4
	総資本経常利益率	2.4%	2.4	2.2	0.2	109.0
	総資本当期純利益率ROA	1.6%	2.4	2.2	0.2	109.0
	自己資本当期純利益率ROE	4.4%	6.0	4.7	△0.3	106.3
収益性	売上高総利益率	27.0%	25.3	24.0	1.30	105.4
	売上高営業利益率	1.3%	7.3	6.8	0.5	107.4
	売上高経常利益率	2.5%	2.7	2.3	0.4	117.4
	売上高当期純利益率	1.7%	2.7	2.3	0.4	117.4
	売上高対販売管理費比率	25.7%	18.0	17.1	0.9	105.2
	売上高対人件費比率	13.3%	5.7	5.0	0.7	114.0
	売上高対支払利息比率	0.6%	5.0	4.6	0.4	108.6
効率性	総資本回転率	1.0回	0.8	0.9	△0.1	88.8
	固定資産回転率	1.8回	1.6	1.7	△0.1	94.1
	売上債権回転期間	53.1日	91.4	75.7	15.7	120.7
	棚卸資産回転期間	13.9日	22.9	21.7	1.2	105.5
	買入債務回転期間	34.7日	18.0	13.5	4.5	133.3
安全性	流動比率	193.2%	295.9	273.6	22.3	108.1
	当座比率	133.6%	227.4	209.3	18.1	108.6
	固定比率	143.3%	109.7	112.5	2.8	97.5
	借入金依存度	39.4%	132.7	131.7	1.0	100.7
	自己資本比率	37.6%	48.5	48.3	△0.2	100.4
健全性	財務レバレッジ	2.7倍	2.0	2.0	0.0	100.0
	負債比率	165.9%	306.0	306.7	0.7	99.7
生産性	付加価値比率	37.0%	33.2	29.9	3.3	111.0
	機械投資効率	2.1回	33.0	29.2	3.8	113.0
	労働分配率	75.1%	38.2	38.5	△0.3	99.2
損益分岐点分析	売上高	193,881千円	287,860	321,095	△33,235	89.6
	変動費	95,342千円	146,194	175,980	△29,785	83.0
	変動比率	49.7%	50.7	54.8	△4.1	92.5
	固定費	92,752千円	133,613	137,439	△3,826	97.2
	限界利益（売上高−変動費）	97,539千円	141,666	145,115	△3,449	97.6
	損益分岐点売上高	184,366千円	271,496	304,110	△32,613	89.2
	経営安全率（安全余裕率）	4.9%	5.6	5.2	0.4	107.6

解説

1　総合力：いずれの利益率も、基準値に比べて高く企業価値は高く評価できる。

2　収益性：収益性は向上しているが売上高対販売管理費率が低すぎる。→いずれの科目に問

題があるかを早急に検討して対策を講じるべきである。

3 売上高利息割引料比率：有利子負債の大幅な返済と借入金利の引下げを求めることが必要である。

4 売上債権回転期間：売上債権の回収期間が長くなりすぎる。資金繰りは問題ないか。経営危機にある得意先がないか。あれば、早急に対応策をたて実行すべきである。

5 棚卸資産回転期間：不良在庫がないか、仕入れが多すぎないか。→不良在庫の処分、仕入れの調整が必要である。

6 買入債務回転期間：前期より長い。売上債権回転期間も長い。資金繰りのためか。流動比率、当座比率は共に200％を超えている。現時点での支払能力に問題はない。

7 負債比率：借入金が多すぎる。上記3、下記9とも関係するが、何が原因か、減少策はないか。自己資本の増加策はないか。

8 機械投資効率：機械投資効率が極めて高いが、付加価値額の要素である支払利息割引料が多いためなのか。労務費、人件費、販売費に問題はないか。

9 損益分岐点売上高：損益分岐点売上高が同業者基準値に比べて高すぎる。有利子債務が多すぎることに起因しているのではないか。削減策はないか。

　(注) 損益分岐点売上高とは、損失か利益かの境目、すなわち採算ラインの売上高のこと。

　　言い換えると、固定費を賄う限界利益※が得られる売上高です。損益分岐点売上高を上回れば黒字経営、下回れば赤字経営となります。また、経営安全率（安全余裕率）は、採算ラインまでの売上減少率をいい、大きいと余裕があるということです。

　　※限界利益＝売上高−変動費、小規模企業であれば売上総利益（粗利）と考えてよい。

❹ 試算表を用いた比較分析

　企業経営者は、一定期間の利益はいくらあったか（経営成績）、○○日現在の財産はいくらあるのか（財政状態）など、事業活動の結果を、少しでも早く正しく把握して、これに基づき経営戦略をたてたいと考えています。

　このために、企業経営者は、決算数値だけではなく、毎月試算表を作成し、貸借対照表、損益計算書などの月次決算報告書を求め、実数分析、比較分析を行い、進行中の事業活動の検討をしています。

　月次決算報告書の主なものとして、①月次貸借対照表　②月次損益計算書　③売上高月別推移表　④売掛金残高表　⑤売掛金回収状況表　⑥月次資金繰り表　⑦予算実績集計表などがあります。

　ここでは、小規模企業で用いられているいくつかの試算表などの様式を例示します。

《例1》

月次残高試算表（損益計算書）

○○産業株式会社　　　　自××1年8月1日　至××1年8月31日　　　　　（単位；円）

勘定科目	前月残高	借方発生	貸方発生	当月残高
売　上　高				
純　売　上　高				
期首棚卸高				
仕　入　高				
期末棚卸高				
売　上　原　価				
売上総利益				

月次決算報告書（貸借対照表）

○○産業株式会社　　　　　　　　××1年8月31日現在

勘　定　科　目	前月残高	借方発生	貸方発生	当月残高
現　　　　　金				
当　座　預　金				
普　通　預　金				
受　取　手　形				
売　　掛　　金				
商　　　　　品				

《例2》

月次損益推移表

△△商事株式会社　　　　　　　　　　　××1年3月31日

勘定科目	前期累計	売上比	当期累計	売上比	増減	前期比	1月	2月	3月
売　上　高									
純 売 上 高									
期首棚卸高									
仕　入　高									
期末棚卸高									
売 上 原 価									
売上総利益									

《例3》

2期比較貸借対照表

××株式会社　　　　　　　　　　　××1年5月31日

勘 定 科 目	当　期	構成比	前　期	構成比	差　額	前期比
現　　　　金						
当 座 預 金						
普 通 預 金						
売　掛　金						
貸 倒 引 当 金						
流 動 資 産						
建　　　物						

《例4》

5期比較損益計算書（累計）

○×株式会社　　　　　自×1年8月21日　　　至×2年8月20日（期末決算）

勘定科目	当期金額	対売上比	前期金額	対前期	2期前	3期前	4期前
売　上　高							
期首棚卸高							
仕　入　高							
仕　入　諸　掛							
仕入値引戻							
期末棚卸高							
売　上　原　価							
売上総利益							

参考資料

《参考資料》商工会議所簿記検定試験出題区分表【商業簿記・会計学】

1. 2021年度試験に適用

```
1959 年 9 月 1 日    制定
2021 年 3 月 19 日  最終改定
(2021 年 4 月 1 日    施行)
```

(注)　1. 会計基準および法令は、毎年度4月1日現在施行されているものに準拠する。
　　　　2. 会社法・会社計算規則や各種会計基準の改正・改定等により、一部の用語などが変更される可能性がある。
　　　　3. 特に明示がないかぎり、同一の項目または範囲については、級の上昇に応じて程度も高くなるものとする。点線は上級に属する関連項目または範囲を特に示したものである。
　　　　4. ※印は本来的にはそれが表示されている級よりも上級に属する項目または範囲とするが、当該下級においても簡易な内容のものを出題する趣旨の項目または範囲であることを示す。

「商業簿記・会計学」

3　　級	2　　級	1　　級
第一　簿記の基本原理		
1. 基礎概念		
ア. 資産、負債、および資本—————	—純資産と資本の関係	
イ. 収益、費用		
ウ. 損益計算書と貸借対照表との関係		
2. 取引		
ア. 取引の意義と種類		
イ. 取引の8要素と結合関係		
3. 勘定		
ア. 勘定の意義と分類		
イ. 勘定記入法則		
ウ. 仕訳の意義		
エ. 貸借平均の原理		
4. 帳簿		
ア. 主要簿（仕訳帳と総勘定元帳）		
イ. 補助簿—————————————	—（記帳内容の集計・把握）	
5. 証ひょうと伝票		
ア. 証ひょう		
イ. 伝票（入金、出金、振替の各伝票）		
ウ. 伝票の集計・管理		
第二　諸取引の処理		
1. 現金預金		
ア. 現金		
イ. 現金出納帳		
ウ. 現金過不足		
エ. 当座預金、その他の預貯金（複数口座を開設している場合の管理を含む）		
オ. 当座預金出納帳		
	カ. 銀行勘定調整表	
キ. 小口現金		
ク. 小口現金出納帳		
	2. 有価証券	
	ア. 売買、債券の端数利息の処理	
	イ. 売買目的有価証券（時価法）—————	—（約定日基準、修正受渡基準）
	ウ. 分記法による処理	
		エ. 貸付、借入、差入、預り、保管
		オ. 売買目的有価証券の総記法による処理
3. 売掛金と買掛金		
ア. 売掛金、買掛金		
イ. 売掛金元帳と買掛金元帳		
4. その他の債権と債務		
ア. 貸付金、借入金		
イ. 未収入金、未払金		
ウ. 前払金、前受金		
エ. 立替金、預り金		
オ. 仮払金、仮受金		
カ. 受取商品券—————————————	——————————————	—発行商品券（注1）
キ. 差入保証金※		
5. 手形		
ア. 振出、受入、取立、支払—————	—営業外支払（受取）手形※	
	イ. 手形の更改（書換え）	
	ウ. 手形の不渡—————————————	—不渡手形の貸借対照表表示法
エ. 電子記録債権・電子記録債務		
オ. 受取手形記入帳と支払手形記入帳		
カ. 手形貸付金、手形借入金		
6. 債権の譲渡		

3　級	2　級	1　級
ア．クレジット売掛金		
	イ．手形・電子記録債権の（裏書）譲渡、割引	
	ウ．その他の債権譲渡※	
		エ．買戻・遡及義務の計上・取崩
７．引当金		
ア．貸倒引当金（実績法）	（個別評価※と一括評価、営業債権および営業外債権に対する貸倒引当金繰入額の損益計算書における区分）	（債権の区分、財務内容評価法、キャッシュ・フロー見積法）
	イ．商品（製品）保証引当金	
	ウ．退職給付引当金※	退職給付債務の計算
	エ．修繕引当金	
	オ．賞与引当金	
		カ．その他の引当金
	８．債務の保証	
９．商品		
ア．３分（割）法による売買取引の処理	（月次による処理）	
	イ．販売のつど売上原価勘定に振り替える方法による売買取引の処理	
エ．品違い等による仕入および売上の返品	仕入割戻	ウ．総記法
カ．仕入帳と売上帳	オ．仕入割引	
キ．商品有高帳（先入先出法、移動平均法）	（総平均法）	
	ク．棚卸減耗	
	ケ．評価替	
		コ．売価還元原価法など
		１０．特殊商品売買
		ア．割賦販売（利息等の区分処理、取戻品の処理を含む）
		イ．その他の特殊商品売買
		１１．デリバティブ取引、その他の金融商品取引（ヘッジ会計など）
１２．有形固定資産		
ア．有形固定資産の取得	（a）有形固定資産の割賦購入（利息部分を区分する場合には定額法に限る）	（利息部分を利息法で区分する方法）
	（b）圧縮記帳※（２級では国庫補助金・工事負担金を直接控除方式により記帳する場合に限る）	（積立金方式）
		（c）資産除去費用の資産計上
イ．有形固定資産の売却	ウ．有形固定資産の除却、廃棄	
	エ．建設仮勘定	
オ．減価償却（間接法）	（直接法）	
（定額法）	（定率法、生産高比例法）	（級数法など）
		カ．総合償却
		キ．取替法
ク．固定資産台帳		
	１３．無形固定資産	
	ア．のれん	
	イ．ソフトウェア、ソフトウェア仮勘定※（２級では自社利用の場合に限る）	受注制作のソフトウェア、市場販売目的のソフトウェア（見込販売収益および見込販売数量の見積りの変更を含む）
	ウ．その他の無形固定資産	
	エ．償却	
	オ．固定資産台帳	
		１４．固定資産の減損
	１５．投資その他の資産	
	ア．満期保有目的債券（償却原価法（定額法））	（利息法）
	イ．子会社株式、関連会社株式※	
	ウ．その他有価証券※	（保有目的の変更）
		エ．投資不動産
	オ．長期前払費用	
		１６．繰延資産
	１７．リース取引※（注2）	
	ア．ファイナンス・リース取引の借手側の処理	

3　　級	2　　級	1　　級
	（利子込み法、利子抜き法（定額法））	（利息法、級数法）
		イ．ファイナンス・リース取引の貸手側の処理
		ウ．セール・アンド・リースバック取引など
	エ．オペレーティング・リース取引の借手側の処理	貸手側の処理
	18．外貨建取引※	
	ア．外貨建の営業取引	
	（為替予約の振当処理を含むものの、2級では為替予約差額は期間配分をしない）	（振当処理以外の為替予約の処理（独立処理））
		イ．外貨建の財務活動（資金の調達・運用）に係る取引
		19．資産除去債務
20．収益と費用 受取手数料、給料、法定福利費、広告宣伝費、旅費交通費、通信費、消耗品費、水道光熱費、支払家賃、支払地代、雑費、貸倒損失、受取利息、償却債権取立益、支払利息など	収益・費用の認識基準（検収基準、引渡基準、出荷基準など）、役務収益・役務原価、研究開発費、創立費・開業費など	
21．税金		
ア．固定資産税など		
イ．法人税・住民税・事業税※	（課税所得の算定方法）	
ウ．消費税（税抜方式）		
	22．税効果会計※	
	（2級では引当金、減価償却およびその他有価証券に係る一時差異に限るとともに、繰延税金資産の回収可能性の検討を除外）	
	23．未決算	
		24．会計上の変更および誤謬の訂正
第三　決算		
1．試算表の作成		
2．精算表（8桁）		
3．決算整理		
（当座借越の振替、商品棚卸、貸倒見積り、減価償却、貯蔵品棚卸、収益・費用の前受け・前払いと未収・未払い、月次決算による場合の処理※など）	（棚卸減耗、商品の評価替、引当金の処理、無形固定資産の償却、売買目的有価証券・満期保有目的債券およびその他有価証券の評価替（全部純資産直入法）、繰延税金資産・負債の計上、外貨建売上債権・仕入債務などの換算、および製造業を営む会社の決算処理など）	（資産除去債務の調整、繰延資産の償却、その他有価証券の評価替（部分純資産直入法）、時価が著しく下落した有価証券の処理、外貨建売上債権・仕入債務以外の外貨建金銭債権債務および外貨建有価証券の換算、社債の償却原価法（利息法または定額法）による評価替など）
4．決算整理後残高試算表		
5．収益と費用の損益勘定への振替		
6．純損益の繰越利益剰余金勘定への振替		
	7．その他有価証券評価差額金※	
	（全部純資産直入法）	（部分純資産直入法）
8．帳簿の締切		
ア．仕訳帳と総勘定元帳（英米式決算法）		
イ．補助簿		
9．損益計算書と貸借対照表の作成		
（勘定式）	（報告式）※	
	10．財務諸表の区分表示	
	11．株主資本等変動計算書※	
	（2級では株主資本およびその他有価証券評価差額金に係る増減事由に限定）	（左記以外の純資産の項目に係る増減事由）
		12．財務諸表の注記・注記表
		13．附属明細表（附属明細書）
		14．キャッシュ・フロー計算書
		15．中間財務諸表（四半期・半期）、臨時決算
第四　株式会社会計		
1．資本金		
ア．設立		
イ．増資		
		ウ．減資
		エ．現物出資
		オ．株式転換
		カ．株式償還
		キ．株式分割

3　　級	2　　級	1　　級
	2．資本剰余金 　ア．資本準備金 　イ．その他資本剰余金※	
3．利益剰余金 　ア．利益準備金 　イ．その他利益剰余金 　　繰越利益剰余金―――――――	―――任意積立金―――――――	―――税法上の積立金の処理
4．剰余金の配当など 　ア．剰余金の配当※―――――――	―――準備金積立額の算定―――――	―――分配可能額の算定
	イ．剰余金の処分※ 　ウ．株主資本の計数の変動※	
	6．会社の合併※	5．自己株式・自己新株予約権
		7．株式交換・株式移転 8．事業分離等、清算 9．社債（新株予約権付社債を含む） 　ア．発行 　イ．利払 　ウ．期末評価（利息法、定額法） 　エ．償還（満期償還、買入償還、分割償還、繰上償還、コール・オプションが付されている場合の償還、借換） 10．新株予約権、ストック・オプション
	第五　本支店会計 1．本支店会計の意義・目的 2．本支店間取引の処理	
		3．在外支店財務諸表項目の換算
	4．本支店会計における決算手続（財務諸表の合併など）―――――――――――	―――（内部利益が付加されている場合）
	第六　連結会計 1．資本連結―――――――――――	―――（子会社の支配獲得時の資産・負債の時価評価、支配獲得までの段階取得、子会社株式の追加取得・一部売却など）
	2．非支配株主持分 3．のれん 4．連結会社間取引の処理 5．未実現損益の消去（2級では棚卸資産および土地に係るものに限る） 　ア．ダウンストリームの場合 　イ．アップストリームの場合	
		6．持分法 7．連結会計上の税効果会計 8．在外子会社等の財務諸表項目の換算 9．個別財務諸表の修正（退職給付会計など） 10．包括利益、その他の包括利益
	11．連結精算表、連結財務諸表の作成―――――――――――――――	―――連結キャッシュ・フロー計算書、中間連結財務諸表の作成（四半期・半期） 12．セグメント情報など
		第七　会計基準および企業会計に関する法令等（注3） 1．企業会計原則および企業会計基準などの会計諸基準ならびに中小企業の会計に関する指針・中小企業の会計に関する基本要領 2．会社法、会社法施行規則、会社計算規則および財務諸表等規則などの企業会計に関する法令 3．「財務会計の概念フレームワーク」

（注1）　「収益認識に関する会計基準」を踏まえ、本検定での出題内容の検討を終えるまで発行商品券に関する出題を見送る。また、当該基準の内容に応じて、商品売買等に関する他の論点についても見直しを行う可能性がある。

（注2）　リース取引については、会計基準の改正の動向を踏まえ、将来的に出題内容や出題級の見直しを行う可能性がある。

（注3）　「収益認識に関する会計基準」については、適用前後で会計処理の原則、手続および表示の方法が変わらない内容に限定して出題する。

2．2022年度試験から適用予定の暫定版（2021年度からの変更箇所を記載）

1959 年 9 月 1 日　　制定
2022 年 ●月 ●日　最終改定
（2022 年 4 月 1 日　　施行）

（注）　1．会計基準および法令は、毎年度4月1日現在施行されているものに準拠する。
　　　　2．会社法・会社計算規則や各種会計基準の改正・改定等により、一部の用語などが変更される可能性がある。
　　　　3．特に明示がないかぎり、同一の項目または範囲については、級の上昇に応じて程度も高くなるものとする。点線は上級に属する関連項目または範囲を特に示したものである。
　　　　4．※印は本来的にはそれが表示されている級よりも上級に属する項目または範囲とするが、当該下級においても簡易な内容のものを出題する趣旨の項目または範囲であることを示す。

「商業簿記・会計学」

3　　　級	2　　　級	1　　　級
第一　簿記の基本原理		
1．基礎概念		
ア．資産、負債、および資本――――――――純資産と資本の関係		
イ．収益、費用		
ウ．損益計算書と貸借対照表との関係		
2．取引		
ア．取引の意義と種類		
イ．取引の8要素と結合関係		
3．勘定		
ア．勘定の意義と分類		
イ．勘定記入法則		
ウ．仕訳の意義		
エ．貸借平均の原理		
4．帳簿		
ア．主要簿（仕訳帳と総勘定元帳）		
イ．補助簿――――――――――――――（記帳内容の集計・把握）		
5．証ひょうと伝票		
ア．証ひょう		
イ．伝票（入金、出金、振替の各伝票）		
ウ．伝票の集計・管理		
第二　諸取引の処理		
1．現金預金		
ア．現金		
イ．現金出納帳		
ウ．現金過不足		
エ．当座預金、その他の預貯金（複数口座を開設している場合の管理を含む）		
オ．当座預金出納帳		
	カ．銀行勘定調整表	
キ．小口現金		
ク．小口現金出納帳		
	2．有価証券	
	ア．売買、債券の端数利息の処理	
	イ．売買目的有価証券（時価法）――――――――（約定日基準、修正受渡基準）	
	ウ．分記法による処理	
		エ．貸付、借入、差入、預り、保管
		オ．売買目的有価証券の総記法による処理
3．売掛金と買掛金		
ア．売掛金、買掛金		
イ．売掛金元帳と買掛金元帳		
4．その他の債権と債務**等**		
ア．貸付金、借入金		
イ．未収入金、未払金		
ウ．前払金、前受金		
	エ．契約資産、契約負債※	
~~エ~~オ．立替金、預り金		
~~オ~~カ．仮払金、仮受金		
~~カ~~キ．受取商品券――――――――――――――――――――発行商品券**等** ~~（注1）~~		
~~キ~~ク．差入保証金※		
5．手形		
ア．振出、受入、取立、支払――――――営業外支払（受取）手形※		
	イ．手形の更改（書換え）	
	ウ．手形の不渡――――――――――――不渡手形の貸借対照表表示法	
エ．電子記録債権・電子記録債務		
オ．受取手形記入帳と支払手形記入帳		

3　　級	2　　級	1　　級
カ．手形貸付金、手形借入金 6．債権の譲渡 　ア．クレジット売掛金		
	イ．手形・電子記録債権の（裏書）譲渡、割引 　ウ．その他の債権譲渡※	
		エ．買戻・遡及義務の計上・取崩
7．引当金 　ア．貸倒引当金（実績法）―――――――――	（個別評価※と一括評価、営業債権および営業外債権に対する貸倒引当金繰入額の損益計算書における区分） 　イ．商品（製品）保証引当金	（債権の区分、財務内容評価法、キャッシュ・フロー見積法）
	ウ．退職給付引当金※――――――――――	退職給付債務の計算
	エ．修繕引当金 　オ．賞与引当金	
		カ．その他の引当金
	8．債務の保証	
9．商品**の売買**		
ア．3分（割）法による売買取引の処理―――	（月次による処理） 　イ．販売のつど売上原価勘定に振り替える方法による売買取引の処理	
		ウ．総記法
エ．品違い等による仕入および売上の返品―――	仕入割戻	
	~~オ．仕入割引~~	オ．**仕入割引**
カ．仕入帳と売上帳 　キ．商品有高帳（先入先出法、移動平均法）―――	（総平均法） 　ク．棚卸減耗 　ケ．評価替	
		コ．売価還元原価法など
	10．様々な財又はサービスの顧客への移転 　**ア．一時点で充足される履行義務、一定の期間にわたり充足される履行義務** 　**イ．検収基準・出荷基準・着荷基準※** 　**ウ．役務収益・役務原価※**	~~10．特殊商品売買~~ 　~~ア．割賦販売（利息等の区分処理、取戻品の処理を含む）~~ 　~~イ．その他の特殊商品売買~~ 　エ．割賦販売（取戻品の処理を含む） 　オ．工事契約
	カ．複数の履行義務を含む顧客との契約※ 　**キ．変動対価※**	**ク．重要な金融要素** 　**ケ．契約変更** 　**コ．その他の様々な財又はサービスの顧客への移転** 11．デリバティブ取引、その他の金融商品取引（ヘッジ会計など）
12．有形固定資産 　ア．有形固定資産の取得―――――――――	（a）有形固定資産の割賦購入（利息部分を区分する場合には定額法に限る） 　（b）圧縮記帳※ 　　　（2級では国庫補助金・工事負担金を直接控除方式により記帳する場合に限る）	（利息部分を利息法で区分する方法） （積立金方式）
		（c）資産除去費用の資産計上
イ．有形固定資産の売却	ウ．有形固定資産の除却、廃棄 　エ．建設仮勘定	
オ．減価償却（間接法） 　　（定額法）―――――――――――――	（直接法） （定率法、生産高比例法）―――――――	（級数法など） 　カ．総合償却 　キ．取替法
ク．固定資産台帳	13．無形固定資産 　ア．のれん 　イ．ソフトウェア、ソフトウェア仮勘定※ 　　（2級では自社利用の場合に限る）―――	受注制作のソフトウェア、市場販売目的のソフトウェア（見込販売収益および見込販売数量の見積りの変更を含む）
	ウ．その他の無形固定資産 　エ．償却 　オ．固定資産台帳	
	15．投資その他の資産	14．固定資産の減損

参考資料

３　　級	２　　級	１　　級
	ア．満期保有目的債券（償却原価法（定額法））	（利息法）
	イ．子会社株式、関連会社株式※	
	ウ．その他有価証券※	（保有目的の変更）
		エ．投資不動産
	オ．長期前払費用	
		１６．繰延資産
	１７．リース取引※（注21）	
	ア．ファイナンス・リース取引の借手側の処理	
	（利子込み法、利子抜き法（定額法））	（利息法、級数法）
		イ．ファイナンス・リース取引の貸手側の処理
		ウ．セール・アンド・リースバック取引など
	エ．オペレーティング・リース取引の借手側の処理	貸手側の処理
	１８．外貨建取引※	
	ア．外貨建の営業取引	
	（為替予約の振当処理を含むものの、2級では為替予約差額は期間配分をしない）	（振当処理以外の為替予約の処理（独立処理）、荷為替取引）
		イ．外貨建の財務活動（資金の調達・運用）に係る取引
		１９．資産除去債務
２０．収益と費用 受取手数料、受取家賃、受取地代、給料、法定福利費、広告宣伝費、旅費交通費、通信費、消耗品費、水道光熱費、支払家賃、支払地代、雑費、貸倒損失、受取利息、償却債権取立益、支払利息など	収益・費用の認識基準（検収基準、引渡基準、出荷基準など）、役務収益・役務原価、研究開発費、創立費・開業費など	
２１．税金 ア．固定資産税など イ．法人税・住民税・事業税※ ウ．消費税（税抜方式）	（課税所得の算定方法）	
	２２．税効果会計※ （2級では引当金、減価償却およびその他有価証券に係る一時差異に限るとともに、繰延税金資産の回収可能性の検討を除外）	
	２３．未決算	
		２４．会計上の変更および誤謬の訂正
第三　決算 １．試算表の作成 ２．精算表（8桁） ３．決算整理 （当座借越の振替、商品棚卸、貸倒見積り、減価償却、貯蔵品棚卸、収益・費用の前受けと未収・前払いと未払い、月次決算による場合の処理※など）	（棚卸減耗、商品の評価替、引当金の処理、無形固定資産の償却、売買目的有価証券・満期保有目的債券およびその他有価証券の評価替（全部純資産直入法）、繰延税金資産・負債の計上、外貨建売上債権・仕入債務などの換算、および製造業を営む会社の決算処理など）	（資産除去債務の調整、繰延資産の償却、その他有価証券の評価替（部分純資産直入法）、時価が著しく下落した有価証券の処理、外貨建売上債権・仕入債務以外の外貨建金銭債権債務および外貨建有価証券の換算、社債の償却原価法（利息法または定額法）による評価替など）
４．決算整理後残高試算表 ５．収益と費用の損益勘定への振替 ６．純損益の繰越利益剰余金勘定への振替		
	７．その他有価証券評価差額金※ （全部純資産直入法）	（部分純資産直入法）
８．帳簿の締切 ア．仕訳帳と総勘定元帳（英米式決算法） イ．補助簿 ９．損益計算書と貸借対照表の作成 （勘定式）	（報告式）※	
	１０．財務諸表の区分表示 １１．株主資本等変動計算書※ （2級では株主資本およびその他有価証券評価差額金に係る増減事由に限定）	（左記以外の純資産の項目に係る増減事由）
		１２．財務諸表の注記・注記表 １３．附属明細表（附属明細書） １４．キャッシュ・フロー計算書

3　　　級	2　　　級	1　　　級
		１５．中間財務諸表（四半期・半期）、臨時決算
第四　株式会社会計 　１．資本金 　　ア．設立 　　イ．増資		
		ウ．減資 　　エ．現物出資 　　オ．株式転換 　　カ．株式償還 　　キ．株式分割
	２．資本剰余金 　　ア．資本準備金 　　イ．その他資本剰余金※	
３．利益剰余金 　　ア．利益準備金 　　イ．その他利益剰余金 　　　繰越利益剰余金	任意積立金	税法上の積立金の処理
４．剰余金の配当など 　　ア．剰余金の配当※	準備金積立額の算定 　　イ．剰余金の処分※ 　　ウ．株主資本の計数の変動※	分配可能額の算定
	６．会社の合併※	５．自己株式・自己新株予約権 　７．株式交換・株式移転 　８．事業分離等、清算 　９．社債（新株予約権付社債を含む） 　　ア．発行 　　イ．利払 　　ウ．期末評価（利息法、定額法） 　　エ．償還（満期償還、買入償還、分割償還、 　　　　繰上償還、コール・オプションが付さ 　　　　れている場合の償還、借換） １０．新株予約権、ストック・オプション
	第五　本支店会計 　１．本支店会計の意義・目的 　２．本支店間取引の処理 　４．本支店会計における決算手続（財務諸表 　　の合併など）	３．在外支店財務諸表項目の換算 　　（内部利益が付加されている場合）
	第六　連結会計 　１．資本連結 　２．非支配株主持分 　３．のれん 　４．連結会社間取引の処理 　５．未実現損益の消去（2級では棚卸資産お 　　よび土地に係るものに限る） 　　ア．ダウンストリームの場合 　　イ．アップストリームの場合	（子会社の支配獲得時の資産・負債の時価 　　評価、支配獲得までの段階取得、子会社株 　　式の追加取得・一部売却など）
		６．持分法 　７．連結会計上の税効果会計 　８．在外子会社等の財務諸表項目の換算 　９．個別財務諸表の修正（退職給付会計など） １０．包括利益、その他の包括利益
	11．連結精算表、連結財務諸表の作成	連結キャッシュ・フロー計算書、中間連結 　　　財務諸表の作成（四半期・半期） １２．セグメント情報など
		第七　会計基準および企業会計に関する法令 　　　　等 ~~（注3）~~ 　１．企業会計原則および企業会計基準などの 　　会計諸基準ならびに中小企業の会計に関 　　する指針・中小企業の会計に関する基本 　　要領 　２．会社法、会社法施行規則、会社計算規則 　　および財務諸表等規則などの企業会計に 　　関する法令 　３．「財務会計の概念フレームワーク」

~~（注1）　「収益認識に関する会計基準」を踏まえ、本検定での出題内容の検討を終えるまで発行商品券に関する出題を見送る。また、当該基準の内容に応じて、商品売買等に関する他の論点についても見直しを行う可能性がある。~~

（注~~2~~1）　リース取引については、会計基準の改正の動向を踏まえ、将来的に出題内容や出題級の見直しを行う可能性がある。

~~（注3）　「収益認識に関する会計基準」については、適用前後で会計処理の原則、手続および表示の方法が変わらない内容に限定して出題する。~~

〈著者プロフィール〉

藤本　清一（ふじもと　せいいち）

税理士　FP

大蔵省（現財務省）・国税庁職員、大阪商業大学教授、大阪経済大学教授などを歴任

著書（共著を含む）

「医院・歯科医院の税務ハンドブック」（実務出版）「勘定科目と仕訳」（実務出版）「ビジネス簿記入門」（税務研究会）「やさしい演習簿記」（清文社）「会社の税務経理」（全経出版）等

松村　秀之（まつむら　ひでゆき）

税理士　大阪経済大学非常勤講師　関西外国語大学非常勤講師

大阪国税不服審判所第一部部長審判官、大阪地方裁判所調査官、姫路税務署長などを歴任

著書（共著を含む）

「転記のいらない簡易帳簿」「所得税の確定申告の手引」「相続税贈与税取扱いの手引」「所得税実務問題集」（清文社）等

林　幸（はやし　ゆき）

税理士　公認会計士林光行事務所副所長

A'ワーク創造館経営基礎講座講師

元大阪商業大学非常勤講師、元大阪府母子寡婦福祉連合会就業支援講座講師

著書（共著を含む）

「簿記3級ゼミ実践ポイント強化ハンドブック」（ベネッセコーポレーション）「ビジネス簿記入門」（税務研究会）「やさしい演習簿記」（清文社）等

岡田　いと子（おかだ　いとこ）

税理士　FP　大阪商業大学非常勤講師

元大阪府母子寡婦福祉連合会就業支援講座講師

著書（共著を含む）

「ビジネス簿記入門」（税務研究会）等

実務で役立つ　会社の会計処理と決算

令和3年6月25日　発行　　著者　藤本　清一　©2021
　　　　　　　　　　　　　　　松村　秀之
　　　　　　　　　　　　　　　林　　幸
　　　　　　　　　　　　　　　岡田いと子
　　　　　　　　　　　　発行者　池内　淳夫

発行所　実務出版株式会社
〒542-0012　大阪市中央区谷町9丁目2番27号　谷九ビル6F
電話 06(4304)0320／FAX 06(4304)0321／振替 00920-4-139542
https://www.zitsumu.jp

＊落丁・乱丁本はお取り替えします。　　　印刷製本　大村印刷㈱
ISBN978-4-910316-08-6　C2034